Nationalstaatsbildung im Vergleich: Deutschland und Polen

Erarbeitet von
Dr. Wolfgang Jäger

W0466405

Kurshefte Geschichte

Dieses Buch gibt es auch auf
www.scook.de

Es kann dort nach Bestätigung der Allgemeinen Geschäftsbedingungen genutzt werden.

Buchcode: **5w43g-zydsr**

Cornelsen

Kurshefte Geschichte

Nationalstaatsbildung im Vergleich: Deutschland und Polen

Das Lehrwerk wurde erarbeitet von
Dr. Wolfgang Jäger, Berlin

Die Probeklausur und deren Lösungshinweise wurden konzipiert von
Joachim Biermann, Bersenbrück
Daniela Brüsse-Haustein, Haren

Redaktion: Dr. Silke Möller, Erlangen
Karten: Carlos Borrell, Berlin
Bildassistenz: Bianca Hupfer
Umschlaggestaltung: Corinna Babylon, Berlin
Umschlagbild vorne: Alfred Buellesbach/VISUM
Umschlagbild hinten: Ausschnitt aus dem Gemälde „Das Hambacher Fest am 27. Mai 1832" von Hans Mocznay/Stiftung Deutsches Historisches Museum, Berlin
Layout und technische Umsetzung: Uwe Rogal, Berlin

www.cornelsen.de

Die Links zu externen Webseiten Dritter, die in diesem Lehrwerk angegeben sind, wurden vor Drucklegung sorgfältig auf ihre Aktualität geprüft. Der Verlag übernimmt keine Gewähr für die Aktualität und den Inhalt dieser Seiten oder solcher, die mit ihnen verlinkt sind.

1. Auflage, 1. Druck 2016

Alle Drucke dieser Auflage sind inhaltlich unverändert und können im Unterricht nebeneinander verwendet werden.

© 2016 Cornelsen Verlag GmbH, Berlin

Das Werk und seine Teile sind urheberrechtlich geschützt.
Jede Nutzung in anderen als den gesetzlich zugelassenen Fällen bedarf der vorherigen schriftlichen Einwilligung des Verlages.
Hinweis zu den §§ 46, 52 a UrhG: Weder das Werk noch seine Teile dürfen ohne eine solche Einwilligung eingescannt und in ein Netzwerk eingestellt oder sonst öffentlich zugänglich gemacht werden. Dies gilt auch für Intranets von Schulen und sonstigen Bildungseinrichtungen.

Druck: H. Heenemann, Berlin

ISBN: 978-3-06-064592-3

PEFC
PEFC/04-31-1156

PEFC zertifiziert
Dieses Produkt stammt aus nachhaltig bewirtschafteten Wäldern und kontrollierten Quellen.

www.pefc.de

Inhalt

Zur Arbeit mit diesem Kursheft

Das Kursheft ist eine thematisch orientierte Materialsammlung für den Geschichtsunterricht in der Oberstufe. Im Zentrum jedes Kapitels steht eine umfangreiche Quellensammlung, die ergänzt wird durch einführende Darstellungen und Methodenseiten (gelber Balken). Die Doppelseite „Kompetenzen überprüfen" (blauer Balken) schließt das Kapitel ab.

Sach-, Urteils- und Methodenkompetenzen, die im Kapitel erworben werden

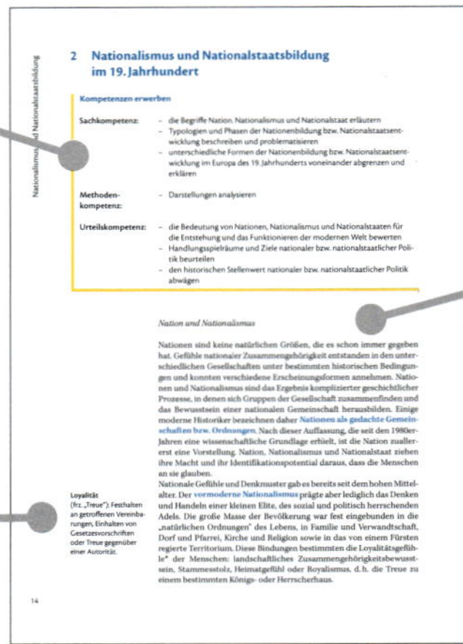

Einleitende Darstellungen

Erläuterungen und Verweise in der Randspalte

Webcodes führen zu Internettipps. Einfach die Zahlenkombination aus dem Buch eingeben unter **www.cornelsen.de/webcode**

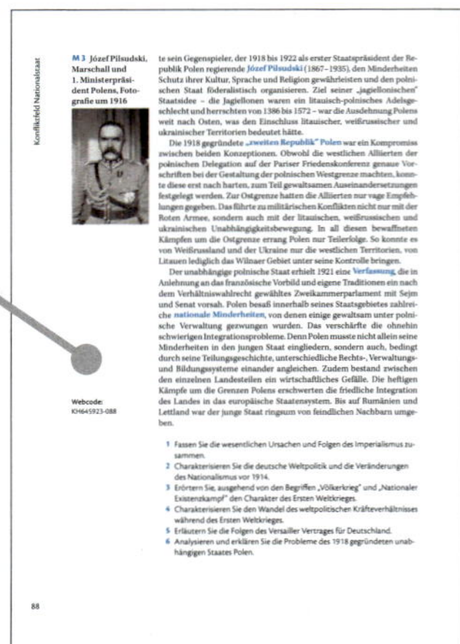

Hinweise zur Arbeit mit den Materialien: Überblick über die Quellenauswahl mit Leitfragen und Kompetenzen

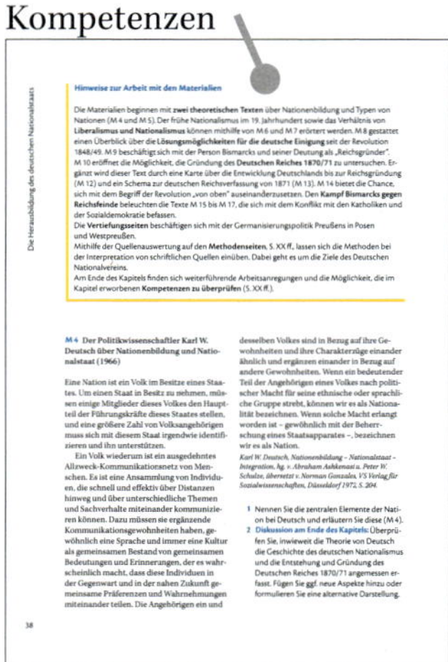

Einzelarbeitsaufträge zu allen Materialien; besondere Arbeitsformen (Referate, Gruppenarbeit etc.) sind blau hervorgehoben.

Methodenseiten

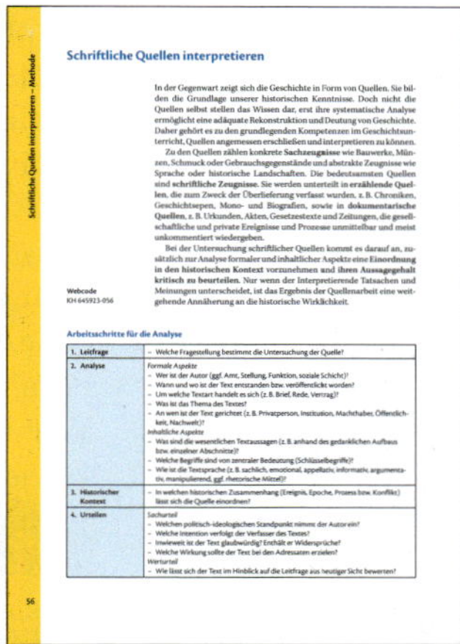

Die Seite **„Kompetenzen überprüfen“** mit weiterführenden Arbeitsanregungen und kompetenzorientierten Aufgaben

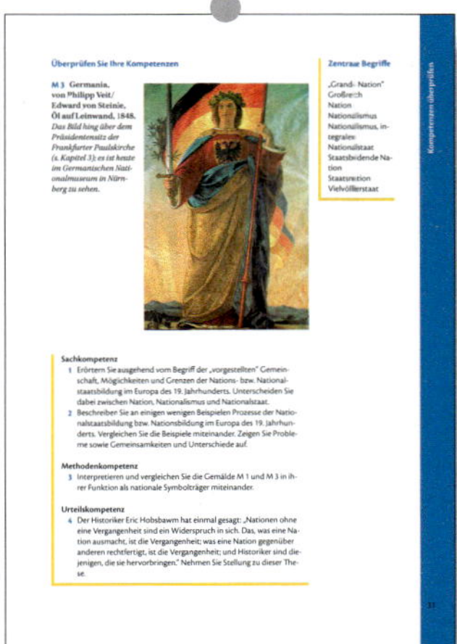

Vertiefungen

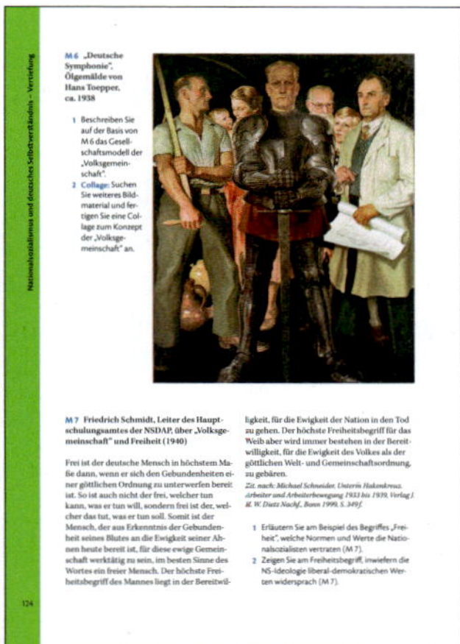

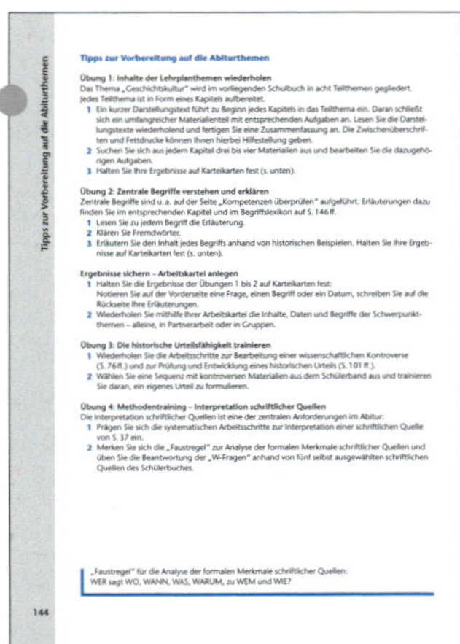

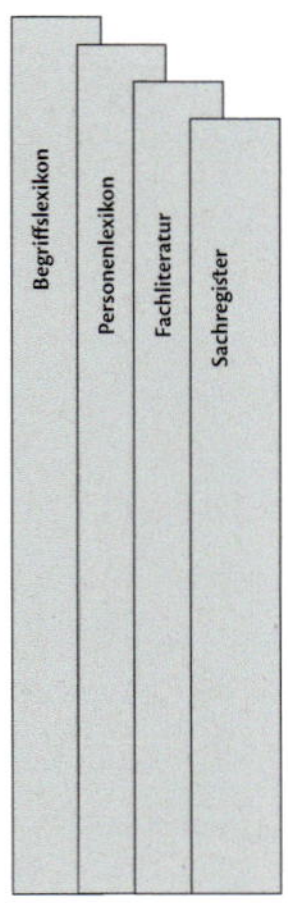

Der Anhang:
- Tipps für die Abiturvorbereitung
- Probeklausur
- Serviceseiten

1 Einführung: Die Bedeutung des Nationalstaats in der Gegenwart

M 1 Flaggen der europäischen Staaten bei einem EU-Gipfel in Brüssel, Fotografie, 27. Oktober 2009

Nationale, europäische und internationale Einstellungen

Wenn Olympiasieger geehrt werden, erklingt die Nationalhymne des Erstplazierten. Vor jedem Fußballländerspiel stellen sich beide Nationalmannschaften auf, und die Nationalhymnen ihrer Staaten werden gespielt. Diese beiden Beispiele verdeutlichen, dass nationales Denken und Fühlen die Gegenwart nach wie vor stark prägen. Sportlerinnen und Sportler kämpfen bei internationalen Wettbewerben nicht nur für sich selbst oder ihre Mannschaften, sie vertreten auch ihre Nationen.

Auch in der Politik spielen Nation und Nationalstaat eine bedeutende Rolle. Die nationalen und nationalstaatlichen Bindungen, die seit dem 19. Jahrhundert gewachsen sind, besitzen für die Bürgerinnen und Bürger Europas immer noch eine herausragende Bedeutung. Jeder Europäer und jede Europäerin ist Mitglied eines Nationalstaats, der ihnen Rechte gewährt und Pflichten auferlegt. Diesem Staat fühlen sie sich auf verschiedene Weise verbunden. Deutsche, Polen oder Franzosen interessieren sich aber nicht nur für ihre Nation. Sie wählen auch das europäische Parlament und nehmen sich daher auch als Mitglieder der Europäischen Union wahr. Dabei ist ihnen bewusst, dass Europa durch eine Vielfalt an ethnischen, sprachlichen und regionalen Einheiten geprägt wird, die das politisch-gesellschaftliche Denken und Handeln sowie das Alltagsleben vieler bestimmen. Deswegen müssen die Bürger der europäischen Nationalstaaten wie auch ihre Regierungen **zugleich national und europäisch denken**.

Gleichzeitigkeit des Ungleichzeitigen

Die Bürgerinnen und Bürger der Europäischen Union (EU) erleben seit dem Ende des Kalten Krieges eine Gleichzeitigkeit des Ungleichzeitigen. Einerseits nehmen sie wahr, dass sich die europäische Integration seit dem Fall der Mauer beschleunigt. Mit dem Beitritt zur EU haben die europäischen Staaten wichtige Kompetenzen an europäische Entscheidungsgremien abgegeben, wodurch der **Nationalstaat an Bedeutung und Eigenständigkeit verlor**. Das geschieht auch durch das wachsende Gewicht regionaler politischer Strömungen, die sich wie in Schottland oder Katalonien zu Unabhängigkeitsbewegungen steigern können. Andererseits ist der Nationalstaat für die Bürgerinnen und Bürger weiterhin der wichtigste Bezugsrahmen, wenn es um die Sicherung ihrer Lebensgrundlagen, insbesondere in **Krisensituationen** geht. Aktuelle Beispiele sind die Sicherheit ihrer Spareinlagen in Wirtschafts- und Finanzkrisen oder die Aufrechterhaltung von Staatsgrenzen, nicht nur wenn große Flüchtlingsströme nach Europa drängen. Doch die Dominanz der Exekutive innerhalb der EU deutet auf ein Demokratiedefizit hin, welches die Identifikation der Menschen mit Europa erschwert.

Wiederentdeckung der Geschichte

Die Erfahrung der Gleichzeitigkeit des Ungleichzeitigen verunsichert viele Europäer im Umgang mit der Nation und dem Nationalstaat. In den östlichen Staaten musste überdies ein Systemwechsel von der kommunistischen Diktatur in die liberale Demokratie bzw. von der Plan- zur Marktwirtschaft verkraftet werden. Wirtschafts- und Finanzkrise oder Flüchtlingskrise schienen das gewohnte Leben zusätzlich durcheinanderzubringen. Angesichts derartiger Veränderungen entdeckten zahlreiche Menschen die eigene Geschichte bzw. die Geschichte ihres Landes wieder. Aber nicht alle zogen aus der Geschichte Einsichten zu einem vertieften Verständnis der Wirklichkeit oder zur Gestaltung einer besseren Zukunft. Manche wandten sich der Geschichte zu, weil sie nach Selbstvergewisserung suchten. Die Idee der Nation gewährt ihnen ein Gefühl der Stärke und der Besonderheit. In vielen europäischen Ländern machten und machen sich dies **rechtsgerichtete Parteien** zunutze, die mit relativ einfachen Konzepten basierend auf Feindbildern sowie dem Beschwören von nationaler Größe besonders in Krisensituationen großen Zulauf erhalten.

Gewiss lassen sich aus der Geschichte keine Patentrezepte für eine konfliktfreie Gegenwart ableiten, aber die Beschäftigung mit der Vergangenheit kann einseitigen und stark verallgemeinernden Werturteilen über das Nationale entgegenwirken. Die historische Analyse nationaler Denk- und Verhaltensweisen öffnet vor allem den Blick für die Vielfalt und **Widersprüchlichkeit des Nationalismus**. Dieser Eindruck verstärkt sich, wenn man die deutsche Entwicklung mit anderen europäischen Staaten vergleicht. Dabei wird deutlich, dass sich der Wille zur Nation und zum Nationalstaat in verschiedenen Ländern unterschiedlich verwirklicht hat. So war Frankreich bereits ein geschlossener Territorialstaat, als es sich seit der Französischen Revolution zu einem modernen und demokratischen Nationalstaat entwickelte. Dagegen bezeichneten einige Historiker Deutschland als „verspätete Nation", weil ihm die Gründung eines Nationalstaates erst 1870/71 gelang. Und Polen, das vom ausgehenden 18. Jahrhundert bis zum Ersten Weltkrieg zwischen Russland, Österreich und Preußen aufgeteilt war, erhielt erst ab 1918 einen eigenen Nationalstaat; dennoch besaßen die Polen während des gesamten 19. Jahrhunderts und bis in die Gegenwart hinein ein ausgeprägtes Nationalbewusstsein. Nur wer weiß, dass es in der Geschichte sehr **unterschiedliche Formen des Nationalismus sowie der Nationalstaatsbildung** gab, wird sich davor hüten, nationale Ideologien vorschnell zu verklären oder nationalpolitisches Denken grundsätzlich abzulehnen.

M 2 Demonstration polnischer Nationalisten in Warschau, Fotografie, 28. Juni 2014

Nation, Nationalismus und Nationalstaat

Im Deutschen besitzt das Wort **Nationalismus** einen starken negativen Beigeschmack. Es wird häufig zur moralischen Abwertung einer übersteigerten Form nationaler Selbstsucht benutzt, die mit Intoleranz und Aggressivität gegenüber fremden Völkern verbunden ist. Wer nach positiv besetzten Begriffen für nationales Bewusstsein sucht und dabei die

Vereinbarkeit von emotionalen Bindungen an die eigene Nation bzw. den eigenen Nationalstaat mit weltoffenem Denken und Handeln ausdrücken will, spricht eher von Patriotismus. Oder er bevorzugt neutralere Begriffe wie **Nationalgefühl, nationale Gesinnung, nationale Interessen**, um die Gleichwertigkeit der verschiedenen Nationen und die Legitimität ihrer nationalen Wünsche und Bedürfnisse deutlich zu machen. Diese scharfe Trennung – zwischen schlechtem Nationalismus hier und gutem Patriotismus oder Nationalbewusstsein dort – entspricht jedoch nicht der historischen Wirklichkeit. Nationales Denken und Handeln besaß immer Licht- und Schattenseiten, wenn auch in abgestuften Ausprägungen.

Soziale Großgruppen haben zu allen Zeiten das Bedürfnis nach Abgrenzung von anderen, vor allem aber nach einem festen inneren Zusammenhalt verspürt. Die Geschichte kennt die verschiedenartigsten Formen von Loyalitätsgefühlen gegenüber der eigenen Bezugsgruppe: landschaftliches Zusammengehörigkeitsgefühl, Stammesstolz oder Royalismus, d.h. die Treue zu einem bestimmten König oder Herrscherhaus. In der Moderne wurde dagegen **die Nation bzw. der Nationalstaat zum obersten Wert**, zur allgemein verbindlichen Sinn- und Rechtfertigungsinstanz politischen Handelns erhoben. Der Einzelne definiert sich nun nicht länger vorrangig als Angehöriger eines Stammes, eines Standes oder einer Klasse, sondern versteht sich zuallererst als Mitglied einer nationalen Lebensgemeinschaft. Allerdings kann diese unterschiedlich bestimmt werden, sei es durch die Sprache oder die Kultur, sei es durch Abstammung oder die Zugehörigkeit zu einem Volk.

Dieses Buch hat den **Vergleich der polnischen und deutschen Nationalstaatsbildung** zum Thema. Zur Vertiefung wird das deutsch-französische Verhältnis vom ausgehenden 18. Jahrhundert bis in die Gegenwart behandelt. Kapitel 2 führt in die Begriffe Nation, Nationalismus und Nationalstaat ein. In Kapitel 3 und 4 werden die Herausbildung des deutschen Nationalstaats sowie die Entwicklung des polnischen Nationalbewusstseins im 19. Jahrhundert erörtert. Kapitel 5 setzt sich mit den deutsch-polnischen Beziehungen bis zum Ersten Weltkriegs auseinander, während Kapitel 6 die nationalsozialistische Kriegs- und Vernichtungspolitik in Polen und der Sowjetunion analysiert. Kapitel 7 eröffnet die Möglichkeit, den Wandel des deutsch-polnischen und des deutsch-französischen Verhältnisses nach dem Zweiten Weltkrieg bis in die Gegenwart hinein zu reflektieren.

Webcode:
KH645923-008

1 **Diskussionsrunde:** Diskutieren Sie in Ihrem Kurs den Satz im Darstellungstext, dass die Bürger der europäischen Nationalstaaten wie auch ihre Regierungen zugleich national und europäisch denken müssen. Reflektieren Sie in diesem Zusammenhang ihr eigenes Denken und Handeln: Wann denken Sie in nationalen und wann in europäischen oder internationalen Bahnen? Nennen Sie Beispiele.
2 Erörtern Sie die Bedeutung der Geschichte für das Nachdenken über Fragen der Nation, des Nationalismus und der Nationalstaatsentwicklung.
3 Analysieren Sie die Stärken und Schwächen vergleichender historischer Betrachtung über nationale Themen.

M3 Qualifikation zur EURO 2016, Deutschland gegen Polen in Frankfurt a. M., Fotografie, 4. September 2015.

Das Foto zeigt den deutschen Nationalspieler Mesut Özil im Zweikampf mit dem polnischen Nationalspieler Grzegorz Krychowiak.

1 Stellen Sie Überlegungen zur nationalen Identität heute an und beziehen Sie dabei den Aspekt der Migration mit ein.

M4 Der Historiker Jürgen Kocka über die deutsche Nationalstaatsbildung im 19. Jahrhundert (2001)

Der deutsche Nationalismus entstand, zunächst als Minderheitsphänomen unter den bildungsbürgerlichen Eliten und einigen städtischen Aktivbürgern, unter dem Einfluss vor allem der Französischen Revolution und ihres Erben Napoleon, in Auseinandersetzung mit dessen Expansion und Aggression, in dem langen Krieg, der von der Mitte der 1790er-Jahre bis 1815 Europa mit Unterbrechungen überzog. Bis ca. 1840 wurde er aus einem Minderheits- zu einem Massenphänomen, in Gestalt einer in sich vielfältig differenzierten Nationalbewegung, deren soziale Reichweite gleichwohl begrenzt blieb.

Von den 1840er-Jahren bis in die 1870er-Jahre reichte die Phase der deutschen Nationalstaatsgründung, in der die Nationalbewegung in enger Allianz mit liberalen, demokratischen und zunächst auch sozialistischen Strömungen gegen den völker- und staatsrechtlichen Status quo auf die Errichtung eines deutschen Nationalstaats in Gestalt eines liberalen, mehr oder weniger demokratischen Verfassungs- und Rechtsstaats drängte – vergeblich in der Revolution von 1848/49, aber mit erheblichem Erfolg im Reichsgründungsjahrzehnt, das allerdings den Nationalstaat nur durch drei Kriege, unter der Regie des preußischen Obrigkeitsstaats und in „kleindeutscher“ Ausdehnung hervorbrachte, d. h. durch verfassungs-, macht- und ideenpolitische Kompromisse mit einem großen, sich national umorientierenden Teil der alten Eliten, um den Preis der Exklusion der Deutschen im Habsburgerreich und um den Preis eines tiefen Gegensatzes zu Frankreich, der die internationale Politik bis in den Ersten Weltkrieg hinein (und darüber hinaus) belasten sollte. Die Errichtung des Nationalstaats trieb die Nationsbildung voran, aber grenzte auch neue, randständige, nicht voll einbezogene Außenseiter aus, die man nun als „innere Reichsfeinde“ bezeichnete. Sie verbreiterte die soziale Basis des Nationalen (hin zu den staatstragenden Schichten), doch wandten sich bisherige soziale Trägerschichten auf der Linken ab. […]

Von den 1870er-Jahren bis zum Ersten Weltkrieg schritt die ökonomische, kulturelle, soziale und politische kleindeutsche Nationsbildung unter dem Dach und dem Einfluss des sich machtvoll entfaltenden, wenngleich in vielem unvollkommen bleibenden Nationalstaats kräftig voran. Der Nationalismus verlor nicht seine integrierende Funktion, er bewies sie vielmehr auch gegenüber den zum Zeitpunkt der Reichsgründung teils abseits stehenden, teils abgestoßenen Bevölkerungsteilen: gegenüber dem katholischen Deutschland und teilweise gegenüber der Arbeiterschaft. Aber seine trennenden, ausgrenzenden, aggressiven Wirkungen traten nun schärfer hervor: gegenüber ethnischen und politischen Minderheiten im Innern, gegenüber den als Feinden wahrgenommenen Fremden draußen – dies im nun anschwellenden imperialistischen Kampf um Geltung und Einfluss auch außerhalb Europas, an dem das Deutsche Reich nach Bismarck mit großem Aufwand und wenig Erfolg teilnahm. In Reaktion auf tiefe soziale Spannungen im Innern, in Antwort auf den verunsichernden rapiden Wandel der Zeit, verstärkt durch ein ideologisches Klima der Überhöhung von Konflikten zwischen den Nationalstaaten im Zeitalter des Imperialismus, entwickelte sich nun der immer schon auf die Seelen der Menschen zielende Nationalismus in einigen seiner Erscheinungsformen zu einer veritablen „Polit-Religion" mit intolerantem Absolutheitsanspruch weiter, zum „integralen Nationalismus". Er konnte sich mit den Fundamentalismen der Zeit paaren, vor allem mit dem sich naturwissenschaftlich gebenden Rassismus und dem damit verwandten Antisemitismus. Spätestens jetzt wurde der Nationalismus zum belastenden Problem, das mit in den Weltkrieg führte.

Jürgen Kocka, Das lange 19. Jahrhundert. Arbeit, Nation und bürgerliche Gesellschaft, Klett-Cotta, Stuttgart 2001 (= Gebhardt. Handbuch der deutschen Geschichte, 10. völlig neu bearb. Aufl., Bd. 13), S. 84–86.

M5 Der Historiker Włodzimierz Borodziej über die polnische „Nation ohne Staat" im 19. Jahrhundert (2010)

„Wo liegt Polen?", diese Frage war gegen Ende des 19. Jahrhunderts alles andere als einfach zu beantworten. „Die Grenzen Polens, jene Plätze, wo es endet, wo es an andere Gebiete grenzt – wer kann sie heute fehlerlos aufzeigen?", fragte etwas später die junge Schriftstellerin Maria Dabrowska. „Unsere Grenzen – die haben wir doch fast vergessen! Wenn wir ‚Polen, Polen ...' sagen, wissen wir nicht einmal, was für ein Gebiet wir meinen, wo es endet, wie weit es reicht. [...] Die Grenzen der *Rzeczpospolita Polska* sind vor über hundert Jahren in drei fremde Staaten hineingesickert, von ihnen aufgesogen und gefressen worden. Unsere Feinde haben alles getan, um deren Spuren zu verwischen." [...]

Die alte „Republik" (*Rzeczpospolita, Res publica*) war mit den Teilungen Polens der Jahre 1772, 1793 und 1795 von der europäischen Landkarte getilgt worden. Der Wiener Kongress teilte die ehemals polnischen Gebiete 1815 neu auf. Russland erhielt mehr als vier Fünftel, Österreich rund ein Zehntel, Preußen acht Prozent [...]. [...] Die zentralpolnischen Teile wurden im Königreich Polen vereinigt, das durch Personalunion mit dem Zarenreich verbunden war, völkerrechtlich aber keinen Bestandteil des russischen Imperiums bildete und in den ersten 15 Jahren nach dem Wiener Kongress tatsächlich über eine weitgehende Autonomie verfügte. Südpolen blieb als nominelles Königreich Galizien und Lodomerien ebenso bei der Habsburgermonarchie wie das Herzogtum Schlesien (der südöstliche Zipfel des historischen Schlesien, der bereits vor den Teilungen nicht mehr zu Polen gehört hatte). Die auf dem Wiener Kongress gebildete Krakauer Republik wurde 1846 ebenfalls der Monarchie einverleibt. Innerhalb des preußischen Teilungsgebiets entstanden das Großherzogtum Posen, das anfänglich einen autonomen Status genoss, sowie die Provinz Westpreußen. Das Ermland war in Ostpreußen aufgegangen.

Im Verlauf des 19. Jahrhunderts kam es – vor allem infolge der Aufstände von 1830/31, 1846, 1848 und 1863 – zu mehreren Veränderungen, die jedoch die Grenzen zwischen den Imperien der Teilungsmächte nicht tangierten. Die Autonomie des Königreichs wurde bereits 1831 auf einen Restzustand reduziert, der mit Geist und Buchstaben der Bestimmungen des Wiener Kongresses kaum etwas gemeinsam hatte. Als gleichwertige – und im deutschen Sprachraum bald dominierende – Bezeichnung für das ehemalige Königreich setzte sich langsam der umgangssprachliche Begriff Kongresspolen durch. 1874 starb der letzte russische Statthalter im Königreich. Seine Nachfolger, deren Sitz das Warschauer Königsschloss blieb, führten nur noch den Titel eines Generalgouverneurs. Zwei Jahre später wurde die letzte Behörde aufgelöst, die an die faktisch längst erloschene Autonomie erinnerte; die Russifizierung war bereits seit der Niederlage des Aufstands von 1863 in vollem Gange. Der besondere Status des Großherzogtums Posen innerhalb Preußens wurde ab 1830 systematisch ausgehöhlt und dann gänzlich abgeschafft. Nach der Gründung des Deutschen Reiches begann eine Germanisierungspolitik, die über Kulturkampf, Schul-, Sprachen- und Bodenstreit zu einer hoffnungslosen Verhärtung der Fronten zwischen den „Preußen polnischer Zunge" und dem Staat führte. In umgekehrter Richtung entwickelte sich das Verhältnis zwischen der habsburgischen Teilungsmacht und deren polnischen Untertanen: Der Höhepunkt der Auseinandersetzungen war in den 1850er-Jahren überschritten, zwischen 1867 und 1873 kam es zu einem – gesetzlich nicht verankerten – Ausgleich zwischen Wien und der polnischen Aristokratie, der nun faktisch die Selbstverwaltung Galiziens anvertraut wurde. Die rasche Polonisierung von Verwaltung, Schul- und Hochschulwesen machte das Kronland zu einem „polnischen Piemont". In diesem Schlagwort fand die Hoffnung auf eine künftige, von Galizien ausgehende Einigung Polens ihren Ausdruck. Der Unterschied zu Italien bestand darin, dass die galizischen Eliten ihre Loyalität gerade gegenüber einem Habsburger zu einem Grundsatz politischen Denkens und Handelns erhoben. Und Franz Joseph hatte den Polen zwar die Macht über Galizien faktisch übertragen, dachte jedoch weder in den 1860er-Jahren noch später daran, die „polnische Frage" neu aufzurollen.

Die Frage, wo Polen um 1900 lag, war aber nicht nur wegen der Teilung des Landes schwer zu beantworten. Im Zeitalter des Nationalismus waren auf dem Gebiet der Alten Republik neue Nationen entstanden – vor allem Ukrainer und Litauer, im Nordosten die Letten; nur im Fall der Belarussen konnten selbst aufmerksame Beobachter bei der dortigen Bauernschaft nicht einmal Ansätze zu einer Nationsbildung feststellen. Die Juden blieben ein Sonderfall, aber auch sie erlangten infolge der Emanzipation eine Bedeutung, die noch wenige Generationen vorher unvorstellbar war. Abgesehen von Letzteren erhoben alle anderen Nationen Ansprüche auf Gebiete, die vor 1772 zur Adelsrepublik gehört hatten – ganz abgesehen von den Teilungsmächten, denen das ehemalige Polen rechtlich und faktisch gehörte.

Włodzimierz Borodziej, Geschichte Polens im 20. Jahrhundert, C. H. Beck, München 2010, S. 13–15.

1. Charakterisieren Sie die deutsche Nationalstaatsentwicklung im 19. Jahrhundert, indem Sie die einzelnen Phasen und deren zentrale Merkmale herausarbeiten (M 4).
2. Analysieren Sie die Entwicklung der polnischen Nation im 19. Jahrhundert (M 5). Nennen Sie die zentralen Probleme dieser Nation.
3. Vergleichen Sie die Entwicklungen in Deutschland und Polen miteinander.
4. **Hypothesen- und Fragenkatalog:** Formulieren Sie, ausgehend von M 4 und M 5, Hypothesen und Fragen, die Sie im Verlauf des Kurses behandeln möchten. Überprüfen Sie diese am Ende des Kurses.

M 6 Der Historiker Edmund Dmitrów über das Polenbild in Deutschland und das Deutschlandbild in Polen (2005)

Die im November 2000 durchgeführten Umfragen zeigten, dass das Bild Deutschlands als Land und der Deutschen als Volk, wie es sich für die Polen darstellt, deutlich, in sich stimmig und im Allgemeinen positiv ist. Diesen Umfragen zufolge assoziieren die Polen das Land der westlichen Nachbarn mit Ordnung, Sauberkeit und Wohlstand. Das Stereotyp des Deutschen weist positive Merkmale auf wie gute Arbeitsorganisation, Fleiß, Wirtschaftlichkeit, Effizienz, Reinlichkeit, Verantwortlichkeit, Disziplin und Unternehmungsgeist. Die deutsche Gesellschaft wird als sehr modern wahrgenommen. Man erkennt hier auf den ersten Blick jenes Bündel positiver Eigenschaften, die in Polen seit jeher mit dem deutschen Nationalcharakter in Verbindung gebracht werden. Würde man die Deutschen in den Kategorien ‚guter bzw. schlechter Mensch' beschreiben sollen, verlöre ihr Bild an Klarheit gegenüber der Beschreibung unter dem Aspekt der Kompetenz. Wenn die Polen an die Deutschen als ‚gute Arbeiter' denken, ‚entmenschlichen' sie sie in gewisser Weise, hat der Soziologe Mateusz Falkowski festgestellt. Die Ambivalenz in der Wahrnehmung solcher Eigenschaften wie Ehrlichkeit, Freundlichkeit und Toleranz kann ihm zufolge auch bedeuten, dass das alte Stereotyp sich in positiver Richtung verändert. Nur fünf Prozent der Befragten schrieben den Deutschen von heute Nationalismus und Fremdenfeindlichkeit zu, aber ein Drittel der Befragten nahm sie als tolerant und freundlich wahr; das kann man auch als ein Anzeichen dafür deuten, dass die mit dem Krieg zusammenhängenden bösen Assoziationen nachlassen.

Wechseln wir nun die Blickrichtung. Das von Deutschland aus gesehene Bild Polens wies die undeutlichen Konturen eines sehr fernen und kaum bekannten Landes auf. Das Phänomen subjektiver Ferne wird durch das Beispiel, von dem Thomas Urban erzählt, treffend illustriert. Bei seinen Seminaren für Studenten der Journalistik in Frankfurt am Main stellt er den verschiedenen Gruppen Jahr für Jahr dieselbe Aufgabe: Sie sollen auf der rund 2 000 km langen Linie zwischen Berlin und Moskau die Lage Warschaus angeben. Das Ergebnis? Die angehenden Journalisten lokalisieren die Hauptstadt Polens regelmäßig 800 km östlich von der Stelle, wo sie wirklich liegt, irgendwo in der Gegend von Smolensk. Die Soziologin Xymena Dolińska machte in ihrem Bericht über die Wahrnehmung Polens in Deutschland Ende des Jahres 2000 darauf aufmerksam, dass die größte Personengruppe (18 %) keinerlei Assoziationen mit unserem Land verband. Polen stellte sich für sie als sprichwörtliches ‚schwarzes Loch' dar. Bei den übrigen löste es präzisere Assoziationen aus, die sich über mehrere Bereiche verteilen, bei denen negative Assoziationen dominierten. […] Bei den Polen als Volk dachte man am häufigsten an solche Eigenschaften wie Schmutz und Verwahrlosung, Faulheit, Vorurteile. Als Merkmale des ‚typischen Polen' wurden am häufigsten Religiosität (74 %) und Rückständigkeit (45 %) genannt. Die folgenden Plätze im Katalog der ihm zugeschriebenen Merkmale nahmen ein: Unehrlichkeit (37 %), Erfolglosigkeit (32 %), Selbstherrlichkeit (31 %). Freiheitsliebe erwähnten nur ein Prozent der Befragten. Dieses ‚nicht allzu positive Bild', wie Dolińska es euphemistisch umschrieb, relativiert ihrer Meinung nach die Überzeugung, die Polen seien freundlich (39 %) und kreativ (36 %).

Edmund Dmitrów, Die Rolle von Mythen und Stereotypen in der gegenseitigen Wahrnehmung, in: Nachbarn auf Distanz. Polen und Deutsche 1998–2004, hg. v. Anna Wolff-Poweska und Dieter Bingen, Harrassowitz, Wiesbaden 2005, S. 431 ff.

M 7 Vor 75 Jahren Kriegsbeginn, Karikatur, 2014

1 **Umfrage:** Führen Sie eine Umfrage in Ihrem Kurs durch: Was denken Sie, welche Merkmale von Polen Deutsche am häufigsten nennen, wenn sie in Umfragen zu ihrem Polenbild befragt würden? Vergleichen Sie Ihre Ergebnisse mit den Meinungsumfragen in M 6. Wiederholen Sie Ihre Umfragen am Ende des Kurses noch einmal.

2 **Recherche:** Suchen Sie im Internet nach Karikaturen, die das deutsch-polnische Verhältnis thematisieren. Arbeiten Sie wiederkehrende Stereotypen heraus und vergleichen Sie mit M 7.

Testen Sie Ihr Vorwissen zur vergleichenden Nationalstaatsbildung in Deutschland und Polen

1 Was waren die Schlagworte der Französischen Revolution?
A *Freiheit, Gleichheit, Brüderlichkeit*
B *Einigkeit, Recht, Freiheit*
C *Brüder, zur Sonne, zur Freiheit*

2 Wann entstand der moderne Nationalismus?
A *Im Mittelalter*
B *Im Zeitalter der Französischen Revolution*
C *Im Zeitalter des Imperialismus*

3 Was versteht man unter den polnischen Teilungen?
A *Die Gestaltung Polens als Bundesstaat mit starken Teilstaaten*
B *Die Gestaltung Polens als Staatenbund*
C *Die Aufteilung Polens unter seine Nachbarn*

4 Was bezeichnet der Begriff „Kongresspolen"?
A *Abgeordnete des polnischen Parlamentes*
B *Das durch den Wiener Kongress von 1815 geschaffene Königreich Polen*
C *Polnische Diplomaten*

5 In welcher Kirche verabschiedete das erste deutsche Parlament eine Verfassung für den zu gründenden Nationalstaat?
A *Berliner Hedwigs-Kathedrale*
B *Hamburger Dom*
C *Frankfurter Paulskirche*

6 Wo wurde das Deutsche Kaiserreich proklamiert?
A *Im Ballsaal des Berliner Stadtschlosses*
B *Im Bankettsaal der Burg Hohenzollern*
C *Im Spiegelsaal von Versailles*

7 Welche historische Persönlichkeit hatte besonderen Anteil an der Entstehung des Deutschen Reiches und der Ausgestaltung seiner Verfassung?
A *Kaiser Wilhelm I.*
B *Otto von Bismarck*
C *General Helmuth von Moltke, d. Ä.*

8 Was meint der Begriff „Kulturkampf"?
A *Machtprobe Bismarcks mit der katholischen Kirche*
B *Öffentlicher Streit um eine Berliner Theateraufführung*
C *Rivalität zwischen Frankreich und Deutschem Reich*

9 Was forderte Kaiser Wilhelm II. mit dem Slogan „ein Platz an der Sonne"?
A *Die Teilnahme an der staatlichen Lotterie*
B *Die Einverleibung des Gardasees ins Deutsche Reich*
C *Eine deutsche Weltmachtpolitik und deutsche Kolonien*

9 Wann entstand die „zweite Republik" Polen?
A *1914*
B *1918*
C *1921*

10 Was bedeutete für die Nationalsozialisten „Lebensraum"?
A *Zynische Bezeichnung für Gefängniszellen*
B *Mindestgröße für Wohnraum*
C *Aneignung von Territorien im Osten Europas für Deutsche*

11 Was bedeuteten der deutsche Überfall auf Polen und der Zweite Weltkrieg für die polnische Bevölkerung?
A *Flucht, Deportationen, Vertreibungen sowie Zerstörung, Knechtschaft und Völkermord*
B *Abtretung der westlichen Teile Polens an Deutschland*
C *Milde deutsche Besatzungsherrschaft*

12 Welche Wirkung besaß der Kniefall von Bundeskanzler Willy Brandt 1970 in Warschau?
A *Belastung des deutsch-polnischen Verhältnisses*
B *Gleichgültigkeit der polnischen Bevölkerung und ihrer Führung*
C *Durchbruch der deutschen Entspannungspolitik*

2 Nationalismus und Nationalstaatsbildung im 19. Jahrhundert

Kompetenzen erwerben

Sachkompetenz:
- die Begriffe Nation, Nationalismus und Nationalstaat erläutern
- Typologien und Phasen der Nationenbildung bzw. Nationalstaatsentwicklung beschreiben und problematisieren
- unterschiedliche Formen der Nationenbildung bzw. Nationalstaatsentwicklung im Europa des 19. Jahrhunderts voneinander abgrenzen und erklären

Methodenkompetenz:
- Darstellungen analysieren

Urteilskompetenz:
- die Bedeutung von Nationen, Nationalismus und Nationalstaaten für die Entstehung und das Funktionieren der modernen Welt bewerten
- Handlungsspielräume und Ziele nationaler bzw. nationalstaatlicher Politik beurteilen
- den historischen Stellenwert nationaler bzw. nationalstaatlicher Politik abwägen

Nation und Nationalismus

Nationen sind keine natürlichen Größen, die es schon immer gegeben hat. Gefühle nationaler Zusammengehörigkeit entstanden in den unterschiedlichen Gesellschaften unter bestimmten historischen Bedingungen und konnten verschiedene Erscheinungsformen annehmen. Nationen und Nationalismus sind das Ergebnis komplizierter geschichtlicher Prozesse, in denen sich Gruppen der Gesellschaft zusammenfinden und das Bewusstsein einer nationalen Gemeinschaft herausbilden. Einige moderne Historiker bezeichnen daher **Nationen als gedachte Gemeinschaften bzw. Ordnungen**. Nach dieser Auffassung, die seit den 1980er-Jahren eine wissenschaftliche Grundlage erhielt, ist die Nation zuallererst eine Vorstellung. Nation, Nationalismus und Nationalstaat ziehen ihre Macht und ihr Identifikationspotenzial daraus, dass die Menschen an sie glauben.

Nationale Gefühle und Denkmuster gab es bereits seit dem Hohen Mittelalter. Der **vormoderne Nationalismus** prägte aber lediglich das Denken und Handeln einer kleinen Elite, des sozial und politisch herrschenden Adels. Die große Masse der Bevölkerung war fest eingebunden in die „natürlichen Ordnungen" des Lebens, in Familie und Verwandtschaft, Dorf und Pfarrei, Kirche und Religion sowie in das von einem Fürsten regierte Territorium. Diese Bindungen bestimmten die Loyalitätsgefühle* der Menschen: landschaftliches Zusammengehörigkeitsbewusstsein, Stammesstolz, Heimatgefühl oder Royalismus, d.h. die Treue zu einem bestimmten Königs- oder Herrscherhaus.

Loyalität
(frz. „Treue"): Festhalten an getroffenen Vereinbarungen, Einhalten von Gesetzesvorschriften oder Treue gegenüber einer Autorität.

Der **moderne Nationalismus** entstand im ausgehenden 18. und beginnenden 19. Jahrhundert, als die Amerikanische und die Französische Revolution die Grundlagen der feudalständischen Ordnung erschütterten und der bürgerlichen Gesellschaft zum Durchbruch verhalfen. Für diesen Nationalismus galt die **Nation oder der Nationalstaat als oberster Wert**, als allgemein verbindliche Sinn- und Rechtfertigungsinstanz politischen Handelns. Der Einzelne sollte sich zuallererst als Mitglied einer nationalen Lebensgemeinschaft verstehen. Allerdings konnte die eigene Nationalität durchaus unterschiedlich bestimmt werden, z. B. durch Sprache, Kultur oder ethnische Zugehörigkeit.

Der moderne Nationalismus vermittelte dem Individuum ein Stück Lebenssinn und war dadurch in der Lage, ein Volk oder eine große Bevölkerungsgruppe zu mobilisieren. Nationale Gefühle konnten und können die Integration und Solidarität in einer Gesellschaft dadurch stärken, dass sie einer Gemeinschaft ihre Zusammengehörigkeit bewusst machen und diesem Gefühl einen besonderen Stellenwert zuschreiben. Mit dem Argument, die Interessen der Nation besäßen Vorrang vor allen anderen Normen und Werten, lassen sich die Mitglieder einer Gesellschaft auf ein gemeinsames Ziel einschwören. Dies konnte aber derart übersteigert werden, dass der Nationalismus zum Religionsersatz wurde. Die Nation erschien als etwas Heiliges, ihre Selbstbehauptung legitimierte im Extremfall Opfer bis hin zum Tod. Häufig war ein derart extremer Nationalismus auch mit nationalem Sendungsbewusstsein nach außen verbunden und konnte in Aggression und Krieg umschlagen.

Zusammenfassend lässt sich der moderne Nationalismus durch drei Merkmale definieren: Erstens erklärte er die Nation zum **höchsten gesellschaftlichen Wert**. Zweitens wurde die **Selbstbestimmung der Nation** im Nationalstaat angestrebt. Und drittens legitimierte er seine besondere Wertschätzung der Nation **säkular**, d. h. weltlich; religiöse Begründungen spielten in den meisten Ländern nur noch eine untergeordnete Rolle.

M 1 Fontane, Goethe und Schiller als Graffiti, Fotografie, 2011

Nationalstaat

Ähnlich wie der moderne Nationalismus ist auch der moderne Nationalstaat das Ergebnis bestimmter historischer Entwicklungen. Bei der Definition des Begriffes „moderner Nationalstaat" greifen die Historiker häufig auf Gedanken des Staatsrechtlers Georg Jellinek (1851–1911) zurück. Grundlage des Nationalstaates war nach seiner Auffassung die **Identität von Staatsgebiet, Staatsvolk und Staatsgewalt**. In der neueren Geschichtsforschung wird allerdings auch der Kultur ein hoher Stellenwert zugesprochen, um den modernen Nationalstaat von älteren Formen des Territorialstaates in der Frühen Neuzeit abzugrenzen. Der Historiker Jürgen Kocka argumentierte 2001, dass die **nationale Kultur** „einen gedachten, gewollten, praktizierten und erfahrbaren Zusammenhang" zwischen Mitgliedern einer Nation stifte, „in dem kollektives Gedächtnis und historische Erinnerung [...], meist auch verbindende Sprache, Bilder und Kommunikation, gemeinsame Bildung und Normen zentral sind, und der durch staatliche Anstrengung (vor allem über das Bildungssystem) mit hergestellt wird". Nationale Kultur in diesem Sinn umfasst soziale Schichten, Klassen und Gruppen. Sie integriert und toleriert – innerhalb bestimmter Grenzen – Abweichungen von der gesellschaftlichen Norm. Gleichzeitig gewinnt sie ihre Identität und ihre Integrationskraft durch die Abgrenzung von Anderen und durch Ausgrenzung von „Fremdem".

Typen der Nationalstaatsbildung

Die europäischen Nationen bzw. Nationalstaaten sind nicht nur zu verschiedenen Zeiten entstanden, sie haben sich auch auf unterschiedliche Weise herausgebildet.

Theodor Schieder
Der deutsche Historiker (1908–1984) gilt als einer der Begründer einer methodisch reflektierten Sozial- und Strukturgeschichte in Deutschland. In den 1990er-Jahren wurde seine Nähe zum Nationalsozialismus während der NS-Diktatur kontrovers diskutiert.

Der deutsche Historiker Theodor Schieder* arbeitete in den 1960er-Jahren drei Typen der Nationalstaatsbildung heraus. Für Schieder gibt es – erstens – Nationen, deren **Selbstverständnis durch moderne Revolutionen** geprägt wurde. Das gilt für Frankreich und England, wo sich die Idee der demokratischen Nation in der Glorreichen Revolution von 1688/89 und der Französischen Revolution von 1789 entwickelte. Da Franzosen und Engländer jeweils in einem Staat zusammenlebten, waren Staat und Nation deckungsgleich. Dagegen mussten – zweitens – in Deutschland (s. Kapitel 3) und Italien sich die **kulturell und sprachlich nahe stehenden Einwohner** erst einen gemeinsamen Nationalstaat erkämpfen. Das erfolgte 1870/71 mit der deutschen Reichsgründung und zwischen 1859 und 1870 mit der Einigung des zersplitterten Italiens. Außer diesen den Staat stärkenden (Frankreich und England) und den staatsbildenden (Deutschland und Italien) Formen gab es – drittens – die staatszersetzenden bzw. sich von ihm abtrennenden Varianten. Dabei organisierten sich aus **zerfallenden Großreichen oder Vielvölkerstaaten** neue Nationalstaaten. Die nationalen Bewegungen der slawischen Völker in Mittel- und Südosteuropa beschleunigten die Auflösung des Osmanischen und des Habsburgerreiches. 1829/30 hatte sich zuerst Griechenland befreit, 1878 folgten Serbien und Rumänien, 1908 wurde Bulgarien unabhängig. Seit dem Auseinanderbrechen Österreich-Ungarns nach dem Ersten Weltkrieg 1918 entstand von der Ostsee bis zur Adria ein breiter Staatengürtel aus den baltischen Staaten, Polen (s. Kapitel 4), der Tschechoslowakei, Ungarn, Jugoslawien und Österreich. Aber auch das multiethnische Belgien trennte sich 1830 von den Niederlanden und bildete einen neuen Staat.

Die Typologie Schieders besitzt zwar Schwächen – er selbst wies darauf hin, dass der polnische Nationalismus Einheitsbestrebungen und Abspaltungsbewegungen miteinander verband –, aber seine Klassifizierung, die er zu einem Phasenmodell weiterentwickelte, bietet wertvolle Orientierungshilfen für eine vergleichende Analyse von Nationen. An drei Beispielen lässt sich die Klassifikation verdeutlichen.

Staatsnation: Frankreich

Frankreich war lange vor der Französischen Revolution ein geschlossener Territorialstaat. Die revolutionären Ereignisse stellten den Staat jedoch seit 1789 auf eine neue Legitimationsgrundlage und wandelten ihn vom absolutistischen Fürsten- zum Nationalstaat um. Dabei entstand die demokratische Idee von der selbstbestimmten, **souveränen Nation**. Das Volk erklärte sich gleich zu Beginn der Revolution zur Nation, d. h. zu einer politischen und sozialen Gemeinschaft rechtsgleicher Staatsbürger (**Staatsnation**), die durch ihr Vertretungsorgan (Nationalversammlung) die Zukunft des Landes mit gestalteten. In den Kriegen, die das Land seit der Revolutionszeit und später unter Napoleon bis 1814 in Europa führte, verband sich der Nationalgedanke mit einem Überlegenheitsgefühl und einem Sendungsbewusstsein. Die Truppen der **„Grande Nation“** – als ideale Verkörperung dessen, was eine Nation sein soll – zogen in den Kampf, um die Ideen der Revolution „Freiheit, Gleichheit, Brüderlichkeit“ zu verbreiten und um die Völker vom Joch absolutistischer Könige zu befreien.

Während der zweiten Hälfte des 19. Jahrhunderts entstand in Frankreich eine Form des aggressiven Nationalismus, den einige Historikerinnen und Historiker als **integralen Nationalismus** bezeichnen. Der Begriff wurde von dem französischen Schriftsteller Charles Maurras (1868–1952) geprägt. „Du bist nichts, dein Volk ist alles“ – mit dieser Parole könnte man die zentrale Forderung des integralen Nationalismus charakterisieren, der auch vor Gewalt gegenüber Andersdenkenden nicht zurückschreckte. Er bildete sich nach der Niederlage gegen Deutschland im Krieg 1870/71 und dem Wechsel von der Monarchie zur (Dritten) Republik heraus. Viele konservativ-monarchistisch eingestellte Franzosen konnten den republikanischen Politikern nicht verzeihen, dass sie eine Revanche gegen die deutschen Sieger zurückstellen wollten. In der 1882 gegründeten, 1889 verbotenen ***Ligue des patriotes*** und der 1898 ins Leben gerufenen ***Ligue de la patrie française*** organisierten sich die rechts stehenden Nationalisten, darunter viele Persönlichkeiten der intellektuellen Elite. Anders als in Deutschland wurde der integrale Nationalismus in Frankreich aber nie vorherrschende Ideologie. Der demokratische Nationalismus behielt die größere Anziehungskraft.

M 2 Französische Briefmarke mit dem Kopf der Marianne, der Personifikation Frankreichs, 1944.

Seit der Französischen Revolution gilt Marianne zugleich als Symbol der Freiheit, zum Zeichen trägt sie die phrygische Mütze der Jakobiner auf dem Kopf.

Staatsbildende Nation: Italien

Neben Deutschland ist Italien das wichtigste Beispiel für eine staatsbildende Nation. Die Einigung des zersplitterten Italien 1859–1870 war ein langwieriger Prozess, der vorangetrieben wurde durch Kriege, Reformen „von oben" sowie demokratische und revolutionäre Volksbewegungen.

Auf dem Wiener Kongress 1814/15 hatte sich Österreich die Vorherrschaft über die italienischen Staaten gesichert. Seine Machtposition wurde jedoch durch Aufstände 1820/21 und durch national-liberale Bewegungen in den europäischen Revolutionsjahren 1830 und 1848/49 erschüttert. Zu den bekanntesten Freiheitskämpfern gehörte der Genuese **Giuseppe Mazzini** (1805–1872), der 1832 die radikale nationale Volksbewegung „Das Junge Italien" ins Leben rief, um Italien in einer freien, liberalen Republik zu vereinen. Bestimmende Kraft der italienischen Nationalbewegung war die wirtschaftliche Führungsschicht des Nordens.

Aus dem Scheitern der Revolution 1848/49 zog der liberale Politiker Graf **Camillo Cavour** (1810–1861), Ministerpräsident von Sardinien-Piemont, Konsequenzen: Italien könne angesichts der Vorherrschaft Österreichs nur mithilfe ausländischer Mächte geeint werden. Cavour vertrat eine schmale Schicht von Adligen und Bürgerlichen, die sich in der ***Società Nazionale*** organisiert hatten und die einen liberalen Verfassungsstaat anstrebten. Um das Wohlwollen der Westmächte zu gewinnen, stellte Sardinien-Piemont England und Frankreich im Krimkrieg (1854–1856) gegen Russland Soldaten zur Verfügung. 1858 traf Cavour eine geheime Verabredung mit Kaiser Napoleon III.: Frankreich sicherte Piemont die Unterstützung gegen Österreich zu, wenn dafür das französischsprachige Savoyen und Nizza an Frankreich abgetreten würden. Im sardinisch-piemontesischen „Nationalkrieg" gegen Österreich seit Frühjahr 1859 konnten die italienischen Truppen mit französischer Hilfe Siege erringen. Doch im Juli schloss Frankreich überraschend mit Österreich Frieden, ohne die Kriegsziele erreicht zu haben.

Vorangetrieben wurde der italienische Einigungsprozess nun maßgeblich durch nationalrevolutionäre Aufstandsbewegungen in Mittel-

M 3 Freischarführer Giuseppe Garibaldi zieht mit seinen Truppen in Messina (Sizilien) ein, Stich, 1860

1 Charakterisieren Sie den Empfang der Truppen durch die Bevölkerung.

und Süditalien. Zu ihrem führenden Kopf stieg der Freischarenführer **Giuseppe Garibaldi** (1807–1882) auf. In einem kurzen Volkskrieg besiegte er mit Freiwilligen den neapolitanischen General Landi und befreite Sizilien. Als sich Garibaldi zur Eroberung des Kirchenstaates anschickte, rückten Streitkräfte Piemonts im Kirchenstaat und in Neapel ein, während die Stadt Rom unter französischem Schutz blieb. Volksentscheide erbrachten eine Mehrheit für den Anschluss Neapel-Siziliens und des Kirchenstaates an Sardinien-Piemont. 1861 vereinigten sich der Norden und der Süden zum **Königreich Italien** unter **Viktor Emanuel II.** von Piemont-Sardinien. Venetien und der Kirchenstaat wurden erst 1866 und 1870 eingegliedert.

Nationsbildung durch Abtrennung: Belgien

Der belgische Nationalstaat entstand 1830 durch Abspaltung von den Niederlanden. Das auf dem Wiener Kongress 1814/15 gegründete niederländische Königreich war durch den konfessionellen Gegensatz zwischen dem katholischen Süden und dem calvinistischen Norden belastet. Die Verfassung und auch die konkrete Regierungspolitik bevorzugten den agrarischen Norden, der für den Freihandel eintrat, während der industrielle Süden Schutzzölle verlangte. Die französische Julirevolution 1830 löste auch in Brüssel einen Aufstand aus, der von französischen Freiwilligen unterstützt wurde und im Süden des Landes erfolgreich war. Ende 1830 erklärte eine provisorische Regierung **die Unabhängigkeit Belgiens**. Da Russland und Preußen einzugreifen drohten, um die Revolution zu bekämpfen, vermittelte England auf einer Konferenz in London und erreichte, dass die europäischen Großmächte die belgische Unabhängigkeit anerkannten.

Belgien gab sich 1831 eine **liberale Verfassung**, die zum Vorbild für viele konstitutionelle Bewegungen in Europa wurde. Sie enthielt Grundrechte, Gesetzesinitiative des Parlaments, Richterunabhängigkeit, weitgehende Trennung von Kirche und Staat sowie ein Zensuswahlrecht. Im belgischen Staat gab es allerdings zwei Sprachgruppen: die **Flamen** und die Französisch sprechenden **Wallonen**. Gleich nach der Staatsgründung bildete sich die flämische Bewegung, die gegen eine Dominanz der französischen Sprache und Kultur kämpfte. Bis heute hat der belgische Staat die Bedürfnisse und Konflikte beider Gruppen friedlich regeln bzw. beilegen können.

Webcode:
KH645923-019

1. Fassen Sie die wesentlichen Aspekte der Begriffe Nation, Nationalismus und Nationalstaat in einer Definition zusammen.
2. Diskutieren Sie auf der Grundlage Ihrer Ergebnisse die These des französischen Religionswissenschaftlers, Orientalisten und Schriftstellers Ernest Renan (1832–1892): „Die Nationen sind nichts Ewiges. Sie haben einmal angefangen, sie werden enden."
3. **Präsentation:** Untersuchen und beschreiben Sie die Nationalstaatsgründungen bzw. -entwicklungen in Frankreich, Italien und Belgien. Ordnen Sie diese in die Typologie und das Phasenmodell Schieders (M 9, S. 22 f.) ein. Präsentieren Sie Ihre Ergebnisse.

Hinweise zur Arbeit mit den Materialien

Die Materialien M 4 bis M 7 beschäftigen sich mit den **Begriffen „Nation", „Nationalismus" und „Nationalstaat"**. M 4 erlaubt die Auseinandersetzung mit der Nation als „vorgestellter" Gemeinschaft, während im Anschluss die Entstehung (M 5), die Modernität (M 6) sowie Wesen und Funktion (M 7) des modernen Nationalismus erläutert werden. M 8 zeigt auf Basis einer Karte die unterschiedlichen **Formen europäischer Nationalstaatsbildung** im 19. Jahrhundert. Es folgt eine geschichtswissenschaftliche Typologie der Nationalstaatsentwicklung (M 9), die in M 10 kritisch diskutiert wird. Abschließend kann die **Typologie an zwei Beispielen überprüft werden:** Es handelt sich um den französischen Nationalismus und seine Entwicklung (M 11 bis M 13) sowie die Einigung Italiens (M 14 bis M 16).
Die **Methodenseiten** (S. 27 f.) führen in die Analyse historischer Darstellungen ein; dabei geht es um eine Spielart des Nationalismus, den subjektivistischen Nationalismus.
Am Ende des Kapitels finden sich **weiterführende Arbeitsanregungen** und die Möglichkeit, die im Kapitel erworbenen **Kompetenzen zu überprüfen** (S. 30 f.).

Geschichte und Theorie: Nation und Nationalismus

M 4 Der Politikwissenschaftler Benedict Anderson über die Nation als „vorgestellte" Gemeinschaft (1998)

[...] Nation [...] ist eine vorgestellte politische Gemeinschaft – vorgestellt als begrenzt und souverän.

Vorgestellt ist sie deswegen, weil die Mitglieder selbst der kleinsten Nation die meisten anderen niemals kennen, ihnen begegnen oder auch nur von ihnen hören werden, aber im Kopf eines jeden die Vorstellung ihrer Gemeinschaft existiert. [...] In der Tat sind alle Gemeinschaften, die größer sind als die dörflichen mit ihren *Face-to-face*-Kontakten, vorgestellte Gemeinschaften. Gemeinschaften sollten nicht durch ihre Authentizität[1] voneinander unterschieden werden, sondern durch die Art und Weise, in der sie vorgestellt werden. [...] Die Nation wird als begrenzt vorgestellt, weil selbst die größte von ihnen mit vielleicht einer Milliarde Menschen in genau bestimmten, wenn auch variablen Grenzen lebt, jenseits derer andere Nationen liegen. Keine Nation setzt sich mit der Menschheit gleich. Selbst die glühendsten Nationalisten träumen nicht von dem Tag, da alle Mitglieder der menschlichen Rasse ihrer Nation angehören werden – anders als es in vergangenen Zeiten den Christen möglich war, von einem ganz und gar „christlichen" Planeten zu träumen. Die Nation wird als souverän vorgestellt, weil ihr Begriff in einer Zeit geboren wurde, als Aufklärung und Revolution die Legitimität der als von Gottes Gnaden gedachten hierarchisch-dynastischen Reiche zerstörten. [...]

Deshalb träumen Nationen davon, frei zu sein und dies unmittelbar – wenn auch unter Gott. Maßstab und Symbol dieser Freiheit ist der souveräne Staat. Schließlich wird die Nation als Gemeinschaft vorgestellt, weil sie, unabhängig von realer Ungleichheit und Ausbeutung, als „kameradschaftlicher" Verbund von Gleichen verstanden wird. Es war diese Brüderlichkeit, die es in den letzten zwei Jahrhunderten möglich gemacht hat, dass Millionen von Menschen für so begrenzte Vorstellungen weniger getötet haben als vielmehr bereitwillig gestorben sind.

Benedict Anderson, Die Erfindung der Nation. Zur Karriere eines folgenreichen Konzepts, übersetzt v. Benedict Burkhard u. Christoph Münz, Ullstein, erw. Aufl., Berlin 1998, S. 14–16.

1 Authentizität: Echtheit, Glaubwürdigkeit, Rechtsgültigkeit

1 Erläutern Sie die These, die Nation sei eine „vorgestellte" Gemeinschaft (M 4).
2 Tragen Sie die wesentlichen Eigenschaften einer Nation zusammen.

M 5 Der Historiker Dieter Langewiesche über die Entstehung des modernen Nationalismus (1994)

Nationalismus ist ein Geschöpf der Moderne. Als die alteuropäische Welt von der Amerikanischen und der Französischen Revolution in ihren Fundamenten erschüttert wurde und in der napoleonischen Ära dann vollends zerbrach, da gehörte nicht nur die Idee der Selbstbestimmung zu dem neuen Demokratieideal, das seitdem die Welt verändert. Nationalismus gehörte auch dazu. Denn von Beginn an suchten die Menschen ihre neuen Ansprüche im Gehäuse der eigenen Nation zu verwirklichen. Die revolutionären Ideale forderten zwar universelle Geltung, doch ihr zentraler Handlungsraum war und blieb die einzelne Nation. Hoffnungen auf internationale Solidarität gab es zwar immer wieder, doch stets zerstob die Sehnsucht nach einem „Völkerfrühling" angesichts der überlegenen Kraft, die von den nationalen Leitbildern ausging. […] Die neue, in ihrem Ursprung revolutionäre Legitimität der modernen Nation erwies sich gegenüber allen anderen Ordnungsmodellen, überlieferten wie auch künftigen, als konkurrenzlos überlegen. Wer sich diesem Zwang zur Nationalisierung nicht einfügen konnte, ging unter.

Dieter Langewiesche, Nationalismus im 19. und 20. Jahrhundert: zwischen Partizipation und Aggression, in: ders., Nation, Nationalismus, Nationalstaat in Deutschland und Europa, C. H. Beck, München 2000, S. 35 f. (ursprünglich erschienen 1994).

M 6 Der Historiker Dieter Langewiesche über die Modernität des Nationalismus im 19. Jahrhundert (1992)

Wer sich zur modernen Idee der Nation bekannte, richtete eine Kampfansage an die überlieferte Ständegesellschaft mit ihrem dichten Geflecht an Privilegien und Ausgrenzungen. Auch wo ein gemeinsamer Staat bereits bestand, wie in Frankreich, wirkte die Idee der Nation als ein egalitärer Zukunftsentwurf. Er versprach jedermann – Frauen wurden noch nicht in das Egalitätsversprechen einbezogen – politische und rechtliche Gleichberechtigung. Und er säkularisierte den Glücksanspruch des Individuums. Denn „Nation" als Zukunftsverheißung akzeptierte nicht mehr die Zwänge einer vermeintlich gottgefügten weltlichen Ordnung. Sie gab sich auch nicht mehr damit zufrieden, auf die Egalität des Jenseits vertröstet zu werden. Deshalb war das Zukunftsmodell „Nation" eine potenziell revolutionäre Kraft.

Dieter Langewiesche, Reich, Nation und Staat in der jüngeren deutschen Geschichte, in: Historische Zeitschrift, Oldenbourg, Bd. 254, 1992, S. 343 ff.

M 7 Der Historiker Peter Alter definiert den Nationalismus (1985)

Nationalismus liegt dann vor, wenn die Nation die gesellschaftliche Großgruppe ist, der sich der einzelne in erster Linie zugehörig fühlt, und wenn die emotionale Bindung an die Nation und die Loyalität ihr gegenüber in der Skala der Bindungen und Loyalitäten oben steht. Nicht der Stand oder Konfession, nicht eine Dynastie oder ein partikularer Staat, nicht die Landschaft, nicht der Stamm und auch nicht die soziale Klasse bestimmen primär den überpersonalen Bezugsrahmen. Der einzelne ist auch nicht länger, wie das z. B. noch die Philosophie der Aufklärung postulierte, in erster Linie Mitglied der Menschheit und damit Weltbürger, sondern fühlt sich vielmehr als Angehöriger einer bestimmten Nation. Er identifiziert sich mit ihrem historischen und kulturellen Erbe und mit der Form ihrer politischen Existenz. Die Nation (oder der Nationalstaat) bildet für ihn den Lebensraum und vermittelt ihm ein Stück Lebenssinn in Gegenwart und Zukunft.

Peter Alter, Nationalismus, Suhrkamp, Frankfurt/M. 1985, S. 14 f.

1. Fassen Sie die zentralen Merkmale des modernen Nationalismus (M 5–M 7) zusammen.
2. Erläutern Sie, warum „das Zukunftsmodell ‚Nation' [im frühen 19. Jahrhundert] eine potenziell revolutionäre Kraft" darstellte (M 6).

M8 Nationalstaatsgründungen in Europa im 19. und 20. Jahrhundert

M9 Der Historiker Theodor Schieder über Typen und Phasen europäischer Nationalstaatsbildung (1965)

In der ersten Etappe bildet sich der moderne Nationalstaat in England und Frankreich durch eine innerstaatliche Revolution, in der die Gemeinschaft der Bürger einen bereits bestehenden Staat auf bestimmte politische Werte und am Ende auf den Volkswillen, die *volonté générale* im Sinne Rousseaus, die Nation als Willensgemeinschaft neu gründet. Das subjektive Bekenntnis zu dem auf diese Weise neu geschaffenen Staat bleibt das einzige Merkmal einer politischen Nationalität, nicht etwa Sprache, Volksgeist oder Nationalcharakter. […]

Die zweite Phase steht im Zeichen der Entstehung von Nationalstaaten aus staatlich getrennten Teilen von Nationen, die ihre politische Zerrissenheit überwinden wollen. Der nationalrevolutionäre Akt gestaltet nicht einen vorhandenen Staat um, sondern will einen neuen schaffen. Dies ist die Stunde der nationalen „Einheitsbewegungen" wie z. B. in Deutschland und in Italien. Bei ihnen erscheint die Nation als eine vor dem Staat gegebene, entweder historisch oder kulturell oder als sozialer Verband begründete Größe. […]

In der dritten Phase geht es wiederum um ein anderes Problem. Mit ihr haben wir den Schwerpunkt unserer Betrachtung von Westeuropa und Mitteleuropa nach Osteuropa verlegt. Während die Großstaatsbildungen in Westeuropa durch die nationaldemokratische Revolution national bestimmt worden sind, allerdings in eigentümlicher Verknüpfung mit imperialen Herrschaftssystemen außerhalb Europas, die wie in Großbritannien den nationalen Kernstaat niemals davon isoliert betrachten lassen, während in die Herrschaft über Mitteleuropa Kleinstaaten und Großstaaten sich teilen, ist Osteuropa das Feld der großen imperialen Imperiums- und Reichsbildungen gewesen. […] Die nationalitären Bewegungen in Osteuropa, in ihrer Tradition und Herrschaft sehr verschiedenen Charakters, entfalten sich im Bereich dieser Großstaaten, die für sie als die großen „Gefängnisse der Völker" erscheinen. Das politische Bewusstsein dieser Bewegungen und der sie tragenden Völker wird nicht im und am Staat entwickelt, sondern durch die Gegnerschaft gegen den bestehenden Staat geprägt.

Theodor Schieder, Typologie und Erscheinungsformen des Nationalstaats in Europa (Erstveröffentlichung 1965), in: ders., Nationalismus und Nationalstaat. Studien zum nationalen Problem im modernen Europa, hg. v. Otto Dann u. Hans-Ulrich Wehler, Vandenhoeck & Ruprecht, Göttingen 1991, S. 69–71.

M 10 Der Historiker Christoph Nonn über die Typologie Schieders (2007)

Theodor Schieders Typologie der Bildung von Nationalstaaten lässt sich in Einzelheiten durchaus kritisieren. Schieder selbst wies bereits darauf hin, dass sich im polnischen Beispiel die Typen des sezessionistischen[1] und unifizierenden[2] Nationalismus überschneiden. Auch die italienische Einigung, die gegen Österreich erkämpft wurde und erst mit dem Gewinn Südtirols aus der Konkursmasse des Habsburgerreichs 1919 abgeschlossen war, hatte teilweise sezessionistische Züge. Nicht immer und überall lassen sich die tatsächlichen historischen Entwicklungen in das Schema von drei Phasen pressen, die zeitlich und geografisch eine Abfolge bilden. Die Unabhängigkeitserklärung Griechenlands vom Osmanischen Reich schon 1830 war eindeutig eine sezessionistische Nationalbewegung des osteuropäischen Typs, fand aber vor den Vereinigungen Deutschlands und Italiens in Mitteleuropa statt. Norwegen spaltete sich 1905 von Schweden, Irland 1922 von Großbritannien ab: Beide Fälle lassen sich zwar von der Chronologie her, nicht aber räumlich zum sezessionistisch-osteuropäischen Typ zählen. Die Abspaltung Belgiens von den Niederlanden 1831 passt sogar weder zeitlich noch von der Geografie her ins Schema. Allerdings ist im belgischen Fall auch fraglich, ob es sich dabei wirklich um eine Nationalbewegung handelt. Denn das Motiv der Abspaltung war ein primär religiöses [...]. So sehr Ausnahmen von der Regel Schieders Schema hier und dort modifizieren mögen, so analytisch hilfreich und treffend erscheint es doch im Ganzen.

Christoph Nonn, Das 19. und 20. Jahrhundert. Orientierung Geschichte, UTB, Paderborn 2007, S. 216.

---

1 sezessionistisch: die Absonderung, Verselbstständigung von Staaten oder Staatsteilen betreffend
2 unifizierend: die Vereinheitlichung betreffend

---

1 Analysieren Sie M 8 mithilfe der Methodenseiten S. 76 ff.
2 **Tabelle:** Stellen Sie auf der Basis von M 8 bis M 10 sowie des Darstellungstextes eine Tabelle zusammen, in der Sie die europäischen Nationalstaatsgründungen im 19. und beginnenden 20. Jahrhundert bestimmten Typen und Phasen der Nationenbildung zuordnen.
3 Erörtern Sie die Kritik an der Typologie Schieders (M 10).

M 11 Der französische Revolutionär und Politiker Abbé Sieyès über den „Dritten Stand" (1789)

Was ist eine Nation? Eine Gesellschaft, welche unter einem gemeinschaftlichen Gesetz lebt und durch ein und dieselbe gesetzgebende Versammlung vertreten wird. Ist es nicht eine Tatsache, dass der Adelsstand Vorrechte und Privilegien genießt, welche er seine Rechte zu nennen sich erdreistet und welche von den Rechten des großen Ganzen der Bürger abgesondert sind? Er tritt dadurch aus der gemeinsamen Ordnung und dem gemeinschaftlichen Gesetz heraus. Also schon seine bürgerlichen Rechte machen aus ihm ein eigenes Volk in der Nation. [...]

Was seine politischen Rechte betrifft, so übt er auch sie besonders aus. Er hat eigene Stellvertreter, welche keineswegs die Vollmacht des Volkes haben. Seine Abgeordneten halten ihre Sitzungen gesondert ab. [...]

Der Dritte Stand umfasst alles, was zur Nation gehört. Und alles, was nicht der Dritte Stand ist, kann sich nicht als ein Bestandteil der Nation betrachten. Was ist der Dritte Stand? Alles [...].

Allein, man sage uns einmal, von welchen Standpunkten und Interessen her man der Nation hätte eine Verfassung geben können. Die Nation existiert vor allem anderen; sie ist der Ursprung von allem. Ihr Wille ist immer legal; sie ist das Gesetz selbst.

Abbé Sieyès, Was ist eine Nation? [1789], in: Peter Alter (Hg.), Nationalismus, Piper, München 1994, S. 37.

1 Erläutern Sie den Begriff „Dritter Stand" nach Sieyès (M 11).
2 Erklären Sie am Beispiel von Sieyès die Idee der „Staatsnation" (siehe auch Darstellung, S. 17).

M 12 Guillaume Guizot (1787–1874), französischer Historiker und Außenminister, über Formen des französischen Nationalismus (1829)

Man soll niemandem schmeicheln, auch nicht dem eigenen Land; dennoch glaube ich, dass man ohne Schmeichelei sagen kann, dass Frankreich der Mittelpunkt, der Herd der europäischen Zivilisation ist. Es wäre übertrieben zu behaupten, dass es immer, in jeder Hinsicht an der Spitze der Nationen marschiert sei. Es ist in den Künsten in verschiedenen Epochen von Italien übertroffen worden; im Hinblick auf die politischen Einrichtungen von Großbritannien. Vielleicht würde man unter anderen Gesichtspunkten in bestimmten Augenblicken andere europäische Länder finden, die ihm überlegen waren. Aber es ist unmöglich zu verkennen, dass Frankreich jedes Mal, wenn es sich auf der Bahn der Zivilisation überholt sah, eine neue Kraft gewann, aufbrach und sich bald wieder auf dem Niveau der anderen oder ihnen voraus wiederfand. Das ist das besondere Schicksal Frankreichs gewesen, aber nicht nur das: Auch die Ideen und Einrichtungen der Zivilisation, die, wenn ich so sagen darf, ihren Ursprung in anderen Ländern hatten, mussten, wenn sie sich ausbreiten und fruchtbar und allgemein werden und zum allgemeinen Nutzen der europäischen Zivilisation wirken wollten, in Frankreich eine neue Zubereitung erfahren. [...] Es gibt fast keine große Idee, kein großes Prinzip der Zivilisation, das, um sich überall zu verbreiten, nicht zuerst durch Frankreich hindurchgehen musste. Das beruht darauf, dass es in dem französischen Genius etwas Verbindendes, Sympathie Erweckendes gibt, etwas, das sich mit mehr Leichtigkeit und Kraft mitteilt als der Genius aller anderen Völker; unsere Sprache, unsere Geistesrichtung, unsere Sitten, unsere Gedanken sind populärer, stellen sich den Massen klarer dar, dringen leichter ein. Mit einem Wort, die Klarheit, die Verbindlichkeit, die Sympathie sind der besondere Charakter Frankreichs und seiner Zivilisation, und diese Eigenschaften befähigen es in besonderer Weise, an der Spitze der europäischen Zivilisation zu marschieren. [...] Halten wir uns fest und treu an die Prinzipien unserer Zivilisation: Gerechtigkeit, Legalität, Öffentlichkeit, Freiheit.

Zit. nach: Hagen Schulze/Ina Ulrike Paul (Hg.), Europäische Geschichte, bsv, München 1994, S. 1147 f. (übers. von Hannah Vogt)

M 13 Der französische Publizist Charles Maurras über den Nationalismus (1900)

Der Nationalismus reagiert auf den Egoismus der alten republikanischen Partei, zu gleicher Zeit reagiert er auf die Gleichgültigkeit ebendieser Partei gegenüber den großen nationalen Interessen. Ein Nationalist, der seine Rolle kennt, akzeptiert als methodische Regel, dass ein guter Bürger seine Gefühle, seine Interessen und sein Lehrgebäude dem Wohl des Vaterlandes unterordnet. Er weiß, dass das Vaterland letztlich die Bedingung für sein und seiner Mitbürger Wohlergehen ist. Jeder persönliche Vorteil, der durch einen Verlust für das Vaterland erkauft wird, erscheint ihm ein betrügerischer und falscher Vorteil. Und jedes politische Problem, das nicht unter Berufung auf die allgemeinen Interessen des Vaterlandes gelöst wird, erscheint ihm als unvollständig gelöstes Problem. Der Nationalismus beruht demnach auf verschiedenen Fragen, die für ihn auf einen Nenner gebracht werden, auf nichts anderes als das Interesse der Nation. [...] Der französische Nationalismus zielt darauf ab, unter uns eine gleiche Göttin Frankreich aufzurichten. […]

Im Wesentlichen stimmt der Royalismus mit verschiedenen Forderungen des Nationalismus überein: Er ist selbst der integrale Nationalismus. Ich möchte deshalb den Royalisten in Abwandlung eines Wortes des gnädigen Herrn, des Herzogs von Orleans, sagen, dass man all das, was man im nationalen Geist tut, auch im Geist des Königtums tut. Die Royalisten haben von da an sich nur mit dem Erfolg des Nationalismus zu beschäftigen. […] Als ob der Feind an der Grenze stünde, so müssen sie die Verteidiger der Nation unterstützen. […] Sich dem Vaterland nützlich machen heißt eigentlich, der Sache des Königs zu dienen.

Zit. nach: Peter Alter (Hg.), Nationalismus, Piper, München 1994, S. 247 f.

1 Arbeitsteilige Gruppenarbeit:
Gruppe A: Vergleichen Sie das Nationenverständnis bei Guizot (M 12) und Maurras (M 13).
Gruppe B: Vergleichen Sie das Nationenverständnis bei Sieyès (M 11) und Maurras (M 13).
Präsentieren Sie Ihre Ergebnisse im Kurs.

M 15 Aus dem Programm „Das Junge Italien" des Italieners Giuseppe Mazzini (1832)

§ 1 Das Junge Italien ist die Verbrüderung derjenigen Italiener, welche an ein Gesetz des Fortschritts und der Pflicht glauben und die Überzeugung haben, dass Italien berufen sei, eine Nation zu sein. […] Sie weihen, vereinigt in einer Verbindung, Gedanken und Tat der großen Absicht, Italien als eine Nation von freien und gleichen Bürgern, als ein einiges, unabhängiges und souveränes Volk wiederherzustellen. […]

§ 3 Das Junge Italien ist republikanisch und für die Einheit. Republikanisch – weil alle Männer einer Nation nach dem Gesetze Gottes und der Menschheit berufen sind, gleich und verbrüdert zu sein. Republikanisch – weil Italien keine Elemente für die Monarchie hat: keine ehrwürdige und mächtige Aristokratie, die sich zwischen den Thron und die Nation stellen könnte, keine Dynastie italienischer Fürsten, die durch langjährigen Ruhm wichtige, der Entwicklung der Nation geleistete Dienste der Liebe und Zuneigung aller Staaten, aus denen Italien besteht, sich erworben hätte. […]

M 14 Die Einigung Italiens 1859–1870

1 Skizzieren Sie mithilfe der Karte (M 14) und der Darstellung, S. 18 f., die wichtigsten Schritte zur Einigung Italiens.

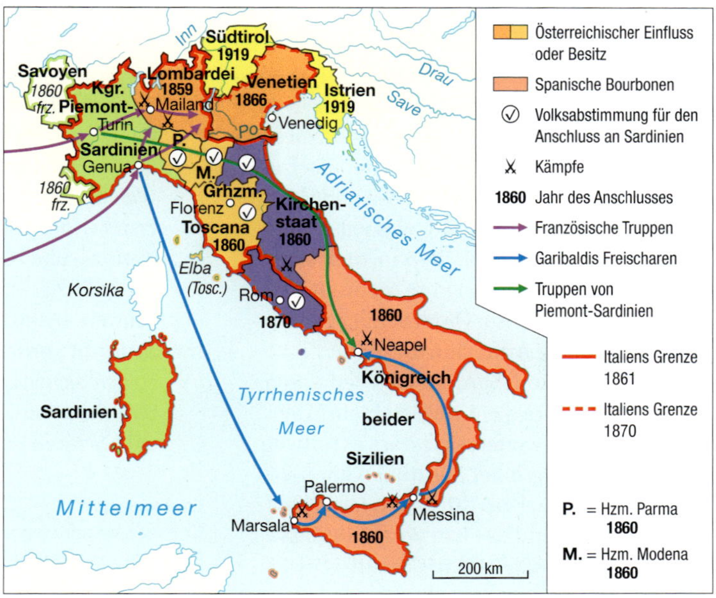

§4 Die Mittel, die die Verbindung anzuwenden beabsichtigt, um ihren Zweck zu erreichen, sind Erziehung und Aufstand. [...]. Wo der Aufstand beginnt, wird er die italienische Fahne, italienischen Zweck und italienische Sprache haben. [...]

§6 Die Farben des Jungen Italien sind weiß, rot und grün. Die Fahne des Jungen Italien trägt auf diesen Farben auf einer Seite als Inschrift die Worte: Freiheit, Gleichheit, Menschheit, auf der andern: Einigkeit, Unabhängigkeit.

Zit. nach: Gottfried Guggenbühl (Hg.), Quellen zur Geschichte der Neuesten Zeit, 4. Aufl., Schulthess, Zürich 1966, S. 107f.

M 16 Aus einem Brief Camillo Cavours an König Viktor Emanuel über ein Treffen mit Napoleon III. (24. Juli 1858)

Der Kaiser fragte mich, nachdem ich zu ihm vorgelassen worden war, nach dem Grund meiner Reise. Er sagte dann, dass er entschlossen sei, Sardinien mit allen seinen Kräften in einem Krieg gegen Österreich zu unterstützen, vorausgesetzt, dass dieser Krieg aus einem nicht-revolutionären Grunde geführt würde, der sich diplomatisch und vor allem vor der öffentlichen Meinung in Frankreich und Europa rechtfertigen ließe. [...]

Der Kaiser kam mir zu Hilfe, und wir machten uns gemeinsam daran, alle italienischen Staaten durchzugehen, um diesen so schwer zu findenden Kriegsgrund zu suchen. Nach erfolgloser Reise durch die ganze Halbinsel kamen wir fast unerwartet in Massa und Carrara an, und dort entdeckten wir, was wir so eifrig suchten. [...] Wir kamen überein, dass ein Gesuch der Bevölkerung an Eure Majestät provoziert werden sollte, um Ihren Schutz zu erbitten und sogar die Annexion dieser Herzogtümer durch Sardinien zu verlangen. [...] Welches sollte das Kriegsziel sein? Der Kaiser gab ohne weiteres zu, dass es notwendig sei, die Österreicher aus Italien hinauszuwerfen und ihnen kein Körnchen Land jenseits der Alpen und des Isonzo zu überlassen. Aber wie sollte Italien dann organisiert werden? [...] Die Poebene, die Romagna und die Legationen[1] des Kirchenstaats würden das Königreich Oberitalien bilden, über die das Haus Savoyen herrschen würde. Rom und das umliegende Gebiet würde man dem Papst belassen. Der Rest des Kirchenstaats würde mit der Toskana das Königreich Mittelitalien bilden. Die Grenzen des Königreichs Neapel würden keine Veränderungen erfahren. Diese vier italienischen Staaten würden nach dem Beispiel des Deutschen Bundes einen Staatenbund bilden, dessen Vorsitz dem Papst gegeben würde, um ihn über den Verlust des größten Teils seiner Staaten hinwegzutrösten. [...] Nachdem das künftige Schicksal Italiens festgelegt war, fragte mich der Kaiser, was Frankreich bekommen würde und ob Eure Majestät Savoyen und die Grafschaft Nizza abtreten würden. Ich antwortete, Eure Majestät würden Verständnis haben, dass gemäß dem Nationalitätenprinzip Savoyen mit Frankreich vereint werden müsste und dass er infolgedessen bereit sei, dies Opfer zu erbringen [...].

Zit. nach: Beatrix Mesmer (Bearb.), Napoleon III. und die italienische Einigung, Lang, Bern 1969, S. 9–12. (übers. von Christine Keitz)

1 Legationen des Kirchenstaates: Verwaltungseinheiten im Kirchenstaat, die Kardinälen unterstanden.

1 Arbeiten Sie Ziele und Mittel Mazzinis heraus (M 15).

2 **Biografie:** Informieren Sie sich über den Werdegang Giuseppe Mazzinis und seine Rolle bei der Einigung Italiens.

3 Charakterisieren Sie das Vorgehen Cavours bei der Einigung Italiens (M 16).

4 **Weiterführender Arbeitsauftrag:** Erstellen Sie eine Präsentation, in der Sie die Nations- und Nationalstaatsbildung einiger europäischer Staaten untersuchen, u. a. der Schweiz, Makedonien, Großbritannien. Berücksichtigen Sie dabei Ursachen, Träger und Folgen der nationalen Entwicklungen sowie Strukturen und Prozesse der unterschiedlichen Staaten bzw. Nationen.

Literaturtipp:

Christian Jansen, Henning Borggräfe, Nation – Nationalität – Nationalismus, Campus, Frankfurt/M. 2007, S. 144–184.

Darstellungen analysieren

Zu den zentralen Aufgaben des Historikers gehört die Arbeit mit Quellen, die in schriftlicher, bildlicher und gegenständlicher Form einen direkten Zugang zur Geschichte bieten. Ihre Ergebnisse präsentieren die Wissenschaftler in selbst verfassten Darstellungen – häufig auch Sekundärtexte genannt, in denen sie unter Beachtung wissenschaftlicher Standards ihre Quellenforschungen sowie ihre Schlussfolgerungen darlegen. Darstellungen lassen sich in zwei große Gruppen gliedern:

- in fachwissenschaftliche und
- in populärwissenschaftliche bzw. „nichtwissenschaftliche" Darstellungen.

Die fachwissenschaftlichen Texte wenden sich an ein professionelles Publikum, bei dem Grundkenntnisse des Faches, der Methoden und der Begrifflichkeit vorausgesetzt werden können. Zu den relevanten Kennzeichen fachwissenschaftlicher Darstellungen gehört, dass alle Einzelergebnisse durch Verweise auf Quellen oder andere wissenschaftliche Untersuchungen durch Fußnoten belegt werden. Populärwissenschaftliche Darstellungen, die sich an ein breiteres Publikum wenden, verzichten dagegen auf detailliert belegte Erkenntnisse historischer Befunde und Interpretationen. In erster Linie geht es darum, komplexe historische Zusammenhänge anschaulich und vereinfacht zu präsentieren. Zu dieser Gruppe werden beispielsweise publizistische Texte und historische Essays in Zeitungen und Magazinen sowie Schulbuchtexte gezählt.

Webcode:
KH645923-027

Mögliche Arbeitsschritte für die Analyse

1. Leitfrage	– Welche Fragestellung bestimmt die Untersuchung der Darstellung?

2. Analyse	*Formale Aspekte*
	– Wer ist der Autor (ggf. zusätzliche Informationen über den Verfasser)?
	– Um welche Textsorte handelt es sich?
	– Mit welchem Thema setzt sich der Autor auseinander?
	– Wann und wo ist der Text veröffentlicht worden?
	– Gab es einen konkreten Anlass für die Veröffentlichung?
	– An welche Zielgruppe richtet sich der Text (Historiker, interessierte Öffentlichkeit)?
	Inhaltliche Aspekte
	– Was sind die wesentlichen Textaussagen?
	  – anhand der Argumentationsstruktur: These(n) und Argumente
	  – anhand der Sinnabschnitte: wesentliche Aspekte und Hauptaussage
	– Wie ist die Textsprache (z. B. appellierend, sachlich oder polemisch)?
	– Welche Überzeugungen vertritt der Autor?

3. Historischer Kontext	– Auf welchen historischen Gegenstand bezieht sich der Text? – Welche in der Darstellung angesprochenen Sachaspekte bedürfen der Erläuterung?
4. Urteil	– Ist der Text überzeugend im Hinblick auf die fachliche Richtigkeit (historischer Kontext) sowie auf die Schlüssigkeit der Darstellung? – Was ergibt ggf. ein Vergleich mit anderen Darstellungen zum gleichen Thema? – Wie lässt sich der dargestellte historische Gegenstand aus heutiger Sicht im Hinblick auf die Leitfrage bewerten? – Welche Gesichtspunkte des Themas werden kaum oder gar nicht berücksichtigt?

Übungsbeispiel

M 1 Der deutsche Historiker Hagen Schulze über den Begriff der „Nation" (1994)

Der französische Religionswissenschaftler Ernest Renan (1823–1892) ist nach dem deutsch-französischen Krieg von 1870/71, bewegt von der nationalen Zerrissenheit des Elsass zwischen Deutschland und Frankreich, der Frage nachgegangen, was denn eine Nation sei. In seinem Vortrag *„Qu'est-ce qu'une nation?"*, den er am 11. März 1882 in der Sorbonne[1] hielt, griff er sachlich-methodisch eine gängige Antwort nach der anderen auf, um sie zu widerlegen: Die Nation ist nicht gleichbedeutend mit der Rasse, denn offensichtlich weisen alle modernen Nationen ein ethnisches Gemisch auf: Frankreich ist keltisch, iberisch, germanisch, Deutschland germanisch, keltisch und slawisch, Italien ethnisch überhaupt unentwirrbar. Eine Politik, die die Einheit einer Nation mit rassischen Argumenten betreibt, gründet also auf einer Chimäre[2] [...]. Eine Nation ist auch nicht identisch mit der Sprache – wie wäre sonst die Trennung der Vereinigten Staaten von Amerika von Großbritannien, Spaniens von Südamerika zu erklären, wie andererseits der Zusammenhalt der Schweiz? Auch die Religion taugt nicht als Grundlage einer modernen Nation, wie die unterschiedlichen Grenzen der Staaten und der Konfessionen erweisen. Eine Gemeinschaft von Interessen? „Ein Zollverein ist kein Vaterland." Und die Geografie? Es gibt keine willkürlichere, gefährlichere Theorie, als die Nation zwischen „natürlichen Grenzen" errichten zu wollen; die Vergangenheit zeigt, dass die Lebensräume der Nationen immer fluktuiert haben.

Eine Nation, schließt Renan daraus, kann mit materiellen Umständen nicht hinreichend beschrieben und begründet werden. Seine Schlussfolgerung: „Eine Nation ist eine Seele, ein geistiges Prinzip. Zwei Dinge, die in Wahrheit nur eins sind, machen diese Seele, dieses geistige Prinzip aus. Eins davon gehört der Vergangenheit an, das andere der Gegenwart. Das eine ist der gemeinsame Besitz eines reichen Erbes an Erinnerungen, das andere ist das gegenwärtige Einvernehmen, der Wunsch, zusammenzuleben [...]. Eine Nation ist also eine große Solidargemeinschaft, getragen von dem Gefühl der Opfer, die man gebracht hat, und der Opfer, die man noch zu bringen gewillt ist. Sie setzt eine Vergangenheit voraus, aber trotzdem fasst sie sich in der Gegenwart in einem greifbaren Faktum zusammen: der Übereinkunft [...], das gemeinsame Leben fortzusetzen."

Ernest Renans Definition hat bis heute ihre Gültigkeit behalten: Nationen sind geistige Wesen, Gemeinschaften, die existieren, solange sie in den Köpfen und Herzen der Menschen sind, und die erlöschen, wenn sie nicht mehr gedacht und gewollt werden; Nationen beruhen auf Nationalbewusstsein. Nationen erkennen sich in einer gemeinsamen Geschichte, in gemeinsamem Ruhm und gemeinsamen Opfern wieder – man muss hinzufügen, dass diese gemeinsame Geschichte in aller Regel von begrenzter Realität ist, in aller Regel mehr erträumt und konstruiert als wirklich.

Hagen Schulze, Staat und Nation in der europäischen Geschichte, C. H. Beck, München 1994, S. 109–111.

1 Sorbonne: Universität in Paris
2 Chimäre: Geschöpf der griechischen Mythologie; hier gemeint: Trugbild, Hirngespinst

Lösungsansätze

1. Leitfrage
Welche Merkmale kennzeichnen eine Nation?

2. Analyse
Formale Aspekte
Autor: Hagen Schulze (1943–2014), Historiker, Professor an der Freien Universität Berlin, Forschungsschwerpunkte: Nationalismus, vergleichende Geschichte Europas
Textart und Veröffentlichung: Auszug aus einer wissenschaftlichen Darstellung
Thema: Was ist Nationalismus, welche Merkmale prägen ihn? Welche Merkmale bestimmen den Nationalismus nicht?
Adressaten: Historiker, Studenten, Schüler sowie interessierte Öffentlichkeit

Inhaltliche Aspekte
These: Nationen sind geistige Gemeinschaften. Sie existieren in den Köpfen und Herzen der Menschen und erlöschen, wenn sie nicht mehr gedacht und gewollt werden. Nationen beruhen auf Nationalbewusstsein, auf der Erinnerung an gemeinsame Opfer und Ruhm in der Vergangenheit und auf gemeinsamem Denken und Handeln in der Gegenwart.
Argumentation:
1) Grundlage der Argumentation Schulzes sind die Thesen des französischen Religionswissenschaftlers Ernest Renan aus dem Jahre 1882. Renan machte in seinem berühmten Vortrag deutlich, dass Nationen nicht gleichbedeutend sind mit einer rassischen oder ethnischen Gemeinschaft. Gleiches gilt für die Faktoren Sprache und Religion. Eine Nation ist schließlich auch keine Gemeinschaft der Interessen oder ein fester Lebensraum mit „natürlichen Grenzen".
2) Renan folgert aus diesen Feststellungen: Nicht materielle Umstände beschreiben oder begründen eine Nation; sie ist vielmehr eine seelische, geistige Angelegenheit. Die Menschen, die in einer Nation zusammenleben, erinnern sich gemeinsam an ihre in der Geschichte geleisteten und die in Gegenwart und Zukunft noch zu erbringenden Opfer. Eine Nation ist eine große Solidargemeinschaft, die auf Gefühlen beruht.
3) Schulze schließt sich den Thesen Renans an. Nach seiner Auffassung beruhen Nationen auf Nationalbewusstsein. Schulze fügt jedoch hinzu, dass die gemeinsame Geschichte, an die sich eine Nation erinnert und die sie gemeinsam weiter gestalten will, in der Regel mehr erträumt und konstruiert wird; Nationen sind daher von begrenzter Realität.

3. Historischer Kontext

Schulzes Text entstand nach der Wiedervereinigung Deutschlands. Er befasst sich mit dem Verhältnis von Staat und Nation in Europa. Sein besonderes Interesse gilt Deutschland, das zwischen 1945 und 1990 in zwei Staaten mit unterschiedlichen politischen, sozialen, wirtschaftlichen und kulturellen Systemen geteilt war, aber sich ein gemeinsames Nationalbewusstsein bewahrt hat.

4. Urteil

Sachurteil
- Der Text ist ein wissenschaftlicher Text. Er nennt zunächst die Quelle, auf die sich der Autor stützt, und arbeitet deren Thesen heraus. Danach verdeutlicht der Text, welche Argumente der Quelle ihm zusagen und welche er modifiziert. Die Argumentation ist nüchtern und schlüssig, die Gedankenführung zusammenhängend.
- Die subjektivistische Sicht von Nation und Nationalismus wird einseitig betont, die objektivistische Interpretation wird mithilfe des Textes von Renan grundsätzlich abgewertet: Eigenschaften wie Rasse, Sprache und Religion gelten nicht als zentrale Merkmale einer Nation. Allerdings führt der Autor die dekonstruktivistische Deutung der Nation als gedachte, konstruierte Gemeinschaften ein.

Werturteil
Treffsicher hat Schulze die wesentlichen Elemente der subjektivistischen Definition der Nation herausgearbeitet. Grundlage einer Nation ist einzig die innere und freiwillig geäußerte Überzeugung ihrer Mitglieder, dass sie alle Teil einer nationalen Gemeinschaft seien. Indem sich Schulze auf die Thesen Renans beruft, setzt er sich mit einigen Argumenten objektivistischer Forschungsansätze auseinander. Nach dieser Auffassung lassen sich Nationen durch „objektive", von dem Willen der einzelnen Individuen unabhängige Kriterien (Rasse, ethnische Gemeinschaft, Sprache, Religion) voneinander abgrenzen. Diese Deutung lehnen Renan wie Schulze grundsätzlich ab. Da Schulze die nationale Geschichte als begrenzte, mehr erträumte und konstruierte als wirklich erfahrene Realität beschreibt, schließt er sich teilweise auch dekonstruktivistischen Forschungsansätzen an. Die Anhänger dieser Interpretation betrachten Nationen als „vorgestellte Gemeinschaften" bzw. als „gedachte Ordnungen". Diese Sicht besitzt eine gewisse Einseitigkeit: Die gemeinsame Herkunft einer Nation ist keine nachträgliche ideologische Interpretation, sondern entwickelt sich aus Überlieferungen eines ethnischen Herrschaftsverbandes.

Erarbeiten Sie Präsentationen

Thema 1
Der Zerfall multiethnischer Großreiche und die Entstehung von nationalen Bewegungen und Staaten

Erarbeiten Sie Vorträge über die multiethnischen Staaten Russland, Österreich-Ungarn und das Osmanische Reich. Skizzieren Sie den Zerfall dieser Großreiche unter besonderer Beachtung der Herausbildung nationaler Bewegungen sowie der Entstehungsprozesse neuer Nationalstaaten.

Literaturtipps

Monica Juneja/ Roland Wenzelhuemer, Die Neuzeit 1789–1914, UTB, Konstanz 2013, S. 145–162.

Die Zeit, Welt- und Kulturgeschichte. Epochen, Fakten, Hintergründe in 20 Bänden, Bd. 12: Zeitalter des Nationalismus, Zeitverlag, Hamburg 2006.

Thema 2
Nationalsymbole europäischer Staaten

Nationen verwenden Symbole, um sich selbst darzustellen. In ihnen drückt sich das Selbstverständnis einer Nation bzw. eines Staates aus, indem grundlegende Ideen, Werte, Überzeugungen, historische Erfahrungen repräsentiert werden. Suchen Sie nach nationalen Symbolen europäischer Staaten. Analysieren Sie diese und präsentieren Sie Ihre Ergebnisse.

Literaturtipps

Hans Hattenhauer, Deutsche Nationalsymbole. Geschichte und Bedeutung, 4. Aufl., Olzog, München 2006.

Peter Reichel, Schwarz-Rot-Gold. Kleine Geschichte deutscher Nationalsymbole nach 1945, Bundeszentrale für politische Bildung, Bonn 2005.

M 1 „Die Freiheit führt das Volk", Ölgemälde von Eugène Delacroix, 1830

M 2 Revolutionäre Spielkarten der französischen Republik, Radierung, 1793/94

Webcode:
KH645923-030

Überprüfen Sie Ihre Kompetenzen

M 3 Germania, von Philipp Veit/ Edward von Steinle, Öl auf Leinwand, 1848.
Das Bild hing über dem Präsidentensitz der Frankfurter Paulskirche (s. Kapitel 3); es ist heute im Germanischen Nationalmuseum in Nürnberg zu sehen.

Zentrale Begriffe

„Grande Nation"
Großreich
Nation
Nationalismus
Nationalismus, integraler
Nationalstaat
Staatsbildende Nation
Staatsnation
Vielvölkerstaat

Sachkompetenz

1 Erörtern Sie ausgehend vom Begriff der „vorgestellten" Gemeinschaft, Möglichkeiten und Grenzen der Nations- bzw. Nationalstaatsbildung im Europa des 19. Jahrhunderts. Unterscheiden Sie dabei zwischen Nation, Nationalismus und Nationalstaat.

2 Beschreiben Sie an einigen wenigen Beispielen Prozesse der Nationalstaatsbildung bzw. Nationsbildung im Europa des 19. Jahrhunderts. Vergleichen Sie die Beispiele miteinander. Zeigen Sie Probleme sowie Gemeinsamkeiten und Unterschiede auf.

Methodenkompetenz

3 Interpretieren und vergleichen Sie die Gemälde M 1 und M 3 in ihrer Funktion als nationale Symbolträger miteinander.

Urteilskompetenz

4 Der Historiker Eric Hobsbawm hat einmal gesagt: „Nationen ohne eine Vergangenheit sind ein Widerspruch in sich. Das, was eine Nation ausmacht, ist die Vergangenheit; was eine Nation gegenüber anderen rechtfertigt, ist die Vergangenheit; und Historiker sind diejenigen, die sie hervorbringen." Nehmen Sie Stellung zu dieser These.

3 Die Herausbildung des deutschen Nationalstaats im 19. Jahrhundert

Kompetenzen erwerben

Sachkompetenz:
- Entstehungsgeschichte und Gründerzeit des deutschen Nationalstaats von 1870/71 analysieren
- Strukturen und Prozesse beschreiben und untersuchen, die die Entstehung des deutschen Einheitsstaates gefördert haben
- den Charakter des 1870/71 entstandenen Deutschen Reiches aufzeigen
- Bismarcks Kampf gegen „Reichsfeinde" erläutern

Methodenkompetenz:
- schriftliche Quellen interpretieren

Urteilskompetenz:
- Entstehung und Gründung des deutschen Nationalstaates einordnen und charakterisieren
- Staat und Verfassung des 1870/71 gegründeten Deutschen Reiches sowohl von den staatlichen Institutionen als auch von den gesellschaftlichen Auseinandersetzungen her beurteilen

Nationalbewusstsein und Nationalbewegung

Die Geschichte der modernen deutschen Nation begann bereits im ausgehenden 18. Jahrhundert. Das Bewusstsein einer nationalen Zusammengehörigkeit der verschiedenen Staaten, Fürstentümer, Reichsstädte, kleiner und kleinster Herrschaften, die bis 1806 im Heiligen Römischen Reich deutscher Nation miteinander verbunden gewesen waren, entstand zuerst in einer schmalen Bildungselite der Städte. Hier traten die Bindungen an Stadt oder Region immer stärker in den Hintergrund, die Identifikation mit der Nation wurde wichtiger. Wenn das gebildete Bürgertum von Nation sprach, dachte es an eine **Kulturnation**, die in gemeinsamer Sprache und Geschichte wurzelte.

Um 1800 strahlte die Französische Revolution auch auf Deutschland aus und bewirkte eine allmähliche Umwandlung des kulturellen Nationalbewusstseins in einen **politischen Nationalismus**. Das Ziel war zunächst noch nicht die Schaffung eines Nationalstaates, sondern eine grundlegende politische Reform der Einzelstaaten des 1815 gegründeten Deutschen Bundes. Ähnlich wie in Frankreich sollte die Herrschaft der Monarchen eingeschränkt, die politischen und sozialen Privilegien des Adels beschnitten und die Nation, also die Gemeinschaft der rechtlich gleichgestellten Staatsbürger, an den politischen Entscheidungen beteiligt werden. Diese Idee gewann nun in der Bevölkerung immer breitere Unterstützung, sodass im frühen 19. Jahrhundert eine organisierte **Nationalbewegung** entstand. Sänger und Turner, Studenten und Professoren, Landwirte und Industrielle knüpften ein immer dichteres Netz von Personen und Organisationen über die Einzelstaaten des Deutschen

Bundes hinweg. Sie erweiterten ihre politischen Forderungen nach nationaler Mitbestimmung und Freiheit zunehmend durch die Forderung nach nationaler Einheit bzw. einem einheitlichen deutschen Nationalstaat.

Liberalismus und Nationalismus

Der Nationalismus schöpfte in den 1830er- und 1840er-Jahren seine Kraft wesentlich daraus, dass seine politisch-nationalen Aktivitäten meist mit liberalen oder radikal-demokratischen Zielen verknüpft waren und durch vielfältige kulturnationale Bestrebungen gestützt wurden. Als nach der französischen Julirevolution 1830 in einigen deutschen Klein- und Mittelstaaten Verfassungsforderungen des Bürgertums und sozialer Protest der Unterschichten politische Unruhen hervorriefen, war die deutsche Einheit sofort wieder im Gespräch. Liberale Publizisten forderten eine „Nationalrepräsentation" beim Deutschen Bundestag in Frankfurt am Main, also eine Volksvertretung für ganz Deutschland. Ein **„Press- und Vaterlandsverein"**, gegründet von den Journalisten Johann Georg August Wirth und Philipp Jakob Siebenpfeiffer, verstand sich als Unterstützerorganisation oppositioneller Blätter. Der Verein, in dem sich Schüler und Studenten sowie Handwerker und kleine Kaufleute engagierten, forderte die „Wiedergeburt Deutschlands im Geiste" und dadurch die Vorbereitung der „materiellen Vereinigung". Die gestärkte nationalliberale Bewegung versammelte im Mai 1832 etwa 30 000 Menschen auf einer Burgruine in der Pfalz zum **Hambacher Fest**. Stürmisch forderten die zahlreichen Redner nationale Einheit, Pressefreiheit und vereinzelt auch Demokratie für Deutschland. Nachdem sich die Hoffnungen der nationalliberalen Bewegung nicht erfüllten, die sie an die Thronbesteigung Friedrich Wilhelms IV. von Preußen 1840 geknüpft hatten, belebte Frankreichs Besitzanspruch auf das linke Rheinufer im selben Jahr die nationalen Gefühle in Deutschland. In zahlreichen Liedern wurde in dieser sogenannten **Rheinkrise** der Rhein als „Deutschlands Strom, nicht Deutschlands Grenze" beschworen. Ähnlich wie in den Befreiungskriegen 1813/14 entwickelte die deutsche Nationalbewegung in dieser Zeit eine starke antifranzösische Stoßrichtung. Obwohl in dieser **Fremdenfeindlichkeit** eine Tendenz zur Verabsolutierung der eigenen Nation angelegt war, behielt der deutsche Nationalismus bis zur Reichsgründung 1871 aber im Wesentlichen seine freiheitliche Ausrichtung. Diese drückte sich in der Formel **„Einheit durch Freiheit"** aus.

M 1 Johann Georg August Wirth, deutscher Jurist und Politiker, historischer Stich, ca. 1885

M 2 Philipp Jakob Siebenpfeiffer, deutscher Jurist und Journalist, historischer Stich, o. J.

Revolution 1848/49

Die Gründung eines deutschen Nationalstaates war eines der zentralen Ziele der Nationalversammlung in der Frankfurter Paulskirche, die am 18. Mai 1848 erstmals zusammentrat. Die Beratungen zeigten, dass die Mehrheit der Abgeordneten **großdeutsch** dachte und ein mächtiges Reich unter Einschluss des Vielvölkerstaates Österreich und damit auch nicht-deutscher Völker befürwortete. Daraus ergaben sich allerdings unübersehbare Probleme für den Gedanken eines deutschen Nationalstaates. Die **kleindeutsche Lösung** ohne Österreich war für die Deutsch-Österreicher undenkbar. Ein Kompromiss hätte in einer losen Föderation der deutschen Staaten mit Österreich bestehen können, etwa in einem Staatenbund. Diesen lehnte aber die Mehrheit der Paulskirchenversammlung ab.

Die Frage, ob der deutsche Nationalstaat als **Monarchie oder Republik** verfasst sein sollte, war dagegen praktisch vorentschieden. Die Liberalen wollten keinen Nationalstaat ohne die Mitwirkung der Fürsten, und selbst die äußerste Linke dachte bei Republik an eine parlamentarische Monarchie, in der der Monarch als Präsident nur repräsentative Aufgaben besitzt. Offen war, ob das künftige Deutschland ein Erbkaisertum oder ein Wahlkaisertum wie im Mittelalter haben sollte.

Am 27./28. Oktober 1848 verabschiedete die Nationalversammlung vorab die Grundrechte. Die Staatsorganisation im Verfassungswerk, das am 28. März 1849 verkündet wurde, stellte einen Kompromiss zwischen Monarchie und Republik, zwischen Zentralismus und Föderalismus dar. Der deutsche Nationalstaat sollte einen Erbkaiser an der Spitze haben, dem nur ein aufschiebendes Veto zustand. Gegenüber der Regierung besaß damit das Parlament, also der Reichstag, das Übergewicht. In einer äußerst knappen Abstimmung (267:263) entschieden sich die Abgeordneten für die kleindeutsche Lösung. Folgerichtig wählte die Nationalversammlung den preußischen König Friedrich Wilhelm IV. zum Kaiser der Deutschen (290:248).

Zwar scheiterte die deutsche Nationalbewegung in der Revolution 1848/49 bei dem Versuch, einen demokratisch-parlamentarischen Nationalstaat zu gründen. Der preußische König lehnte Anfang April 1849 die Annahme der Kaiserkrone ab. Die Revolution offenbarte jedoch, dass sich der Nationalismus mit seinem Bestreben, eine deutsche Nation und einen deutschen Nationalstaat zu schaffen, nicht mehr unterdrücken ließ.

Wirtschaftliche und gesellschaftliche Integration

Der Deutsche Zollverein
Unter preußischer Führung schlossen sich 1834 die meisten deutschen Staaten zu einem einheitlichen Wirtschaftsraum zusammen. Zuvor waren die 39 im Deutschen Bund organisierten Deutschen Staaten in ebenso viele „souveräne" Wirtschaftsgebiete zersplittert, die keine gemeinsame Wirtschaftspolitik kannten.

Der 1834 gegründete **Deutsche Zollverein*** förderte die wirtschaftliche Integration zwischen verschiedenen Regionen und Ländern. Landwirte, Kaufleute und Industrielle schufen Netzwerke über die 39 souveränen Einzelstaaten des Deutschen Bundes hinweg. Außerdem erweiterten sie ihre Forderungen nach wirtschaftlicher und politischer Freiheit zunehmend durch die Forderung nach nationaler Einheit. Aber auch das Engagement der deutschen Nationalbewegung trug entscheidend dazu bei, dass die deutsche Nation lange vor der Reichsgründung in den Köpfen einer immer größeren Zahl von Menschen existierte. War diese Bewegung bis zur Revolution 1848/49 vornehmlich eine städtische Bewegung, nahm danach die Zahl der Vereine auf dem Land und in kleinen Landstädten deutlich zu. Über solche Vereine fand die ländliche Bevölkerung Anschluss an die Nationalbewegung, ihre Ziele und Aktionsformen. Neue Vereine stärkten in den 1850er- und 1860er-Jahren die deutsche Nationalbewegung. Hierzu gehörte der von 1859 bis 1867 bestehende

Deutsche Nationalverein, in dem die nord- und mitteldeutschen Liberalen und Demokraten für eine preußisch-kleindeutsche Lösung eintraten. Die süddeutschen Liberalen schlossen sich 1862 im **Deutschen Reformverein** zusammen und engagierten sich für die österreichisch-großdeutsche Lösung der deutschen Frage. Der Verein löste sich nach 1866 auf.

Deutsche Nationalstaatsgründung: Reichsgründung „von oben" 1870/71

Die zunehmende wirtschaftliche und gesellschaftliche Integration mündete nicht automatisch in einen Nationalstaat. Die Entscheidung für die kleindeutsche Lösung, d. h. den endgültigen Ausschluss Österreichs aus Deutschland, wurde vor allem durch die **militärischen Siege Preußens** zwischen 1866 und 1870 bestimmt. Eine herausragende Bedeutung bei der Entstehung und politischen Gestaltung des Deutschen Reiches kam dem preußischen Ministerpräsidenten **Otto von Bismarck** zu. Auf seine Politik ist es maßgeblich zurückzuführen, dass das Deutsche Reich kein freiheitlich-parlamentarischer Nationalstaat, sondern ein **autoritärer Macht-, Obrigkeits- und Militärstaat** wurde. Weil sie Freiheit und Einheit angestrebt hatten, waren weite Teile der deutschen Nationalbewegung enttäuscht über das Deutsche Reich.
Nach der Reichsgründung mussten die verschiedenen **Rechts- und Wirtschaftsordnungen** vereinheitlicht werden. Dabei konnte Bismarck auf die vom Zollverein und Norddeutschen Bund geleisteten Vorarbeiten aufbauen. Wichtige Schritte auf dem Weg zur wirtschaftlichen und

M 3 Kaiserproklamation in Versailles, Gemälde von Anton von Werner, Öl auf Leinwand, 1885 (3. Fassung zu Bismarcks 70. Geburtstag)

1 Interpretieren Sie diese Darstellung der Kaiserproklamation. Achten Sie u. a. auf die Bildkomposition, die Figurendarstellung und besondere Farb-/Lichteffekte.

rechtlichen Einheit waren die Verabschiedung des Handelsgesetzbuches (1865), des Strafgesetzbuches (1872) und des Bürgerlichen Gesetzbuches (1900).

Verfassung

Das Deutsche Reich war eine **konstitutionelle Monarchie** mit dem Monarchen als alleinigem Inhaber der Souveränität. Der **Kanzler** als oberster Beamter musste zwar die kaiserlichen Anordnungen gegenzeichnen, war aber gänzlich vom Kaiser abhängig und leitete die Reichspolitik fast nur im zivilen Bereich. Der **Reichstag** wurde nach einem gleichen, geheimen, direkten Mehrheitswahlrecht für Männer über 25 Jahre gewählt, diese Volksvertretung nahm in der Verfassung jedoch nur eine schwache Stellung ein. Wenn der Kaiser zustimmte, konnte der aus den Bevollmächtigten der Bundesstaaten zusammengesetzte **Bundesrat** den Reichstag auflösen. Der Bundesrat musste auch den Gesetzen zustimmen, die der Reichstag aufgrund seines Gesetzesinitiativrechtes verabschiedete. Der Reichstag besaß das Recht der jährlichen Haushaltsbewilligung; allerdings konnte er nicht über alle Einnahmen und Ausgaben, besonders den Militäretat, frei verfügen. Der Kanzler war dem Reichstag nur theoretisch verpflichtet, in der Praxis musste er lediglich einer Auskunftspflicht genügen. Der Reichstag durfte ihm nicht das Misstrauen aussprechen. Bei auswärtigen Verträgen hatte der Reichstag nur dann ein Mitwirkungsrecht, wenn es um Handel, Verkehr oder Zölle ging. Selbst Kriegserklärungen waren allein Sache des Kaisers und des Bundesrates. Der Schwäche der Volksvertretung gegenüber der Monarchie entsprach das Fehlen von Grundrechten in der Reichsverfassung.

Kampf gegen „Reichsfeinde"

Nach der Reichsgründung bekämpfte Reichskanzler Bismarck sogenannte „Reichsfeinde", die mit ihren Ansichten und Aktivitäten angeblich die „nationale Einheit" gefährdeten. Zunächst wandte er sich gegen die **Katholiken** und ihre politische Vertretung, die Zentrumspartei. Unterstützung fand Bismarck bei den Liberalen, die in der Zentrumspartei die Gegenaufklärung und den Sachwalter des Papstes sahen. Mithilfe des alten preußischen Kanzelparagrafen wurde das Behandeln staatlicher Angelegenheiten „in einer den öffentlichen Frieden gefährdenden Weise" im geistlichen Amt zum Straftatbestand erhoben. 1871 wurde der Jesuitenorden in Deutschland verboten, 1875 die obligatorische Zivilehe eingeführt. Oppositionelle Geistliche konnten aus dem Reich verbannt werden. Diese Machtprobe mit der katholischen Kirche – **„Kulturkampf"** genannt – geriet jedoch zu einer schweren Niederlage für Bismarck. In den Landtags- und Reichstagswahlen 1873/74 konnte das Zentrum seine Sitze verdoppeln und wurde 1881 sogar stärkste Partei im Reichstag. 1879/80 kam es schließlich zu einem Kompromiss: Die Kirchengesetze wurden gemildert, Kanzelparagraf und Zivilehe hingegen blieben erhalten.

Beim Kampf gegen die Sozialdemokratie wollte Bismarck mit seiner Sozialpolitik einerseits die Anhänger der Partei mit dem Staat versöhnen und in die Gesellschaft integrieren. Andererseits verbot er mit dem sogenannten **Sozialistengesetz** nicht nur sozialistische Organisationen und Propaganda, sondern ermöglichte auch die Ausweisung sozialistischer Agitatoren und verschärfte polizeiliche Kontrollen. Doch das Gesetz berührte weder das aktive noch das passive Wahlrecht. Die Sozialdemokratie konnte deswegen ihre Kandidaten legal zur Wahl stellen, und die Zahl ihrer Wähler stieg stetig an. Mit 1 427 000 Stimmen erhielt die Sozialdemokratie 1890 mehr als jede andere Partei. Bei der Parteiarbeit musste sie jedoch auf andere Formen der Organisation zurückgreifen: Ausweichmöglichkeiten boten Vereine für Sport, Bildung, Gesang, Musik, Wandern sowie Unterstützungsvereine. Die staatliche Unterdrückung förderte gleichzeitig die Radikalisierung der Partei, spontane Aktionen und Streiks nahmen zu.

Auch die nationalen Minderheiten im kaiserlichen Deutschland, allen voran Polen, Dänen, Elsässer und Lothringer, wurden ausgegrenzt. Eine Sprachenpolitik, die das Deutsche für alle zur Schul-, Geschäfts- und Amtssprache erhob, missachtete die nationalen Eigenarten. Polen und Dänen wehrten sich gegen die **Germanisierungspolitik** (s. S. 48 ff.) und wollten das Reich verlassen, die Lothringer ihr französisch geprägtes Leben bewahren. Aber nicht nur die nationalen Minderheiten, sondern auch die Juden sahen sich seit den 1870er-Jahren **antisemitischer Diskriminierung** ausgesetzt, obwohl die Reichsverfassung ihre Gleichstellung rechtlich geregelt hatte.

Webcode:
KH645923-037

1 Überprüfen Sie mithilfe des Darstellungstextes die These: Die Geschichte der modernen deutschen Nation begann nicht erst mit der Gründung des Deutschen Reiches an der Jahreswende 1870/71, sondern bereits im ausgehenden 18. Jahrhundert.
2 **„Spickzettel":** Verfassen Sie einen „Spickzettel" im DIN-A4-Format, auf dem Sie die wichtigsten Strukturen und Prozesse, die die Reichsgründung vorangetrieben haben, nennen. Notieren Sie auch Ihre offenen Fragen.
3 Charakterisieren Sie Staat und Verfassung des Deutschen Reiches.
4 Stellen Sie Unterschiede und Gemeinsamkeiten zwischen den unterschiedlichen Konflikten in Deutschland heraus: „Kulturkampf" gegen Katholiken, Verbot sozialistischer Organisationen und Propaganda, Bekämpfen nationaler Minderheiten, Diskriminierung der Juden.

Hinweise zur Arbeit mit den Materialien

Die Materialien beginnen mit **zwei theoretischen Texten** über Nationenbildung und Typen von Nationen (M 4 und M 5). Der frühe Nationalismus im 19. Jahrhundert sowie das Verhältnis von **Liberalismus und Nationalismus** können mithilfe von M 6 und M 7 erörtert werden. M 8 gestattet einen Überblick über die **Lösungsmöglichkeiten für die deutsche Einigung** seit der Revolution 1848/49. M 9 beschäftigt sich mit der Person Bismarcks und seiner Deutung als „Reichsgründer".
M 10 eröffnet die Möglichkeit, die Gründung des **Deutschen Reiches 1870/71** zu untersuchen. Ergänzt wird dieser Text durch eine Karte über die Entwicklung Deutschlands bis zur Reichsgründung (M 11) und ein Schema zur deutschen Reichsverfassung von 1871 (M 12). M 13 bietet die Chance, sich mit dem Begriff der Revolution „von oben" auseinanderzusetzen. Den **Kampf Bismarcks gegen Reichsfeinde** beleuchten die Texte M 14 bis M 16, die sich mit dem Konflikt mit den Katholiken und der Sozialdemokratie befassen.
Die **Vertiefungsseiten** beschäftigen sich mit der Germanisierungspolitik Preußens in Posen und Westpreußen (S. 48 ff.).
Mithilfe der Quellenauswertung auf den **Methodenseiten**, S. 56 ff., lassen sich die Methoden bei der Interpretation von schriftlichen Quellen einüben. Dabei geht es um die Ziele des Deutschen Nationalvereins.
Am Ende des Kapitels finden sich **weiterführende Arbeitsanregungen** und die Möglichkeit, die im Kapitel erworbenen **Kompetenzen zu überprüfen** (S. 60 ff.).

M 4 Der Politikwissenschaftler Karl W. Deutsch über Nationenbildung und Nationalstaat (1966)

Eine Nation ist ein Volk im Besitze eines Staates. Um einen Staat in Besitz zu nehmen, müssen einige Mitglieder dieses Volkes den Hauptteil der Führungskräfte dieses Staates stellen, und eine größere Zahl von Volksangehörigen muss sich mit diesem Staat irgendwie identifizieren und ihn unterstützen.

Ein Volk wiederum ist ein ausgedehntes Allzweck-Kommunikationsnetz von Menschen. Es ist eine Ansammlung von Individuen, die schnell und effektiv über Distanzen hinweg und über unterschiedliche Themen und Sachverhalte miteinander kommunizieren können. Dazu müssen sie ergänzende Kommunikationsgewohnheiten haben, gewöhnlich eine Sprache und immer eine Kultur als gemeinsamen Bestand von gemeinsamen Bedeutungen und Erinnerungen, der es wahrscheinlich macht, dass diese Individuen in der Gegenwart und in der nahen Zukunft gemeinsame Präferenzen und Wahrnehmungen miteinander teilen. Die Angehörigen ein und desselben Volkes sind in Bezug auf ihre Gewohnheiten und ihre Charakterzüge einander ähnlich und ergänzen einander in Bezug auf andere Gewohnheiten. Wenn ein bedeutender Teil der Angehörigen eines Volkes nach politischer Macht für seine ethnische oder sprachliche Gruppe strebt, können wir es als Nationalität bezeichnen. Wenn solche Macht erlangt worden ist – gewöhnlich mit der Beherrschung eines Staatsapparates –, bezeichnen wir es als Nation.

Karl W. Deutsch, Nationenbildung – Nationalstaat – Integration, hg. v. Abraham Ashkenasi u. Peter W. Schulze, übersetzt v. Norman Gonzales, VS Verlag für Sozialwissenschaften, Düsseldorf 1972, S. 204.

1 Nennen Sie die zentralen Elemente der Nation bei Deutsch und erläutern Sie diese (M 4).

2 **Diskussion am Ende des Kapitels:** Überprüfen Sie, inwieweit die Theorie von Deutsch die Geschichte des deutschen Nationalismus und die Entstehung und Gründung des Deutschen Reiches 1870/71 angemessen erfasst. Fügen Sie ggf. neue Aspekte hinzu oder formulieren Sie eine alternative Darstellung.

M5 Der Historiker Friedrich Meinecke über Typologien von Nationen (1907)

Man wird, trotz aller gleich zu machenden Vorbehalte, die Nationen einteilen können in Kulturnationen und Staatsnationen, in solche, die vorzugsweise auf einem irgendwelchen gemeinsam erlebten Kulturbesitz beruhen, und solche, die vorzugsweise auf der vereinigenden Kraft einer gemeinsamen politischen Geschichte und Verfassung beruhen. Gemeinsprache, gemeinsame Literatur und gemeinsame Religion sind die wichtigsten und wirksamsten Kulturgüter, die eine Kulturnation schaffen und zusammenhalten.

Friedrich Meinecke, Weltbürgertum und Nationalstaat. In: Friedrich Meinecke, Werke, Bd. 5, Oldenbourg, München 1962 [1907], S. 10.

1 In der Geschichtsschreibung wird üblicherweise Frankreich als Paradebeispiel für eine Staatsnation, Deutschland als eine klassische Kulturnation genannt. Überprüfen und diskutieren Sie, ausgehend von der Darstellung S. 32 ff., diese These.

M6 Aus der Rede von Philipp Jakob Siebenpfeiffer auf dem Hambacher Fest (1832)

Und es wird kommen der Tag, der Tag des edelsten Siegstolzes, wo der Deutsche vom Alpengebirg und der Nordsee, vom Rhein, der Donau und der Elbe den Bruder im Bruder umarmt, wo die Zollstöcke und die Schlagbäume, wo alle Hoheitszeichen der Trennung und Hemmung und Bedrückung verschwinden samt den Konstitutiönchen, die man etlichen mürrischen Kindern der großen Familie als Spielzeug verlieh; wo freie Straßen und freie Ströme den freien Umschwung aller Nationalkräfte und Säfte bezeugen; wo die Fürsten die bunten Hermeline feudalistischer Gottstatthalterschaft mit der männlichen Toga deutscher Nationalwürde vertauschen und der Beamte, der Krieger, statt mit der Bedientenjacke des Herrn und Meisters, mit der Volksbinde sich schmückt.

[...] Wo jeder Stamm, im Innern frei und selbstständig, zu bürgerlicher Freiheit sich entwickelt, und ein starkes selbstgewobenes Bruderband alle umschließt zu politischer Einheit und Kraft; wo die deutsche Flagge, statt Tribut an Barbaren zu bringen, die Erzeugnisse unseres Gewerbefleißes in fremde Weltteile geleitet.

[...] Wo das deutsche Weib nicht mehr die dienstpflichtige Magd des herrschenden Mannes, sondern die freie Genossin des freien Bürgers, unsern Söhnen und Töchtern schon als stammelnden Säuglingen die Freiheit einflößt.

[...] Wo der Bürger nicht in höriger Untertänigkeit den Launen des Herrschers, [...] sondern dem Gesetze gehorcht, und auf den Tafeln des Gesetzes den eigenen Willen liest und im Richter den frei erwählten Mann seines Vertrauens erblickt;

[...] Doch nimmermehr wollen wir unsern Söhnen und Enkeln das heilige Werk überlassen, ein deutsches Vaterland zu gründen, nimmermehr wollen wir ihnen den Ruhm und den Stolz gönnen; [...] Wir selbst wollen, wir selbst müssen vollenden das Werk, und, ich ahne, bald muss es geschehen, soll die deutsche, soll die europäische Freiheit nicht erdrosselt werden von den Mörderhänden der Aristokratie.

[...] Es lebe das freie, das einige Deutschland! Hoch leben die Polen, der Deutschen Verbündete! Hoch leben die Franken, der Deutschen Brüder, die unsere Nationalität und Selbstständigkeit achten!

Hoch lebe jedes Volk, das seine Ketten bricht und mit uns den Bund der Freiheit schwört!

Vaterland – Volkshoheit – Völkerbund hoch!

Das Nationalfest der Deutschen zu Hambach, beschrieben v. J[ohann] G[eorg] A[ugust] Wirth, Landau 1832, S. 34 ff.

1 Stellen Sie die nationalen und liberalen Ziele Siebenpfeiffers zusammen.
2 Diskutieren Sie, inwieweit sich Liberalismus und Nationalismus beeinflussen und die Öffentlichkeit geprägt haben.

Literaturtipp
Dieter Langewiesche, Liberalismus in Deutschland, Suhrkamp, Frankfurt/M. 1995.

M 7 Der Zug der 30 000 Oppositionellen zum Hambacher Schloss am 27. Mai 1832, anonymer kolorierter Kupferstich, 1830er-Jahre

1 Nennen und erläutern Sie Herkunft und Bedeutung der nationalen Symbole auf dem Bild.
2 Beurteilen Sie, ob es sich beim Hambacher Fest um den Wandel des kulturellen in einen politischen Nationalismus und/oder eine organisierte Nationalbewegung handelt (M 7).

M 8 Der Historiker Hagen Schulze über Lösungsmöglichkeiten für die deutsche Einigung seit der Revolution 1848/49 – ein Überblick (1985)

Dass der Deutsche Bund […] nicht von Dauer sein konnte, lag in erster Linie an der Pattsituation zwischen Österreich und Preußen, die jede Modernisierung des Bundes, aber auch jede Machtzentralisierung verhinderte, und an der ideologischen Rückständigkeit dieses Staatengebildes, dessen Machtlegitimation und Machterhaltungssystem quer zu den massenwirksamen und sinnstiftenden Strömungen des Jahrhunderts standen.

[Moderner zentralistischer Nationalstaat]

Die zweite Lösungsmöglichkeit wurde 1848/49 durchprobiert: die Begründung eines modernen deutschen, zentralistischen Nationalstaates auf den Grundlagen von Volkssouveränität und Menschenrechten. Auch dieses Modell erwies sich nicht als lebensfähig – es scheiterte an der sozialen und ideologischen Heterogenität seiner liberalen und nationalen Trägerschichten ebenso wie am Widerstand der europäischen Mächte, die ein Ausgreifen des deutschen Nationalismus über die Grenzen des Deutschen Bundes als Revolution gegen die europäische Gleichgewichtsordnung empfanden. […]

[Großdeutscher Gedanke]

An weiteren Möglichkeiten war auch nach dem Scheitern der 48er Revolution kein Mangel, sie wurden seit dem Wiedererwachen der Nationalbewegung um 1859 heiß diskutiert, und jede besaß ihr Lager. Da war der großdeutsche Gedanke, von allen Konzepten das berauschendste, weil umfänglichste und durch die Erinnerung an eine verklärte Reichsgeschichte emotional ansprechendste. Dennoch war dieser Gedanke auch schon aus der Perspektive der frühen Sechzigerjahre der hoffnungsloseste; dagegen sprach zwar nicht unbedingt der preußische Hegemonieanspruch – das war hauptsächlich Sache der hohen preußischen Bürokratie, während König und hochkonservativer Adel die habsburgischen Vorrechte sehr wohl respektierten. Aber dagegen sprach zum einen angesichts der fortgeschrittenen wirtschaftlichen Integration des Zollvereins, der relativen Rückständigkeit der Donaumonarchie und deren vorsintflutlicher merkantilistischer Wirtschaftspolitik die ökonomische Vernunft und zum anderen die längst angetretene Wanderung Österreichs aus Deutschland hinaus, seine Verwicklungen auf dem Balkan und in Italien in außerdeutsche Konflikte, die Multinationalität der Verfassung, die bei einem Aufgehen des Habsburgerstaats in einen deutschen Nationalstaat zu unlösbaren Problemen geführt hätte.

[Dualistische Hegemonie Preußens und Österreichs]

Eine andere Möglichkeit war die einer dualistischen[1] Hegemonie beider Vormächte im Deutschen Bund, wie sie Preußen zeitweise favorisierte und in Bundesreform-Konzepte zu gießen suchte. Das lief auf eine Teilung Deutschlands längs der Mainlinie hinaus, mit einem preußisch-norddeutschen Bund im Norden und einer süddeutschen, von Wien aus regierten Donauföderation im Süden. Noch 1864 hat Bismarck diese Lösung der deutschen Frage vorgeschlagen, die zugleich eine Lösung des ein Jahrhundert alten preußisch-österreichischen Dauerkonflikts gewesen wäre: eine realistische Alternative der deutschen Geschichte, die allerdings daran scheiterte, dass Österreich nicht ganz grundlos der preußischen Selbstbescheidung misstraute und immer neue Forderungen der Berliner Regierung fürchtete.

[Trias-Idee]

Und da war die Trias-Idee der deutschen Mittelstaaten, die vor einer preußischen Hegemonie ebenso zurückschraken wie vor einem preußisch-österreichischen Duumvirat[2]. Das Konzept eines „Dritten Deutschland" gehörte zu den großen Gestaltungselementen der deutschen Geschichte seit Jahrhunderten: der Zusammenschluss der kleinen und mittleren Territorien mit dem Ziel der Abwehr hegemonialer Großmachtbestrebungen und der Bewahrung der überkommenen Libertäten. Das „Dritte Deutschland" war von jeher reichstreu in dem Sinne gewesen, dass die jeweilige Reichsverfassung am besten geeignet schien, die einzelstaatlichen Rechte zu garantieren. Allerdings gehörte dazu auch die Versuchung, sich an eine Großmacht anzulehnen, um dem Druck anderer Mächte zu widerstehen [...]. Seit 1859 regte sich das „Dritte Deutschland" wieder, suchte die Bundesverfassung im Sinne der Stärkung föderativer Rechte zu reformieren und die Bundeskompetenzen gegen die Vormächte Preußen und Österreich zu stärken.

[Kleindeutsche Lösung]

Die kleindeutsche Lösung der deutschen Frage unter preußischen Vorzeichen war also nur eine Option unter vielen, und wenn sie auch durch Zollverein, österreichische Schwäche und zeitweilige liberale Sympathien begünstigt war, so war doch ihre Verwirklichung nicht vorgezeichnet. Zweierlei musste hinzukommen: eine internationale Ausnahmesituation, die den Interventionsmechanismus der europäischen Balanceordnung im Fall einer mitteleuropäischen Machtballung außer Kraft setzte, und eine preußische Staatsführung, die die Gunst der Stunde erkannte und ihr gemäß handelte. Was das erste anging, so war in der Tat das europäische Konzert seit dem Krimkrieg (1853–1856) gestört. Die europäischen Flügelmächte, England und Russland, waren weit auseinandergerückt; eine gemeinsame Intervention wie noch 1848 anlässlich der deutschen Frontwendung gegen Dänemark war unwahrscheinlicher geworden. Und das Frankreich Napoleons III. hofierte Wien wie Berlin in schöner Unparteilichkeit und hoffte, im Fall eines deutschen Entscheidungskampfes als lachender Dritter dazustehen. Die Manövrierfähigkeit Preußens war also vergrößert, ohne dass aber die neuen Bewegungsgrenzen klar gezogen waren.

Hagen Schulze, Der Weg zum Nationalstaat. Die deutsche Nationalbewegung vom 18. Jahrhundert bis zur Reichsgründung, dtv, München 1985, S. 110–113.

1 dualistisch: gegensätzlich, entgegengesetzt
2 Duumvirat: Zweierherrschaft

1 Arbeitsteilige Gruppen- oder Partnerarbeit: Bilden Sie fünf Arbeitsgruppen. Jede Arbeitsgruppe beschäftigt sich mit je einer Lösungsmöglichkeit der deutschen Frage:

a) Charakterisieren Sie das Lösungsmodell.

b) Erörtern Sie Chancen und Risiken bei seiner Verwirklichung.

c) Präsentieren Sie Ihre Ergebnisse.

M 9 **Otto von Bismarck, Ölgemälde von Franz von Lenbach, 1880**

1 Analysieren Sie die Darstellung von Bismarck. Stellen Sie einen Zusammenhang zu seiner Rolle bei der Reichsgründung her.
2 **Bildrecherche:** Suchen Sie nach weiteren Bismarck-Porträts und arbeiten Sie verschiedene Typen der Darstellung heraus.

M 10 **Der Historiker Jörg Fisch über die Gründung des Deutschen Reiches 1870/71 (2002)**

Die einzigartige Stellung Otto von Bismarcks […] in der Geschichte der nationalen Einigung Deutschlands ergab sich daraus, dass er die Lehren aus den Vorgängen in Italien und den Erfahrungen mit dem preußisch-österreichischen Dualismus zog und die Frage der Einigung konsequent als Machtfrage behandelte. Zunächst gelang es ihm, den Deutschen Bund, und mit ihm Österreich, 1864 in einen Krieg gegen Dänemark hineinzuziehen, der sich einer nationalen Interpretation lieh. Dänemark versuchte, das überwiegend deutschsprachige Schleswig-Holstein (Holstein gehörte zum Deutschen Bund) stärker zu integrieren und verletzte dadurch internationale Vereinbarungen. Der Deutsche Bund errang einen raschen Sieg und eroberte Schleswig-Holstein. Über der Frage der Behandlung der eroberten Gebiete provozierte Bismarck 1866 den Bruch zwischen Preußen und Österreich. Der Dualismus, der die deutsche Frage so lange blockiert hatte, sollte nun gewaltsam aufgelöst werden.

Die Entscheidung fiel weit rascher und eindeutiger, als irgendjemand erwartet hatte. Die kleineren norddeutschen Staaten schlossen sich überwiegend Preußen an; die mittelgroßen norddeutschen und die süddeutschen Staaten hielten zu Österreich. Preußen warf die feindlichen norddeutschen Staaten nach Kriegsbeginn (15. Juni) in kürzester Zeit nieder und konzentrierte sich dann auf Österreich, dessen Heer es schon am 3. Juli beim böhmischen Königgrätz eine kriegsentscheidende Niederlage beibrachte.

[…] Je länger die Auseinandersetzungen dauerten und je umfangreicher die Machtverschiebungen zugunsten Preußens wurden, umso größer wurde die Wahrscheinlichkeit eines Eingreifens der Großmächte, insbesondere Frankreichs, das traditionell Wert auf ein zersplittertes Deutschland legte. Bismarck setzte deshalb, gegen heftigen Widerstand König Wilhelms I. und der Militärs, einen geradezu blitzartigen Friedensschluss mit Österreich durch, um Frankreich jeden Vorwand für eine Einmischung zu entziehen. […]

Bismarck verzichtete darauf, die kleindeutsche Einigung konsequent zu Ende zu führen. Ein Zusammenschluss unter preußischen Vorzeichen wäre im Süden wenig populär gewesen und hätte, mehr oder weniger erzwungen, zu ähnlichen Problemen wie im italienischen Süden führen können. Nördlich des Mains annektierte Preußen mit Hannover, Kurhessen, Nassau und Frankfurt einen Teil der unterworfenen Staaten. Die übrigen sowie die Bundesgenossen schloss es im von ihm dominierten Norddeutschen Bund zusammen, der nun nicht mehr wie der Deutsche Bund staatenbündisch, sondern bundesstaatlich aufgebaut war und einen wirklichen Nationalstaat bildete, ohne dessen Namen zu führen. Die Staaten südlich des Mains blieben selbstständig. Doch sie wurden so eng an den Norddeutschen Bund gekettet, dass die Weichen in Richtung Anschluss unwiderruflich gestellt waren. Bayern, Württemberg, Baden und Hessen-Darmstadt mussten mit Preußen Militärbündnisse abschließen. Sie waren außerdem Mitglieder des Zollvereins, der zentralisiert wurde und politische Strukturen in Form eines Parlaments und einer Exekutive erhielt.

[...] Es war klar, dass Napoleon III. für seine Zustimmung zu einem deutschen Nationalstaat einen Preis verlangen würde [...]. [...] Die Wahrscheinlichkeit einer gewaltsamen Lösung [war] groß. Dazu kam es im Zusammenhang der spanischen Thronfolgekrise von 1870. Die regierenden spanischen Generäle boten dem Erbprinzen Leopold von Hohenzollern-Sigmaringen, dem Angehörigen einer katholischen Seitenlinie der preußischen Dynastie, den Thron an. Bismarck förderte die Kandidatur unter der Hand. Trotzdem lehnte Leopold schließlich ab. Doch Frankreich verlangte nun einen förmlichen preußischen Verzicht auf alle Zeiten – ein Ansinnen, das Preußen von sich wies. Das führte am 19. Juli zur französischen Kriegserklärung.

Die Frage, in welchem Umfang Bismarck Frankreich bewusst zum Krieg provoziert hat, ist bis heute umstritten. 1870 aber war in den Augen der Welt Frankreich der Angreifer. Das machte ein Eingreifen Großbritanniens und Russlands gegen Preußen weniger wahrscheinlich, und es bewog die süddeutschen Staaten zum sofortigen Kriegseintritt an Preußens Seite.

Die preußisch-deutsche Armee zeigte sich erneut überlegen. Sie warf das kaiserliche Frankreich bis zum 2. September nieder, benötigte dann allerdings noch bis zum Februar, um das republikanische Frankreich, dessen Widerstandskraft nicht zuletzt durch die deutsche Forderung nach Elsass-Lothringen angestachelt wurde, zu besiegen. In dieser Zeit erfolgte, durch den Beitritt der süddeutschen Staaten, die Ausweitung des Norddeutschen Bundes zum Deutschen Reich, das am 18. Januar 1871 in Versailles gewissermaßen von außen ausgerufen wurde. Die kleindeutsche Einigung war zu ihrem Abschluss gelangt. Sie hatte sich durch zwei Besonderheiten ausgezeichnet.

1. Die Einigung war das Resultat von drei Kriegen. Damit war sie in der Tat nach Bismarcks berühmtem Ausspruch mit „Eisen und Blut“ herbeigeführt worden. [...]

2. An der Wiege des deutschen Nationalstaats stand keine Einigung, sondern eine potenzielle Teilung: der Ausschluss Österreichs und damit vor allem der deutschsprachigen österreichischen Gebiete vom Nationalstaat, obwohl deren Bewohner sich bislang in nicht geringerem Maße als Deutsche verstanden hatten als die Deutschen des neuen Reiches. [...] Unter außenpolitischen Gesichtspunkten war die kleindeutsche Lösung wahrscheinlich die einzige, die einige Aussicht auf Duldung seitens der Großmächte hatte.

Jörg Fisch, Europa zwischen Wachstum und Gleichheit 1850–1914, UTB, Stuttgart 2002, S. 80–82.

1 **Schaubild:** Erstellen Sie ein Schaubild mit den wichtigsten Phasen des Reichsgründungsprozesses. Notieren Sie für jede Phase zentrale Ereignisse, Entscheidungen, Personen und Vorgänge (M 10). Vergleichen Sie mit Ihrem „Spickzettel“: Gibt es Widersprüche, haben sich Ihre Fragen geklärt?

2 Nicht durch Reden und Mehrheitsbeschlüsse würden die großen Fragen der Zeit entschieden, sondern „durch Eisen und Blut“, erklärte der preußische Ministerpräsident Otto von Bismarck am 30. September 1862 vor der Budgetkommission des Abgeordnetenhauses:

a) Zeigen Sie die Chancen und Risiken dieses politischen Bekenntnisses vor dem Hintergrund der Entstehung des Deutschen Reiches auf.

b) Referat/Facharbeit: Untersuchen Sie, ob dieses Zitat die Persönlichkeit und Politik Otto von Bismarcks während der Reichsgründung charakterisiert. Ziehen Sie weitere Literatur hinzu.

Literaturtipps

Beate Althammer, Das Bismarckreich 1871–1890, Paderborn 2009.

Christian Jansen, Gründerzeit und Nationsbildung 1849–1871, Paderborn 2011.

Volker Ullrich, Otto von Bismarck, Reinbek bei Hamburg 1998.

M 11 Deutschland von 1834 bis 1871

1 Beschreiben und charakterisieren Sie mithilfe der Karte M 11 den Wandel vom Deutschen Bund zum Deutschen Reich.

M 12 Die Verfassung des Deutschen Reiches von 1871

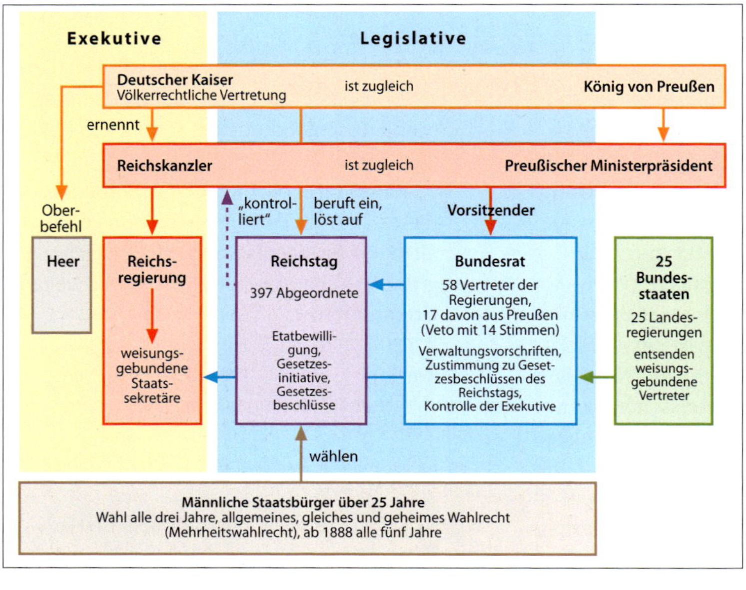

1 Analysieren Sie mithilfe von M 12 die Staatsorganisation und Machtverteilung im Deutschen Reich.

M 13 Der Historiker Dieter Langewiesche über die These von der „Revolution von oben" (1989)

Die politische Nationalbewegung war eingebunden in den ökonomischen und den sozialkulturellen Nationsbildungsprozess, ohne den sie die Massen nicht hätte bewegen können. Die Idee der Nation stiftete eine neue Ordnungsvorstellung, die an die Stelle der alten, zunehmend entwerteten Erfahrungen trat und der immer stärker großräumig organisierten Gesellschaft angemessenere Bezugspunkte bot als das alte, langsam zerfasernde Geflecht lokaler Bindungen.

Vor dem Hintergrund dieser grundlegenden gesellschaftlichen Entwicklungen lässt sich nun Bismarcks nationalpolitischer Ort in der deutschen Geschichte sozialgeschichtlich bestimmen: Erst der weit vorangeschrittene Prozess der inneren Nationsbildung erlaubte es der preußischen Politik, die Einigungskriege zu führen. Es waren keine Eroberungskriege alter Art mehr, keine dynastischen Kriege, sondern nationale Einigungskriege. Damit wird nicht behauptet, Bismarck habe die Kriege als Einigungskriege geplant. Es kommt hier nur auf die Wirkung dieser Kriege an. Die Kriege gegen Dänemark, dann gegen Österreich und schließlich gegen Frankreich konnten zu Einigungskriegen werden, weil der Prozess der gesellschaftlichen Nationsbildung weit genug vorangeschritten war. Diese Möglichkeit gesehen und genutzt zu haben, ist die große historische Leistung Bismarcks, sein Anteil an der Revolutionierung der staatlichen Ordnung zwischen 1866 und 1871. […]

Bismarcks Diplomatie hat die Gefahr des europäischen Krieges vermieden, und sein – begrenztes – Zusammenwirken mit der nationalen Bewegung hat es ermöglicht, aus den Staatenkriegen Reichseinigungskriege werden zu lassen. Auch das war keineswegs selbstverständlich.

Dieser hohe Anteil Bismarcks und der preußischen Politik an der Nationalstaatsgründung rechtfertigt es, mit den Zeitgenossen von einer Revolution von oben zu sprechen, aber – noch einmal – sie wurde nur möglich aufgrund des vorangegangenen Prozesses der inneren Nationsbildung. Insofern ist die Reichsgründung als eine Symbiose zwischen der von Bismarck geführten Revolution von oben und den gesellschaftlichen Bewegungen zu verstehen. […]

Dieser innere Ausbau wurde […] vorangetrieben […] von der Gesellschaft, die im Parlament ihren politischen Wirkungsort besaß. Dieses gesellschaftliche Fundament der Gründung und des Ausbaus des deutschen Nationalstaats gehört unbedingt mit zum Begriff der „Revolution von oben", sonst würde man ihn missverstehen als eine unangebrachte Heroisierung der in der Tat großen nationalpolitischen Leistung Bismarcks.

Der Begriff „Revolution von oben", bezogen auf die Reichsgründung, scheint mir dann sinnvoll zu sein, wenn er in doppelter Weise als Einschränkung verstanden wird: Er begrenzt Bismarcks individuellen Anteil und den des Krieges an der Nationsbildung, indem er auf die gesellschaftlichen Voraussetzungen der als Revolution verstandenen Nationalstaatsgründung verweist; und der Begriff schärft zugleich den Blick für die Grenzen, die den gesellschaftlichen Mitwirkungschancen, und damit auch den Parlamentarisierungs- und Demokratisierungschancen, durch diese Form der deutschen Nationalstaatsgründung gezogen wurden. In dieser Präzisierung halte ich es für sinnvoll, die Reichsgründung als eine Revolution von oben zu bezeichnen.

Dieter Langewiesche, „Revolution von oben"? Krieg und Nationalstaatsgründung in Deutschland, in: ders. (Hg.), Revolution und Krieg. Zur Dynamik historischen Wandels seit dem 18. Jahrhundert, Schöningh, Paderborn 1989, S. 128–133.

1 Arbeiten Sie die wichtigsten Argumente heraus, mit denen Langewiesche die Reichsgründung als „Revolution von oben" charakterisiert.

2 Diskutieren Sie die These Langewiesches. Formulieren Sie ggf. eine eigene These.

M 14 Der Zentrumspolitiker Ludwig Windthorst über den „Kulturkampf" (1873)

Windthorst (1812–1891) war Jurist und Abgeordneter des Preußischen Landtags sowie des Reichstages und Vorsitzender des Zentrums.

Die Übertreibung des Staatskirchentums, welche hier vor uns liegt, wird notwendig den Rückschlag nach dieser Richtung haben, und davon seien Sie überzeugt; dieser Rückschlag wird nicht stillstehen auf der Basis, die jetzt in der Verfassung liegt, er wird unzweifelhaft auf die Grundlage des amerikanischen Systems [d. h. eine völlige Trennung von Staat und Kirche] kommen. Das mögen alle, die hier mitzuwirken haben, wohl überlegen, insbesondere auch die evangelischen Genossen dieses Hauses, denn für sie ist die Frage noch unendlich viel wichtiger als für die katholischen Mitglieder.

Wenn ich vorhin schon sagte, dass freilich diese Gesetze zu begreifen in der Tat unmöglich sei, so muss ich meinesteils erklären: Eine größere Tyrannei als in diesen Gesetzen angebahnt wird, hat kaum zu irgendeiner Zeit der Kirchengeschichte bestanden, da ist mir die reine, nackte Gewalt, wie wir sie in den ersten drei Jahrhunderten, wie wir sie in Russland noch jetzt dann und wann vor uns sehen, viel lieber. Denn die ist wenigstens offen und klar. Hier soll der Mord durch Vergiftung geschehen. [...] Nun ist vielfach – und das war ja eigentlich die große breite Basis der Diskussion – in Beziehung auf die vorgelegten Gesetze die Bedürfnisfrage behandelt worden. Man hat von Veränderungen in der Verfassung der katholischen Kirche gesprochen, man hat von Aggressionen einzelner, vieler, aller Katholiken geredet, von einer Staatsgefährlichkeit der katholischen Kirche überhaupt. Es ist dies nichts Neues. Der göttliche Stifter der Kirche wurde von Pilatus auch der Staatsgefährlichkeit bezichtigt. [...] Das Gesetz beschäftigt sich zunächst mit der Erziehung, sodann mit der Anstellung des Klerus; dass niemand ein geistliches Amt haben soll, der nicht nach Maßgabe des Gesetzes gebildet ist und gegen den nicht der Staat Einspruch erhebt durch den Oberpräsidenten, der schließlich entscheidet, wenn man nicht etwa vonseiten der kirchlichen Organe sich an den Minister wenden will. Das heißt, um es klar auszusprechen: Für die katholische Kirche wird in Beziehung auf Erziehung und auf die Anstellung des Klerus an die Stelle des Bischofs der Oberpräsident und anstelle des Papstes Seine Exzellenz der Herr Kultusminister gesetzt. [...] Hiernach folgt im Gesetz die Frage der Anstellung. Bei der Anstellung der Geistlichkeit, und zwar in allen Graden, soll der Herr Oberpräsident die Negative des Einspruchs haben, eine wunderbare Logik, ein Einspruch, eine Negation!, ich glaube, dieser Begriff würde in dem Examen der Logik nicht bestehen. [...] Der Einspruch, der bewirken soll, dass keine Anstellung erfolgen kann, soll nur motiviert werden, mit staatsbürgerlichen Rücksichten. Ja, meine Herren, was sind denn das für Rücksichten? Wenn man den Staat so ausdehnt in seinem Wesen, in seiner Wirkung, in seinem Kreise, dann gehört alles dahin [...]. Ich habe die feste Überzeugung, dass dieses Gesetz vom Übel ist, und dass es nichts bewirken wird als Unzufriedenheit und Trauer, namentlich auch für viele Familien, denen ich dies erspart sehen möchte, nicht sowohl in kirchlicher Hinsicht als wegen der Bildung und Versorgung ihrer Kinder in der Zukunft. Deshalb bitte ich Sie, dieses Gesetz abzulehnen.

Zit. nach: Johannes Hohlfeld (Hg.), Dokumente der Deutschen Politik und Geschichte von 1848 bis zur Gegenwart, 1. Band: Die Reichsgründung und das Zeitalter Bismarcks 1848–1890, Wendler, Berlin 1951, S. 329 ff.

1 Fassen Sie die Argumente Windthorsts zusammen (M 14).
2 Beurteilen Sie die Haltung Windthorsts.

M 15 Aus den Memoiren August Bebels über die Wirkungen des Sozialistengesetzes (ursprünglich 1910)

Sobald das Gesetz verkündet und in Kraft getreten war, fielen die Schläge hageldicht. Binnen wenigen Tagen war die gesamte Parteipresse mit Ausnahme des Offenbacher Tageblatts und der Fränkischen Tagespost in Nürnberg unterdrückt. Das gleiche Schicksal teilte die Gewerkschaftspresse mit Ausnahme des Organs des Buchdruckerverbandes, des „Korrespondenten". Auch war der Verband der Buchdrucker, abgesehen von den Hirsch-Dunckerschen Vereinen, die einzige Gewerkschaftsorganisation, die von der Auflösung verschont blieb. Alle übrigen fielen dem Gesetz zum Opfer. Ebenso verfielen der Auflösung die zahlreichen lokalen sozialdemokratischen Arbeitervereine, nicht minder die Bildungs-, Gesang- und Turnvereine, an deren Spitze Sozialdemokraten standen. [...] Das Trümmerfeld des Zerstörten wurde erweitert durch die Verbote der nicht periodisch erscheinenden Literatur. [...]

Während wir so in voller Tätigkeit waren, aus den Trümmern, die das Sozialistengesetz uns bis dahin geschaffen hatte, zu retten, was zu retten möglich war, wurden wir am 29. November [1878] mit der Nachricht überrascht, dass am Abend zuvor der „Reichsanzeiger" eine Proklamation des Ministeriums veröffentlichte, wonach der kleine Belagerungszustand über Berlin verhängt wurde. Dieser Hiobsbotschaft folgte am nächsten Tage die Mitteilung, dass 67 unserer bekanntesten Parteigenossen, darunter J. Auer, Heinrich Rackow, F. W. Fritzsche, Fischer, bis auf einen sämtliche Familienväter, ausgewiesen worden seien. Einige mussten binnen 24 Stunden die Stadt verlassen, die meisten anderen binnen 48 Stunden, einigen wenigen räumte man eine Frist von drei Tagen ein. [...]

Damals gingen die Gerichte noch nicht so weit, Sammlungen für die Ausgewiesenen zu bestrafen, später aber, als die Behörden solche Sammlungen ausdrücklich aufgrund des Sozialistengesetzes verboten, wurde die Rechtsprechung eine andere. Wir mussten jetzt die Sammlungen ausschließlich für die Familien der Ausgewiesenen vornehmen. [...]

Die fortgesetzten Ausweisungen und die Schikanierung der Ausgewiesenen durch die Polizei hatten aber einen Erfolg, den unsere Staatsretter nicht vorausgesehen. Durch die Verfolgungen aufs Äußerste erbittert, zogen sie von Stadt zu Stadt, suchten überall die Parteigenossen auf, die sie mit offenen Armen aufnahmen, und übertrugen jetzt ihren Zorn und ihre Erbitterung auf ihre Gastgeber, die sie zum Zusammenschluss und zum Handeln anfeuerten.

Dadurch wurde eine Menge örtlicher geheimer Verbindungen geschaffen, die ohne die Agitation der Ausgewiesenen kaum entstanden wären. Der Vorgang erinnerte an die Verfolgung der Christen in den ersten Jahrhunderten unserer Zeitrechnung.

Aus: August Bebel, Aus meinem Leben, Dietz Verlag, Berlin (Ost) 1961, S. 626 ff.

1 Beschreiben Sie mithilfe von M 15 die Wirkungen des Sozialistengesetzes auf die sozialdemokratischen Organisationen und ihre Mitglieder.
2 Diskutieren Sie den Satz Bebels: „Der Vorgang erinnerte an die Verfolgung der Christen in den ersten Jahrhunderten unserer Zeitrechnung."

M 16 „Zur Warnung", Karikatur auf Bismarck, aus dem „Kladderadatsch", 1878

Das arglose Marienkäferchen hat mit dem schädlichen Coloradokäfer eine solche Aehnlichkeit, daß es häufig mit diesem verwechselt und arg zugerichtet wird.

1 Interpretieren Sie diese Karikatur.

Preußische Germanisierungspolitik in Posen und Westpreußen

Ursachen und Ziele der Germanisierungspolitik

Das 1870/71 gegründete Deutsche Reich war kein homogener Nationalstaat, sondern besaß **nationale Minderheiten**. Hierzu gehörten nicht nur die Französisch sprechenden Elsässer und Lothringer oder die Dänen, sondern auch Polen. Von den damals 24 Millionen Bewohnern Preußens waren etwa **2,4 Millionen Polen**, die sich 1871 gegen ihren Willen ins Deutsche Reich eingeschlossen fühlten. Anders als die von der Frankfurter Paulskirche 1849 beschlossene Verfassung gewährte die **Reichsverfassung von 1871 keinen nationalen Minderheitenschutz**. Das war ein Grund für das wachsende Misstrauen der Polen, die seit der Revolution 1848/49 ein neues Nationalgefühl entwickelten. Gegen die Eingliederung ins Reich protestierten vor allem die Bewohner der Provinzen Posen und Westpreußen, die seit 1793 zu Preußen gehörten. Sie verstanden sich als Preußen, nicht jedoch als Deutsche.

Die nationalen Vereine des Deutschen Reiches, vor allem aber die politische Führung unter Reichskanzler Otto von Bismarck forderten eine Germanisierungspolitik, die sich gegen die national-kulturelle Eigenart der Polen richtete. Diese sollten gehorsame Untertanen der preußisch-deutschen Obrigkeit werden. Ein Mittel, den autoritären preußischen Staatsanspruch gegen die kulturelle polnische Identität durchzusetzen, war das **Sprachenrecht**: Deutsch sollte einzige Sprache werden, damit die Polen dem geistigen und politischen Einfluss des polnischen Nationalismus entzogen würden. Überdies wollte Bismarck die Verbindung zwischen politischem Katholizismus und polnischem Nationalismus schwächen. Die katholisch-ultramontanen und nationalen Überzeugungen der polnischen Minderheit galten dem deutschen Reichskanzler als gesteigerte Form „reichsfeindlicher" politischer Haltungen. Gleichzeitig zielte die Germanisierungspolitik im Bereich des **Agrarrechts** auf die Verkleinerung des materiellen Besitzstandes der polnischen Minderheit. Auf beiden Kampfplätzen löste die deutsche Germanisierungspolitik einen unnachgiebigen polnischen Widerstand aus, der erst 1918 endete – mit einer insgesamt erfolgreichen Selbstbehauptung der Polen.

Sprachenrecht

Das erste Angriffsziel Bismarcks waren der polnische Adel und Klerus. Der Hauptzweck des **Schulaufsichtsgesetzes von 1872** war es, dem polnischen Adel den Einfluss auf das Schulwesen, besonders die Volksschulen, zu entziehen. Gleichzeitig wurden die kirchlichen Würdenträger, die traditionell die katholischen Schulen in der Provinz überwacht hatten, durch vom Staat bezahlte Inspektoren ersetzt.

Mit besonderer Härte setzte der Oberpräsident der Provinz Posen die Vereinheitlichung der Sprache durch. Eine **Ministerialverfügung von**

1873 bestimmte, dass der gesamte Unterricht mit Ausnahme des Religionsunterrichts in deutscher Sprache abzuhalten sei. An den Schulen Posens und Westpreußens, deren polnische Schüler genügend Deutsch verstanden, sollte auch der Religionsunterricht in deutscher Sprache erfolgen. Ein **Statut von 1876** verpflichtete alle preußischen Regierungsbehörden und politischen Organe, Deutsch als einzige Amtssprache zu benutzen. Andere Sprachen durften nur noch in Pfarreinrichtungen verwendet werden und sollten innerhalb von höchstens 20 Jahren im öffentlichen Gebrauch eingestellt werden.

Seitdem blieb die Germanisierung der Grundsatz der Politik der preußischen Verwaltungen in den polnischen Gebieten. Um den Gebrauch der polnischen Sprache noch stärker zurückzudrängen, setzte die deutsche Regierung unter Kanzler Bernhard von Bülow im Jahre 1900 durch, dass in allen Klassen von der Grundschule aufwärts nun auch der **Religionsunterricht auf Deutsch** erfolgen musste.

Bevölkerungspolitik und Agrarrecht

Im Jahre 1885 begann die preußische Regierung mit der **Vertreibung von 32 000 nicht eingebürgerten Polen und Juden** aus Berlin und den Ostprovinzen. Diese Menschen hatten weder gegen deutsches noch gegen preußisches Recht verstoßen. Ihre Ausweisung sollte vielmehr das Nationalitätenverhältnis zwischen Polen und Deutschen zugunsten der deutschen Staatsbürger verbessern. Denn seit Mitte der 1880er-Jahre wuchs die polnische Bevölkerung in den preußischen Ostgebieten stark an. Die vom Staat organisierte Abwanderung polnischer Bürger besaß daher den Charakter einer „nationalen Bevölkerungspolitik".

Ergänzt wurde dieses Vorgehen durch die Neuansiedelung deutscher Zuwanderer in den Provinzen Posen und Westpreußen. Beunruhigt durch die zunehmende Abwanderung von Deutschen aus dem agrarisch geprägten Osten in die rasch wachsenden westlichen Industrieregionen, hatte die konservativ-nationalliberale Mehrheit des Preußischen Landtages 1886 eine **Königlich Preußische Ansiedlungskommission** ins Leben gerufen, die ihr Hauptquartier in Posen besaß. Die Kommission verfügte über ein Kapital von 100 Millionen Mark. Damit sollten hoch verschuldete polnische Güter aufgekauft und dann an zugezogene deutsche Bauern weitergegeben werden.

Im Jahr 1904 verabschiedete der Preußische Landtag ein Gesetz, das es den lokalen Beamten gestattete, Baugenehmigungen für neue Bauernhäuser in den Fällen zurückzuhalten, wo das Ansiedlungsprogramm behindert wurde. Auf diese Weise sollten Polen daran gehindert werden, deutsche Bauernhöfe aufzukaufen, zu teilen und anschließend an polnische Kleinbauern zu verkaufen. Außerdem gab es staatliche Zuschüsse für die Mittelstandskasse, eine Bank, die sich auf die Minderung der Schuldenlast der deutschen Bauern spezialisiert hatte.

Wie stark die Germanisierungspolitik die Polen diskriminierte, verdeutlicht das **Enteignungsgesetz von 1908**. Es erlaubte der Staatsregierung, „zur Stärkung des Deutschtums" in Posen und Westpreußen jederzeit Besitz bis zum Umfang von siebzigtausend Hektar gegen Entschädigung zu enteignen. Die zwangsweise Enteignung polnischer Landbesitzer zum Zwecke der deutschen Ansiedlung stieß zunächst bei den Konservativen auf Ablehnung. Sie unterstützten schließlich das Gesetz, nachdem sie zu der Überzeugung gelangt waren, dass die ethnische Auseinandersetzung zwischen Deutschen und Slawen wichtiger war als die Unantastbarkeit von Besitzansprüchen.

Scheitern der Germanisierungspolitik

Die preußische Germanisierungspolitik verfehlte ihre Ziele. Sie entzog die breite Masse der Polen nicht dem Einfluss des polnischen Adels und Klerus. Im Gegenteil: Die Sprachenpolitik an den Schulen entfremdete die polnischen Schüler und ihre Lehrer der deutschen Zivilisation. Die antikatholische Schulpolitik weckte zudem die einhellige Opposition von polnischem Klerus und polnischen Katholiken. Die Sprachen- und Kirchenfrage verschmolzen miteinander und verschärften die nationalen Spannungen. Der Konflikt führte auch zu einer zunehmenden Nationalisierung der unteren Schichten der polnischen Gesellschaft, die sich vorher relativ ruhig verhalten hatten.

Auch die preußische Agrarpolitik war nicht erfolgreich. Aufgrund der landwirtschaftlichen Krise Anfang der 1880er-Jahre, die mit einem massiven Verfall der Getreidepreise und einer sprunghaften ländlichen Verschuldung auch die deutsche Bevölkerung betraf, kaufte die Ansiedlungskommission in der Folgezeit weit mehr deutsche als polnische Güter auf. Und von der Enteignungsvollmacht machte die preußische Regierung erst auf Druck des nationalistischen Ostmarkenvereins Gebrauch. Um dessen Propaganda den Wind aus den Segeln zu nehmen, ließ die Regierung 1912 vier polnische Güter enteignen. Da deren polnische Eigentümer die Güter ohnehin veräußern wollten, bedeutete die Enteignung eine Art Zwangsvorkaufsrecht der Behörden. Dennoch spiegelt die preußische Agrarpolitik die wachsende Härte des Nationalitätenkampfes wider.

M 1 Deutscher Ostmarkenverein, Werbepostkarte, um 1900.
Der Deutsche Ostmarkenverein, 1894 von Rittergutsbesitzern, hohen Beamten und ehemaligen Militärs in Posen gegründet, hatte die „Kräftigung und Sammlung des Deutschtums“ in Posen und Westpreußen zum Ziel. Der Verein wurde von der preußischen Regierung gefördert und seine Führungskräfte waren Anhänger Bismarcks.

1 Interpretieren Sie die Werbepostkarte des Deutschen Ostmarkenvereins.

Webcode:
KH645923-050

1 Erläutern Sie Ursachen und Ziele der preußischen Germanisierungspolitik.
2 Analysieren Sie das Vorgehen Preußens bei der Durchsetzung ihrer Sprachen-, Bevölkerungs- und Agrarpolitik.
3 Benennen Sie Erfolge bzw. Misserfolge der preußischen Germanisierungspolitik.

M 2 Der Historiker Wolfgang Wippermann über die preußisch-deutsche Germanisierungspolitik (1992)

Am 15. Januar 1886 bezeichnete der sozialdemokratische Abgeordnete Wilhelm Liebknecht im Reichstag die bevorstehende Ausweisung von 35 000 Polen (und Juden) aus Preußen als einen „Akt der Barbarei, der im Namen der Kultur begangen wird". Dies war eine polemische, aber durchaus zutreffende Charakterisierung nicht nur der Massenausweisung von 1886/87, sondern der gesamten Polenpolitik des deutschen Kaiserreiches.

Schon vor der Gründung des Kaiserreiches hatte sich die preußische Polenpolitik verhärtet. Bereits unmittelbar nach der Niederschlagung der Revolution wurden alle polnischen Sonderrechte im bisherigen Großherzogtum Posen, das fortan als „Provinz Posen" bezeichnet wurde, beseitigt. 1852 wurde Deutsch zur alleinigen Verhandlungssprache bei Gerichten. Als 1863 im russischen Teil Polens ein Aufstand ausbrach, schloss Bismarck am 8. 2. 1863 die sog. „Alvenslebensche Konvention" ab, in der sich Preußen verpflichtete, den russischen Truppen bei der Niederschlagung des polnischen Aufstandes zu helfen. Dies erwies sich dann zwar als unnötig, doch Bismarck hatte sein Ziel erreicht. Preußen und Russland waren sich in der Absicht einig, fortan alle Bestrebungen zu unterdrücken, die auf eine Wiederherstellung eines polnischen Staates abzielten.

Auch nach der Reichsgründung hat Bismarck aus seiner antipolnischen Einstellung kein Hehl gemacht. Doch die von Bismarck und seinen Nachfolgern betriebene Polenpolitik hatte nicht nur das Ziel, die nationalpolnischen Bestrebungen zu unterdrücken und die polnischen Staatsbürger des Deutschen Reiches, die allenfalls Preußen, aber keine Deutschen sein wollten, so weit und so schnell wie möglich zu germanisieren. Ähnlich wie die Katholiken, die Sozialdemokraten und die übrigen nationalen Minderheiten wie Dänen und Franzosen wurden auch die Polen zu „Reichsfeinden" erklärt. Diese Politik diente der „negativen Integration" der Mehrheitsbevölkerung. Sie müsse, so wurde suggeriert, bedingungslos der Reichsregierung folgen, weil das Reich von diesen „Reichsfeinden" bedroht sei. Mit dem Hinweis auf die angebliche Gefahr, die von diesen „Reichsfeinden" drohte, wurde gleichzeitig von unübersehbaren politischen und sozialen Missständen abgelenkt.

Wolfgang Wippermann, Geschichte der deutsch-polnischen Beziehungen. Darstellung und Dokumente, Pädagogisches Zentrum Berlin, Berlin 1992, S. 26 f.

1 Erläutern Sie mithilfe von M 2 Motive, Ziele, Entwicklung und Wirkung der preußisch-deutschen Polenpolitik während des 19. Jahrhunderts.

M 3 Der Historiker Theodor Schieder über die preußische Sprachenpolitik gegenüber den Polen (1961)

„Jedes gesunde Staatsvolk", so lesen wir in einer der Sprachpolitik der Zeit gewidmeten Schrift, „jeder gesunde Volksstaat muss wollen, dass seine Volkssprache die Staatssprache und seine Staatssprache die Volkssprache ist." Dieses System lief im letzten darauf hinaus, die Staatsnation schließlich zur Sprachnation umzuschaffen und ging damit weit über die noch in der Bismarckzeit lebendige Idee hinaus, das Polentum in eine preußische Staatsnation einzuschmelzen. Es sollte durch sprachliche Germanisierung in die deutsche Nation einverleibt werden.

Diese Politik nun, so offensiv sie sich gab, wurde doch aus einer im letzten defensiven Haltung heraus geführt. Die Überlegenheit der Polen in der gesellschaftspolitischen Sphäre beim Ausbau ihres „Gemeinwesens im preußischen Staat", wie man es einmal genannt hat, war offenkundig. Sie und die offenkundige Unmöglichkeit, die Polen innerlich für die deutsche Staatsidee zu gewinnen, führte die deutsche Gegenaktion immer weiter auf die Bahn einer militanten Nationalpolitik. [...] Und doch, so einheitlich die Sprachpolitik im preußisch-deutschen Nationalstaat auf den ersten Blick erscheint, so sehr ist sie doch von verschiedenen Tendenzen bestimmt; untergründig ging die Auseinandersetzung zwischen der von Böckh[1] geführten Richtung des nationaltoleranten Liberalismus und den Anhängern der strikten Assimilation im Geiste von [...] Treitschke[2] weiter. Die von einem Sohn Schellings[3] verfassten Motive zu dem einzigen deutschen Gesetz, das sich ausschließlich mit der Sprachenfrage befasst, nämlich dem preußischen Geschäftssprachengesetz von 1876, sprechen von der Nationalsprache als einem Wahrzeichen der Einheit eines Staates, der auf das nationale Gepräge Gewicht legt. Sie lehnen es aber nur ab, die Sprache einer anders redenden Bevölkerung als gleichberechtigte Staatssprache anzuerkennen, und wollen ihr ihre Geltung als Volkssprache nicht nehmen. Gegen den leidenschaftlichen und übrigens auch höchst geschickten und intelligenten Widerstand der Polen wird in der Debatte unter anderem auch vom preußischen Innenminister Grafen Eulenburg die Böckh'sche Trennung von Volkssprache und Staatssprache als das Ziel dieses Gesetzes bezeichnet, das die deutsche Sprache als die ausschließliche Geschäftssprache aller Behörden, Beamten und politischen Körperschaften des Staates festlegt, den nicht-öffentlichen Gebrauch der Volkssprachen aber unangetastet lässt.

Nach der Jahrhundertwende hatte sich die Lage dann erheblich verschärft. Jetzt wurde die Diskussion über die ausschließliche Geltung der deutschen Sprache im Nationalstaat mit weit radikaleren Parolen fortgeführt. Der amtliche Bereich, in dem die Nationalsprache ein Monopol besitzen sollte, wurde mehr und mehr ausgedehnt, unter anderem auch gefordert, Versammlungen, die in anderen Sprachen abgehalten würden, aus diesem Grunde aufzulösen. [...] Damit wird die totale Geltung der Nationalsprache im Nationalstaat gefordert, die Sprachpolitik wird geradezu zur Selbstbestätigung des Nationalstaates und zu einem seiner wirksamsten Kampfinstrumente, um die politische Tätigkeit anderssprachiger Gruppen zu unterdrücken. Lediglich, und das muss man hier ausdrücklich hinzusetzen, die tolerante Rechtsprechung des preußischen Oberverwaltungsgerichts hat es verhindert, dass daraus die letzten Konsequenzen gezogen werden konnten.

[...] Die Sprachpolitik des deutschen Nationalstaates und in ihm Preußens als seines politischen Kerns war [...] durch den Willen bestimmt, der deutschen Sprache volle Geltung im ganzen öffentlichen Bereich zu verschaffen. [...] [Der Historiker] Hans Delbrück hat schon im Jahre 1894 darauf hingewiesen, dass diese Politik verfehlt war. Der Eifer, den Polen die deutsche Sprache beizubringen und die Deutschen vom Polnischen abzuhalten, habe, so meinte er, nur dazu geführt, die Polen zweisprachig zu machen und ihnen dadurch wirtschaftlich vor den Deutschen einen Vorsprung zu geben. Dies war sozusagen das Dilemma der nationalstaatlichen Politik, die ausgezogen war, sich zu vollenden und sich nun einem kräftigeren Gegner gegenüber sah. Ihre strukturelle Schwäche lag darin, dass sie diesen Gegner in der Hauptsache mit staatlichen Waffen zu bekämpfen suchte und ihm auf dem gesellschaftspolitischen Boden in keiner Weise gewachsen war. Das polnische Gemeinwesen im Preußischen Staat wurde sozusagen ein Antikörper im Nationalstaat, Symptom einer Störung, die durch das Eindringen eines Fremdstoffes hervorgerufen war.

Theodor Schieder, Das deutsche Kaiserreich von 1871 als Nationalstaat, in: ders., Nationalismus und Nationalstaat. Studien zum nationalen Problem im modernen Europa, hg. v. Otto Dann u. Hans-Ulrich Wehler, Vandenhoeck & Ruprecht, Göttingen 1991, S. 205–207 (zuerst erschienen 1961).

---

1 August Böckh (1785–1867), klassischer Philologe und Altertumsforscher

2 Heinrich von Treitschke (1834–1896), deutscher Historiker, Publizist und Reichstagsabgeordneter

3 Friedrich Wilhelm Joseph Schelling (1775–1884), deutscher Philosoph

---

1 Bestimmen Sie die Ziele der preußisch-deutschen Sprachenpolitik. Erläutern Sie dabei auch die unterschiedlichen Konzeptionen und die historische Entwicklung der Sprachenpolitik.

2 **Podiumsdiskussion:** Diskutieren Sie die Bedeutung von „Nationalsprache" heute. Orientieren Sie sich an den Stichworten Globalisierung, Staatsbürgerschaft, regionale Identitäten.

M 4 Der polnische Schriftsteller Henryk Sienkiewicz in einem offenen Brief zum Urteil über den Schulstreik in Wreschen (1901)

Im Mai 1901 widersetzten sich die Kinder in Wreschen (Września) der Einführung der deutschen Sprache im Religionsunterricht und beim gemeinsamen Beten. Die daraufhin verordnete Prügelstrafe führte zu einem Protest der Eltern. Diese wurden dafür von den preußischen Behörden in Gnesen (Gniezno) vor Gericht gestellt, das sie zu Gefängnisstrafen verurteilte. Die Ereignisse von Wreschen fanden aufgrund der öffentlichen Verurteilung des bekannten Schriftstellers und Literaturnobelpreisträgers Henryk Sienkiewicz in ganz Europa ein großes Echo. Sienkiewicz rief in der Presse des russischen und des österreichischen Teilungsgebietes auch zu finanzieller Unterstützung für die verurteilten Familien auf.

Krakau, 22. November 1901

Ein unerhörtes Urteil ist ergangen! Keinem der schulischen Henkersknechte ist ein Haar gekrümmt worden, es gab keine Überfälle oder Gewalttaten, aber trotzdem sind die Eltern dieser kleinen, von der preußischen Schule geknechteten Kinder von preußischen Gerichten zu langen Haftstrafen verurteilt worden, weil sie unter dem Einfluss von Verzweiflung und Mitleid zu laut Worte der Empörung gegen eine derartige Schule und derartige Lehrer geäußert haben.

Überall dort, wo sich eine entartete Kultur nicht in einen Zustand von Rohheit verwandelt hat, selbst bei jenen Deutschen, die in der Geschichte eine andere Rolle als jene preußischer Handlanger spielen möchten, ruft dieses Urteil jedoch Abscheu und Verachtung hervor, erfüllt aber zugleich die Herzen mit Sorge um die Zukunft und mit Verwunderung. [...]

Was also sollen wir, auf denen Verbrechen und Rohheit direkt lasten, derweil tun? Ganz allgemein – ausharren! Vor allem aber jenen ausharren helfen, die direkte Opfer von Schurkerei und Gewalt geworden sind. Nach der Peinigung der Kinder sind die Eltern zu Gefängnis verurteilt worden, die für das tägliche Brot ihrer Kinder gearbeitet haben. Eine der Beschuldigten, eine arme Mutter von sieben kleinen Kindern, ist zu zweieinhalb Jahren verurteilt worden. Ging es vielleicht auch darum, dass diese heldenhaften Kinder vor Hunger sterben? In einer Gesellschaft, die unter dem Einfluss des Ostmarkenvereins steht, ist das – fürwahr – möglich.

Zit. nach: Matthias Kneip u. Manfred Mack, Deutsches Polen-Institut Darmstadt, Polnische Geschichte und deutsch-polnische Beziehungen. Darstellungen und Materialien für den Geschichtsunterricht, übers. v. Peter O. Loew, 2. Aufl., Cornelsen, Berlin 2009, S. 55 (Original aus der Zeitschrift „Czas", Krakau v. 22. November 1901).

1 Erörtern Sie Ursachen und Folgen des Schulstreiks (M 4).
2 Untersuchen Sie, mit welchen Mitteln der Autor dem Leser die Probleme zu verdeutlichen versuchte.
3 **Recherche:** Suchen Sie den Ort Wreschen (Września) auf einer Karte und recherchieren Sie den polnischen Schulstreik von 1901 im Internet. Stellen Sie zusammen, welche weiteren Angaben über den Vorfall Sie dort finden.
4 **Biografie:** Informieren Sie sich über das Werk und das Leben des polnischen Schriftstellers Henryk Sienkiewicz.

M 5 Die preußische Polizei kontrolliert eine polnische Schule, Radierung, o. J.

1 Interpretieren Sie mithilfe des Bildes M 5 das Verhältnis von preußischer Obrigkeit und polnischen Bürgern.

M 6 Der Historiker Hans-Ulrich Wehler über das preußische Enteignungsgesetz von 1908 (1995)

In den Ostprovinzen [...] war der Kampf um die „Germanisierung des Bodens" seit der Ansiedlungsgesetzgebung von 1886 in eine neue Phase getreten. In einer zähen Auseinandersetzung erwiesen sich die flexiblen, nationaldiszipliniertem polnischen Genossenschaften dem schwerfälligen bürokratischen Apparat der deutschen Ansiedlungskommission als überlegen. Seit der Mitte der Neunzigerjahre wechselte kontinuierlich mehr deutscher Grundbesitz in polnische Hand als umgekehrt polnisches Adelsland in deutschen Besitz. Daraufhin wurde zuerst der Verfügungsfonds der Kommission aufgestockt, dann machte ein Gesetz seit dem Sommer 1904 „neue Ansiedlungen" im Geltungsbereich des Gesetzes von 1886 von der Genehmigung der Regierungspräsidenten abhängig. Damit wurde die polnische Minderheit einen weiteren Schritt aus der Rechtsgemeinschaft der preußisch-deutschen Staatsbürger hinausgedrängt, denn das Gesetz war weder mit der verfassungsrechtlich verbrieften Freizügigkeit im Reich vereinbar noch mit den Grundsätzen der preußischen Verfassung und des Bürgerlichen Gesetzbuchs in Einklang zu bringen. [...]

Die Warnung von Kritikern der Germanisierungspolitik, dass ein gespaltenes Recht für Bürger desselben Staates die Gefahr der moralischen Korruption und die eklatante Verletzung von Verfassungsnormen heraufbeschwöre, verhallte unbeachtet. Vielmehr ließ die Erfolglosigkeit des Kampfes um den Boden die Staatsregierung und ihre Verbündeten im Landtag die schärfste Waffe ins Auge fassen, die ihnen überhaupt noch zu Gebote stand: die Enteignung polnischen Grundbesitzes. Frühzeitig hatte der „Deutsche Ostmarkenverein" unter seinem Ziel, die preußischen Polen zu verdrängen oder „einzudeutschen", bereits die „Enteignung" jener polnischen Ländereien verstanden, deren „Bestand die Ausbreitung der angrenzenden deutschen Siedlungen" verhinderte. Seine Agitation blieb nicht wirkungslos, aber erst die Erfolglosigkeit der deutschen Siedlungspolitik, die allein im Jahre 1906 rund dreizehntausend Hektar deutschen Besitzes an die Polen verlor, bestimmte die Regierung im November 1907 dazu, dem Landtag eine Gesetzesvorlage zuzuleiten, die dem Staat eine Blankovollmacht zur Enteignung einräumte. Nachdem die Bedenken einiger Konservativer, dass damit künftigen staatssozialistischen Eingriffen ein Modell geliefert werde, ausgeräumt waren, trat das Gesetz im März 1908 in Kraft. [...]

Das Gesetz [...] kann geradezu als „das Musterbeispiel einer diskriminierenden, die Gleichheit vor dem Gesetz verletzenden und daher auch nach damaligem Recht verfassungswidrigen Enteignungsermächtigung" gelten. Es erweiterte die Grundlage für eine prinzipiell „diskriminierende Ungleichbehandlung der Angehörigen einer bestimmten Nationalität". Unstreitig haben sich Regierung und Landtag „durch diesen verfassungswidrigen Gesetzgebungsakt schwer und nachhaltig kompromittiert", denn es war „durch nichts zu rechtfertigen, dass der Staat seine Behörden gesetzlich ermächtigte", die Polen trotz der durch „Verfassungssatz" und „Königswort" verbrieften Gleichberechtigung „aus dem rechtmäßig erworbenen Grundeigentum durch Zwangsakt zu entsetzen". Eine ideologische Rechtfertigung gab es gleichwohl, und sie besaß für die Legislative und einen Großteil der politischen Öffentlichkeit eine zwingende Überzeugungskraft: Das war das radikalnationalistische Ideal der ethnisch homogenen Reichsnation, deren Germanisierungspolitik vor altmodischen Rechtsbarrieren nicht mehr haltmachen wollte.

Hans-Ulrich Wehler, Deutsche Gesellschaftsgeschichte, Bd. 3: Von der „Deutschen Doppelrevolution" bis zum Beginn des Ersten Weltkrieges 1849–1914, C. H. Beck, München 1995, S. 964, 1068 f.

1 Erläutern Sie die Auswirkungen des Ansiedlungsgesetzes und erklären Sie damit den Wandel der preußischen Germanisierungspolitik (M 6).

2 Analysieren Sie die Motive und Ziele des Enteignungsgesetzes von 1908. Gehen Sie dabei auch auf die Interessenorganisation ein, die sich für die Enteignung stark machte und Druck auf die Regierung ausübte (M 6).

3 Nehmen Sie Stellung zu der These Wehlers, das Enteignungsgesetz sei „das Musterbeispiel einer diskriminierenden, die Gleichheit vor dem Gesetz verletzenden und daher auch nach damaligem Recht verfassungswidrigen Enteignungsermächtigung" (M 6). Formulieren Sie ggf. eine eigene These.

M 7 Der Historiker Christopher Clark über die Bedeutung der preußischen Germanisierungspolitik (2008)

Das Germanisierungsprogramm war ein sinnloses Unterfangen. Es verhinderte nicht, dass das Wachstum der polnischen Bevölkerung in den östlichen Regionen das der Deutschen überflügelte. Die Parzellierung deutscher Bauernhöfe ging weiter, zum Teil finanziert von polnischen Banken, die geschickt Schlupflöcher in den preußischen Bestimmungen nutzten. Der Versuch, Schulen zum ausschließlichen Gebrauch des Deutschen zu bewegen, musste nach wiederholten Schulstreiks und nachhaltigem zivilen Ungehorsam aufgegeben werden. Das Enteignungsgesetz erfüllte nie die großen Hoffnungen. Kaum war es in Kraft getreten, da wurde es durch interne Richtlinien verwässert, die riesige Landstriche – aus pragmatischen und politischen Gründen – von der Enteignung ausnahmen. Im Oktober 1912 kündigte die preußische Regierung erstmals die Absicht an, eine Enteignung durchzuführen. Aber selbst in diesem Fall handelte es sich um ein kleines Gebiet (nur 1 700 Hektar, die sich über vier wirtschaftlich unbedeutende Güter erstreckten), und die öffentliche Meinung in den polnischen Gebieten reagierte so massiv darauf, dass die Regierung beschloss, künftig Enteignungen zu vermeiden.

Die wahre Bedeutung des Germanisierungsprogramms liegt somit weniger in dem vernachlässigbaren Einfluss auf die ethnischen Grenzen in Ostelbien, als in dem, was es über das veränderte politische Klima in Preußen aussagte. Traditionell hatte sich die preußische Monarchie auf den Standpunkt gestellt, dass die Polen, genau wie die deutschsprachigen Brandenburger und Pommern oder die Litauer in Ostpreußen, christliche Untertanen der preußischen Krone waren. Aber von 1870 an rückten die preußischen Behörden von dieser Sichtweise ab und hörten damit auf Eingebungen von Organisationen außerhalb des Staates, deren Argumente und Propaganda mit der Rhetorik des deutschen Ultranationalismus durchtränkt waren. In dieser Beziehung entstand ein Teufelskreis: Da der Staat sich unsicher war, wie stark der Rückhalt in der Öffentlichkeit war, förderte er die Tätigkeit nationalistischer Lobbygruppen, die ihre Autorität wiederum zum großen Teil von dieser Unterstützung durch den Staat – sei es implizit oder explizit – ableiteten.

Der Staat setzte hier sogar die Grundthese seiner historischen Existenz aufs Spiel, nämlich die Annahme, dass sich die Identität Preußens von der Herrschaft einer Dynastie ableitete, deren Sonne (wenn auch mit unterschiedlicher Intensität) für alle Untertanen schien. Von Beginn bis in die Mitte des 19. Jahrhunderts hinein hatten preußische Regierungen im deutschen Nationalismus die Aufhebung des dynastischen Prinzips gesehen. Doch um die Jahrhundertwende war der überwältigende Einfluss des nationalen Paradigmas unbestreitbar. Nationalistische Historiker widmeten sich der Aufgabe, die Geschichte Preußens als Expansion der deutschen Herrschaft nach Osten neu zu schreiben, und Kanzler Bernhard von Bülow (ein Mecklenburger, kein gebürtiger Preuße) scheute sich nicht, sich vor den Preußischen Landtag zu stellen und die polenfeindlichen Maßnahmen damit zu rechtfertigen, dass Preußen immer ein deutscher „Nationalstaat" gewesen sei und auch bleiben werde.

Christopher Clark, Preußen. Aufstieg und Niedergang 1600–1947. Aus dem Englischen übersetzt v. Richard Barth, Norbert Juraschitz u. Thomas Pfeiffer, 9. Aufl., Pantheon, München 2008, S. 664 f.

1 Arbeiten Sie die Folgen der preußischen Germanisierungspolitik heraus (M 7).
2 Beurteilen Sie die politische Bedeutung der preußischen Germanisierungspolitik (M 7).

Schriftliche Quellen interpretieren

In der Gegenwart zeigt sich die Geschichte in Form von Quellen. Sie bilden die Grundlage unserer historischen Kenntnisse. Doch nicht die Quellen selbst stellen das Wissen dar, erst ihre systematische Analyse ermöglicht eine adäquate Rekonstruktion und Deutung von Geschichte. Daher gehört es zu den grundlegenden Kompetenzen im Geschichtsunterricht, Quellen angemessen erschließen und interpretieren zu können.

Zu den Quellen zählen konkrete **Sachzeugnisse** wie Bauwerke, Münzen, Schmuck oder Gebrauchsgegenstände und abstrakte Zeugnisse wie Sprache oder historische Landschaften. Die bedeutsamsten Quellen sind **schriftliche Zeugnisse**. Sie werden unterteilt in **erzählende Quellen**, die zum Zweck der Überlieferung verfasst wurden, z. B. Chroniken, Geschichtsepen, Mono- und Biografien, sowie in **dokumentarische Quellen**, z. B. Urkunden, Akten, Gesetzestexte und Zeitungen, die gesellschaftliche und private Ereignisse und Prozesse unmittelbar und meist unkommentiert wiedergeben.

Bei der Untersuchung schriftlicher Quellen kommt es darauf an, zusätzlich zur Analyse formaler und inhaltlicher Aspekte eine **Einordnung in den historischen Kontext** vorzunehmen und **ihren Aussagegehalt kritisch zu beurteilen.** Nur wenn der Interpretierende Tatsachen und Meinungen unterscheidet, ist das Ergebnis der Quellenarbeit eine weitgehende Annäherung an die historische Wirklichkeit.

Webcode:
KH645923-056

Arbeitsschritte für die Analyse

1. Leitfrage	– Welche Fragestellung bestimmt die Untersuchung der Quelle?
2. Analyse	*Formale Aspekte* – Wer ist der Autor (ggf. Amt, Stellung, Funktion, soziale Schicht)? – Wann und wo ist der Text entstanden bzw. veröffentlicht worden? – Um welche Textart handelt es sich (z. B. Brief, Rede, Vertrag)? – Was ist das Thema des Textes? – An wen ist der Text gerichtet (z. B. Privatperson, Institution, Machthaber, Öffentlichkeit, Nachwelt)? *Inhaltliche Aspekte* – Was sind die wesentlichen Textaussagen (z. B. anhand des gedanklichen Aufbaus bzw. einzelner Abschnitte)? – Welche Begriffe sind von zentraler Bedeutung (Schlüsselbegriffe)? – Wie ist die Textsprache (z. B. sachlich, emotional, appellativ, informativ, argumentativ, manipulierend, ggf. rhetorische Mittel)?
3. Historischer Kontext	– In welchen historischen Zusammenhang (Ereignis, Epoche, Prozess bzw. Konflikt) lässt sich die Quelle einordnen?
4. Urteil	*Sachurteil* – Welchen politisch-ideologischen Standpunkt nimmt der Autor ein? – Welche Intention verfolgt der Verfasser des Textes? – Inwieweit ist der Text glaubwürdig? Enthält er Widersprüche? – Welche Wirkung sollte der Text bei den Adressaten erzielen? *Werturteil* – Wie lässt sich der Text im Hinblick auf die Leitfrage aus heutiger Sicht bewerten?

Übungsbeispiel

M 1 Aus einer Erklärung des Deutschen Nationalvereins (19. Juli 1859)

Das Verlangen nach einer mehr einheitlichen Verfassung Deutschlands unter Betheiligung von Vertretern des deutschen Volks an der Leitung seiner Geschicke musste daher immer größer werden. Nur eine größere Concentrirung der militairischen und politischen Gewalt, verbunden mit einem deutschen Parlament, wird eine Befriedigung des politischen Geistes in Deutschland, eine reiche Entwickelung seiner inneren Kräfte, und eine kräftige Vertretung und Vertheidigung seiner Interessen gegen äußere Mächte herbeiführen können. Solange das deutsche Volk an einer Reform seiner Verfassung noch nicht verzweifelt und nicht allein von einer revolutionären Erhebung Rettung vor inneren und äußeren Gefahren sucht, ist der natürlichste Weg, dass eine der beiden großen deutschen Regierungen die Reform unserer Bundesverfassung ins Leben zu führen unternimmt.

Oesterreich ist dazu außer Stande. Seine Interessen sind keine rein deutschen, können es auch niemals werden. Daneben wird die neuerdings selbst von der Regierung als nothwendig anerkannte Reform seiner inneren Zustände Oesterreichs volle Aufmerksamkeit auf lange Jahre in Anspruch nehmen. [...]

Unsere Hoffnung richten wir daher auf Preußens Regierung, welche durch den im vorigen Jahre aus freiem Antriebe eingeführten Systemwechsel ihrem Volke und ganz Deutschland gezeigt hat, dass sie als ihre Aufgabe erkannt hat, ihre Interessen und die ihres Landes in Uebereinstimmung zu bringen. [...] Die Ziele der preußischen Politik fallen mit denen Deutschlands im Wesentlichen zusammen. Wir dürfen hoffen, dass die preußische Regierung immer mehr in der Erkenntnis wachsen wird, dass eine Trennung Preußens von Deutschland und die Verfolgung angeblich rein preußischer Großmachtzwecke nur zu Preußens Ruin führen kann. Und das deutsche Volk hat in den letzten Wochen in den meisten Theilen unsers Vaterlandes mit Einmüthigkeit zu erkennen gegeben, dass für die Zeiten der Gefahr und des Krieges die Vertretung unserer Interessen und die Leitung unserer militairischen Kräfte vertrauensvoll in Preußens Hände gelegt werden solle, sobald nur klare Ziele, eine feste Leitung, und ein entschiedenes Handeln von Preußen zu erwarten ist. [...]

Ein großer Theil von Deutschland – und wir mit ihm – hegt daher die Erwartung, dass Preußen in der Zeit der Ruhe und Vorbereitung, welche uns jetzt vielleicht nur für kurze Zeit gewährt ist, die Initiative für eine möglichst rasche Einführung einer einheitlichen und freien Bundesverfassung ergreift. [...]

Die deutschen Bundesregierungen werden freilich dem Ganzen Opfer bringen müssen, wenn eine mehr concentrirte Verfassung in Deutschland eingeführt werden soll. Schwerlich werden sie aber Angesichts der bevorstehenden Krisen sich lange der Überzeugung verschließen, dass für die Interessen des Vaterlandes nicht allein, sondern auch für ihre eigenen eine einheitlichere Gewalt in Deutschland eine Nothwendigkeit ist. Umgeben von autokratisch regierten, stark centralisirten Militairstaaten können in Mitteleuropa nur straffer organisirte Völker und Staaten ihre Unabhängigkeit und Existenz auf die Dauer retten. Und besser ist es doch, einen Theil seiner Regierungsbefugnisse auf eine deutsche Bundesgewalt zu übertragen, als sie ganz an Frankreich oder Rußland zu verlieren.

Groß sind die Gefahren für Europa und Deutschland. Nur rasche Entschlüsse können Hülfe bringen. Möge daher Preußen nicht länger zögern, möge es offen an den patriotischen Sinn der Regierungen und den nationalen Geist des Volkes sich wenden, und schon in nächster Zeit Schritte thun, welche die Einberufung eines deutschen Parlaments und die mehr einheitliche Organisation der militairischen und politischen Kräfte Deutschlands herbeiführen, ehe neue Kämpfe in Europa ausbrechen und ein unvorbereitetes und zersplittertes Deutschland mit schweren Gefahren bedrohen.

Zit. nach: Hagen Schulze, Der Weg zum Nationalstaat. Die deutsche Nationalbewegung vom 18. Jahrhundert bis zur Reichsgründung, dtv, München 1985, S. 165–167.

Lösungsansätze

1. Leitfrage:
Wie soll der deutsche Nationalstaat geschaffen werden und wie soll er aussehen?

2. Analyse:
Formale Aspekte:
Autor: Die Erklärung trug 25 Unterschriften, davon stammten 20 von liberalen Abgeordneten der Zweiten Hannoverschen Kammer. Zu den Unterzeichnern gehörten führende liberale Politiker wie Rudolf von Benningsen und Johannes Miquel.
Entstehung: Der Text entstand 1859 bei einem Treffen von Liberalen in Hannover, deswegen wird er auch oft als „Hannoversche Erklärung“ bezeichnet. Bei dem Treffen wurde von liberaler Seite die Gründung des Deutschen Nationalvereins programmatisch vorbereitet. Der Text ist eine öffentliche Erklärung. Zur gleichen Zeit trafen sich Demokraten in Eisenach und berieten über ihre politischen Ziele. Beide Programme flossen in die gemeinsame Eisenacher Erklärung vom 14. August ein, die der Gründung des Deutschen Nationalvereins im September als deutschlandweit agierendem Propagandaverein vorausging.
Thema des Textes ist die Schaffung eines deutschen Einheitsstaates und sein Aufbau. Im Mittelpunkt steht die Frage, wer diesen deutschen Nationalstaat herstellen soll: Preußen mit Unterstützung einer deutschen Volksbewegung oder Österreich.
Adressat: Der Text richtet sich sowohl an die preußische Regierung als auch an die patriotische deutsche Bevölkerung, die die Einigungsbemühungen unterstützen sollte.

Inhaltliche Aspekte:
Textaussagen: Ein deutscher Einheitsstaat muss geschaffen werden, um die innere Entwicklung Deutschlands voranzutreiben und Deutschland gegen äußere Feinde zu schützen.
Allein Preußen kann Deutschland einigen, Österreich ist dazu nicht in der Lage.
Preußen soll dem deutschen Nationalstaat eine einheitliche und freie Verfassung mit einem Parlament geben.

M 2 Rudolf von Bennigsen (1824–1902), Stich, o. J.
Rudolf von Bennigsen (Vorsitzender der Nationalliberalen) unterstützte Bismarcks Außenpolitik, geriet innenpolitisch oft in Konflikt mit ihm, bis er 1883 aus der Politik ausschied.

M 3 Johannes Miquel (1828–1901), Stich, o. J.
Johannes Miquel (Nationalliberaler) wurde nach 1871 zunehmend konservativer, unterstützte die Kolonialpolitik und wurde 1890 Finanzminister.

Die Einzelstaaten des Deutschen Bundes müssen Opfer bringen, d. h. auf Rechte verzichten, um den deutschen Nationalstaat zu ermöglichen.
Kernaussage: Der deutsche Nationalstaat muss von Preußen als kleindeutsch-preußischer Nationalstaat geschaffen werden.
Textsprache: Der Text ist sachlich und nüchtern aus der Sicht der deutschen Bevölkerung geschrieben. Er soll den Eindruck erwecken, dass die Bevölkerung auf einen kleindeutsch-preußischen Einheitsstaat hofft. Insofern besitzt der Text auch appellative Züge; er soll die preußische Regierung motivieren, die deutsche Einheit im Interesse des deutschen Volkes voranzutreiben. Die Volksbewegung soll diesen Prozess unterstützen.
Schlüsselbegriffe:
- einheitliche Verfassung Deutschlands
- Reform der deutschen Verfassung
- Österreich
- Preußen, preußische Regierung
- deutsche Bundesregierungen
- Gefahren für Europa und Deutschland

3. Historischer Kontext:
Der Text ist geschrieben worden nach dem Scheitern der deutschen Revolution 1848/49 und vor den Einigungskriegen Preußens unter Bismarck. Den unmittelbaren Kontext bilden die verstärkten Reformdebatten des Deutschen Bundes, der wachsende Dualismus zwischen Österreich und Preußen sowie der 2. Italienische Unabhängigkeitskrieg von 1859, in dem italienische Teilstaaten mithilfe Frankreichs gegen Österreich für ihre nationale Selbstbestimmung kämpften. Liberale und demokratische Politiker wollten die deutsche Einheit ebenfalls aktiv vorantreiben, indem sie nach dem Vorbild der italienischen *Società nazionale* (gegr. 1856) mit dem Deutschen Nationalverein ein gemeinsames Agitationsmedium schufen.

4. Urteil:
Sachurteil:
Die Autoren sind führende Persönlichkeiten mit liberaler Überzeugung, die einen kleindeutsch-preußischen Nationalstaat anstreben. Die preußische Regierung soll zu solchem Handeln aufgefordert werden. Der Text ist für den Anhänger des kleindeutsch-preußischen Nationalstaats insgesamt glaubwürdig und widerspruchsfrei. Das gilt nicht für die Verfechter der großdeutsch-österreichischen Lösung. Diese werden ausgeblendet. Deswegen sprechen die Autoren des Textes weder für die gesamte deutsche Bevölkerung noch für alle deutschen Bundesstaaten. Die süddeutschen Staaten und Österreich vertraten eine andere Position. Der Text sollte die preußische Regierung zum Handeln bewegen für einen preußisch-kleindeutschen Nationalstaat; es sollten durch die Argumente der Sicherheit und der Einheit neue Anhänger für eine kleindeutsche Lösung gewonnen werden, so dass eine breite nationale Volksbewegung die preußische Regierung in ihrem Handeln bestärken konnte.

Werturteil:
Der Text spiegelt das Dilemma der deutschen Nationalbewegung wider. Für die Schaffung der Einheit wird Preußen als starker, notfalls auch militärisch handelnder Staat gebraucht. Dann soll sich aber dieser starke Staat quasi selbst beschränken und eine parlamentarisch-freiheitliche Demokratie einführen. Die Hoffnung des Deutschen Nationalvereins, mit der Einheit auch Freiheit zu erhalten, musste sich demnach zerschlagen. Über der Forderung nach mehr Freiheit im neu geschaffenen Deutschen Reich fiel die liberale Partei tatsächlich auseinander, in einen nationalliberalen Flügel, der Bismarcks Verdienste würdigte und lange mit ihm zusammenarbeitete, sowie einen freisinnigen Flügel, der sich mit der Einheit ohne weitgehende Freiheitsrechte nicht zufrieden geben wollte. Einer der Mitunterzeichner der Erklärung, Rudolf von Bennigsen, arbeitete als Führer der Nationalliberalen im Reichstag mit Bismarck eng zusammen, 1883 legte er aber im Zuge der Verlängerung der Sozialistengesetze alle Mandate nieder.

Erarbeiten Sie Präsentationen

Thema 1
Historische Belastungen und nationale Vorurteile

Nationale Vorurteile werden häufig in Karikaturen in überspitzter Form zum Thema gemacht. Oft beziehen Karikaturisten dabei Stellung, indem sie das Leid oder die Unterdrückung einer Nation und ihrer Bevölkerungen darstellen.

Sammeln Sie Bildbeispiele zum deutsch-polnischen Verhältnis und erstellen Sie daraus eine Präsentation.

Literaturtipp
Wolfgang Marienfeld, Politische Karikaturen, Geschichte lernen, Heft 18 (1990).

M 1 „So, du polnisches Karnickel, mit der Kandare wirst du bald gut preußisch gesinnt sein“, Karikatur aus „Der Wahre Jacob“, Stuttgart, 12. Mai 1908

Webcode:
KH645923-060

Thema 2
Kulturkampf und Sozialistengesetz – Kampf gegen „Reichsfeinde“ oder Kampf für die konservative Vorherrschaft?

Die Historiker sind sich einig, dass Bismarck mit seiner Politik gegen „Reichsfeinde“ scheiterte. Umstritten sind v. a. seine Motive: Wollte er den Einfluss von Katholiken und Sozialdemokraten begrenzen oder wollte er die Bevölkerung durch Bedrohungsszenarien an die Regierung binden und über andere Krisen hinwegtäuschen? Recherchieren Sie in der Sekundärliteratur und stellen Sie die verschiedenen wissenschaftlichen Analysen vor.

Literaturtipps
Beate Althammer, Das Bismarckreich 1871–1890, UTB, Paderborn 2006.

Volker R. Berghahn, Das Kaiserreich 1871–1914. Industriegesellschaft, Bürgerliche Gesellschaft und autoritärer Staat, Klett-Cotta, Stuttgart 2006 (= Gebhardt. Handbuch der deutschen Geschichte, 10., völlig neu bearb. Aufl., Bd. 16).

M 2 „Kommt es unter einen Hut? Ich glaube, ’s kommt eher unter eine Pickelhaube!“, österreichische Karikatur, 1870

Überprüfen Sie Ihre Kompetenzen

M 3 Bismarcks Kulturkampf, Karikatur des „Kladderadatsch", 1875.
„Der letzte Zug war mir allerdings unangenehm; aber die Partie ist deshalb noch nicht verloren. Ich habe noch einen sehr schönen Zug in petto! Das wird auch der letzte sein, und dann sind Sie in wenigen Zügen matt – wenigstens für Deutschland."

Sachkompetenz

1 Analysieren Sie die Geschichte des deutschen Nationalismus bis zur Reichsgründung 1870/71.

2 „Einheit und Freiheit" war die zentrale Forderung der deutschen Nationalbewegung. Diskutieren Sie, ob dieses Ziel mit der Reichsgründung 1870/71 erreicht wurde.

3 Untersuchen Sie am Beispiel des „Kulturkampfes" gegen die Katholiken und des Sozialistengesetzes das Verhältnis von Staat und politisch-sozialen Gruppen im kaiserlichen Deutschland.

Methodenkompetenz

4 Interpretieren Sie M 3.

Urteilskompetenz

5 Fassen Sie die Defizite der inneren Integration des Kaiserreiches zusammen und bewerten Sie die Mittel und Folgen der auf Integration ausgerichteten Politik der deutschen Reichsregierung.

6 Das Kaiserreich war in vielem sehr modern. Aber blockierte seine obrigkeitsstaatliche Verfassung nicht den notwendigen Wandel? Beurteilen Sie, ausgehend von dieser Frage, die Geschichte der politisch-gesellschaftlichen Integration des ersten deutschen Nationalstaates.

Zentrale Begriffe

Antisemitismus
Befreiungskriege
Bismarck, Otto von
Deutscher Bund
Germanisierungspolitik
Hambacher Fest
„Kulturkampf"
Liberalismus
Macht-, Obrigkeits- und Militärstaat
Nation
Nationalbewegung
Nationalismus
Nationalstaat
Paulskirche
Reichsgründung
Revolution 1848/49
Sozialistengesetz
Zollverein, Deutscher

4 Die Entwicklung des nationalen Gedankens und des Nationalstaats in Polen

Kompetenzen erwerben

Sachkompetenz:
- die Nützlichkeit und Fruchtbarkeit vergleichender historischer Untersuchungen erkennen
- Ursachen und Folgen der polnischen Teilungen analysieren
- die Freiheitskämpfe in einer Nation ohne Staat untersuchen
- die Wirkung des polnischen Unabhängigkeitskampfes auf Deutschland und Frankreich aufzeigen

Methodenkompetenz:
- Geschichtskarten und historische Karten analysieren

Urteilskompetenz:
- die Entstehung und Entwicklung moderner Nationalstaaten vergleichen und beurteilen
- die Geschichte des Nationalbewusstseins in einer Nation ohne Staat bewerten

Nation und Nationalismus: Das polnische Beispiel

Das 19. Jahrhundert kann als ein Jahrhundert der **Nationalstaatsbildung** im modernen Europa bezeichnet werden. Dies war jedoch keine gleichförmige und einheitliche Entwicklung, sondern unterschied sich von Staat zu Staat. Ein weiterer Schub der Staatsbildung nach nationalen Kriterien erfolgte im Anschluss an den Ersten Weltkrieg. Um einen differenzierten Überblick über die Geschichte der europäischen Nationalstaaten zu gewinnen, kann man diese zu unterschiedlichen Typen zusammenfassen. Unterschiede und Gemeinsamkeiten müssen genau beschrieben und analysiert werden, damit sie angemessen miteinander verglichen werden können (s. S. 14 ff.). Das gilt auch für den **modernen Nationalismus**, der eine der wirkungsmächtigsten Ideologien der modernen Geschichte seit dem ausgehenden 18. Jahrhundert darstellt. Dass der Wille zur Nation und zur Nationalstaatsgründung im Europa des 19. Jahrhunderts ganz unterschiedliche Wurzeln und Formen haben konnte, verdeutlicht die polnische Geschichte. Der Freiheitskampf der **Polen** ist ein eindrucksvolles Beispiel für die Existenz eines starken nationalen Zusammengehörigkeitsgefühls in einem Volk, das lange nicht in einem eigenen Staat zusammenlebte.

Im Mittelpunkt dieses Kapitels steht daher die Frage, welche Strukturen und Prozesse die Geschichte der polnischen Nation im 19. Jahrhundert prägten. Nach dem Untergang der **polnisch-litauischen Adelsrepublik*** und der Aufteilung des Landes zwischen Russland, Österreich und Preußen im ausgehenden 18. Jahrhundert lebten die Polen in einer „Nation ohne Staat". Erst ab 1918 konnte die Mehrheit der polnischsprachigen Bevölkerung in einem eigenen Nationalstaat zusammenleben.

Adelsrepublik
So bezeichnen Historiker seit dem 16. Jahrhundert den polnisch-litauischen Staat.

Das polnische „Teilungstrauma"

Die 1569 mit der sogenannten Union von Lublin beschlossene **Vereinigung des Königreiches Polen mit dem Großherzogtum Litauen** schuf ein riesiges Doppelreich, das in Konkurrenz zu Russland stand. Seit 1572 war das Reich eine Wahlmonarchie, in der der gesamte Adel das Wahlrecht besaß. Die königliche Macht wurde so zunehmend geschwächt. Diesen Prozess verstärkte seit 1652 das Einspruchsrecht des Adels (*Liberum veto*), das den Sejm* praktisch beschlussunfähig machte. Das wiederum erleichterte den Nachbarstaaten die Einflussnahme. Im 17. und 18. Jahrhundert entwickelte sich Polen dadurch immer stärker zum Spielball der Politik benachbarter Großmächte. Innere Konflikte um Staatsreformen, die die Macht des Adels beschränken sollten, sowie Kriege zwischen den europäischen Großmächten eröffneten Russland, Preußen und Österreich die Chance zur Aufteilung Polens. In den **drei polnischen Teilungen** (1772, 1793 und 1795) teilten diese expansionistischen Mächte das polnische Territorium unter sich auf und beendeten 1795 die Existenz des polnischen Staates.

Polen wehrte sich bereits gegen die erste Teilung 1772, konnte sie jedoch weder verhindern noch rückgängig machen. Um den polnischen Staat zu erhalten, modernisierte ein „Vierjähriger Sejm" (1788–1792) am 3. Mai 1791 die staatliche Ordnung. Die neue Verfassung war die **erste geschriebene Verfassung Europas** und sah eine konstitutionelle

Sejm
Der Sejm ist das polnische Parlament. Es entstand Ende des 15. Jahrhunderts aus regionalen Versammlungen, bestand aus zwei Kammern, dem Abgeordnetenhaus und dem Senat, und trat zunächst alle zwei Jahre zusammen. Es waren aber auch außerplanmäßige Reichstage möglich.

M 1 Tadeusz Rajtan protestiert gegen den Teilungsvertrag des Sejm (1773–76), Ölgemälde von Jan Matejko, 1866.
Der Sejm war eingesetzt worden, um die erste polnische Teilung zu legalisieren. Tadeusz Rajtan war Mitglied des Sejm und stellte sich den Abgeordneten beim Verlassen des Hauses aus Protest gegen den Vertrag in den Weg. Er wurde zu einer Gefängnisstrafe verurteilt, erhielt aber schließlich freies Geleit. Er wurde später zum Symbol für die Unabhängigkeit Polens.

Monarchie vor. Auch die Gewaltenteilung zwischen Legislative, Exekutive, Judikative, ein nach dem Mehrheitsprinzip entscheidender Reichstag sowie eine aus Kronrat und Ministern gebildete Regierung gehörten zu den Prinzipien einer modernen Staatsverfassung. Doch die russische Zarin unterstützte den Kampf des polnischen Adels, der seine Vorrechte beschnitten sah, gegen die Mai-Verfassung. Russland intervenierte gegen die Staatsreform mit einer 100 000 Mann starken Armee, während Preußen mit dem russischen Hof über eigene Gebietsansprüche verhandelte. Das Ergebnis war die zweite Teilung Polens 1793. Sie führte zu einem allgemeinen Volksaufstand, der allerdings im Oktober 1794 zusammenbrach. Russland, Preußen und Österreich nahmen diesen Aufstand zum Anlass, um den kaum noch lebensfähigen polnischen Rumpfstaat endgültig zu zerschlagen. In der dritten Teilung 1795 wurde das restliche Polen diesen drei Großmächten zugeschlagen und verschwand damit von der politischen Landkarte Europas.

Das geteilte Polen war seitdem eine **Nation ohne Staat**. Dieser Verlust der politischen Selbstständigkeit im Zeitalter der Nationalstaatsbildung ist ein entscheidender Schlüssel zum Verständnis polnischer Geschichte: „Das sogenannte Teilungstrauma sollte“, schrieb der Historiker Rudolf Jaworski 2000, „in diesem Land weit über das 19. Jahrhundert hinaus zum alles bestimmenden Ausgangspunkt politischen Denkens und Handelns werden [...]. Auch der daraus resultierende Gegensatz von Staat und Gesellschaft in Polen hat hier seinen Ursprung [...]. Das 19. Jahrhundert dauerte in Polen eigentlich bis zum Ende des Ersten Weltkrieges, als ein souveräner polnischer Staat wiedergegründet werden konnte.“

Literaturtipp
Rudolf Jaworski, Eine kleine Geschichte Polens, Suhrkamp, Frankfurt/M. 2000.
Ein klar gegliederter und informativer Überblick über die polnische Geschichte vom Kieler Professor für osteuropäische Geschichte.

Der Wiener Kongress 1814/15 löste das 1807 von Napoleon geschaffene Großherzogtum Warschau auf und gründete das aus den polnischen Zentralgebieten gebildete **Königreich Polen** („Kongresspolen“). Es war durch Personalunion mit Russland verbunden, sodass der russische Zar nun auch zugleich König von Polen war. Die Einwohner Kongresspolens versuchten die einsetzende russische Willkürherrschaft durch **Aufstände** (1830/31, 1863) abzuschütteln. Doch die russische Besatzungsmacht unterdrückte diese nationale Freiheitsbewegung mit Strafmaßnahmen und einer brutalen Russifizierungspolitik. Das führte zum Verschwinden des Namens „Königreich Polen“ und zur Auflösung aller polnischen Verwaltungseinrichtungen; ein russischer Generalgouverneur übernahm ab 1874 die Herrschaft. Aber auch die preußischen Behörden verschärften nach der Reichsgründung 1870/71 den **Kulturkampf gegen das Polentum** in Posen/Westpreußen (s. S. 48 ff.).

Der polnische Freiheitskampf

Dass sich die Polen weder mit den Teilungen noch mit „Kongresspolen“ abfinden wollten, zeigte sich besonders nach der französischen Julirevolution 1830, die der Nationalbewegung neuen Auftrieb gab. Der **Novemberaufstand 1830** wurde getragen von Offizieren und Intellektuellen. Nach anfänglichen militärischen Erfolgen erreichten sie den Abzug der russischen Truppen und erklärten das Ende der Herrschaft der Zarenfamilie Romanov in Polen. Russland eroberte jedoch 1831 Warschau zurück, schlug – mit Unterstützung Preußens – den Aufstand nieder und gliederte Polen ins Zarenreich ein. Tausende von Freiheitskämpfern bezahlten den Kampf mit dem Leben, viele weitere tausend gingen ins Exil. Diese „Große Emigration", ein starker intellektueller Aderlass, führte über Deutschland nach Frankreich, wo Paris für Jahrzehnte zur heimlichen Hauptstadt Polens aufstieg.

Obwohl die preußische Regierung die russische Politik unterstützte, stieß der polnische Aufstand in Deutschland auf starke positive Resonanz. Viele Deutsche betrachteten den Kampf der Polen gegen die russischen Despoten als Ansporn, um ihrerseits Restauration und Kleinstaaterei zu überwinden und eine nationale Einigung Deutschlands zu erreichen. Zahlreiche Menschen in den deutschen Staaten empfingen die polnischen Emigranten mit großer Begeisterung. Von Dresden bis Freiburg entstanden Hunderte von **Polenvereinen**, die Geld- und Kleidersammlungen durchführten. Broschüren und andere Veröffentlichungen feierten die „geschlagenen Helden". Auf dem Hambacher Fest von 1832 (s. S. 33) wehte auch die polnische Fahne und es wurde mehrfach die polnische Nationalhymne „Noch ist Polen nicht verloren" gesungen. Diese deutsch-polnische Brüderschaft dauerte jedoch nur bis zur deutschen Revolution 1848/49, als aus den ursprünglich gemeinsamen nationalen Zielen konkurrierende Bestrebungen wurden. Dem wachsenden deutschen Nationalgefühl im Frankfurter Paulskirchenparlament war die polnische Unabhängigkeitsbewegung schon bald ein Dorn im Auge. Denn die Abgeordneten diskutierten die Frage, ob ein demokratisches Deutschland nur die historisch preußischen Gebiete oder alle Territorien umfassen sollte, in denen Deutsche lebten. In einer Debatte während des Jahres 1848, in der die deutsche Polenbegeisterung verurteilt wurde, stimmten nur noch 32 radikal-demokratische Abgeordnete für die deutsch-polnische Solidarität.

Alle weiteren Aufstände – auch in den polnischen Gebieten, die unter preußischer und österreichischer Herrschaft standen – wurden blutig niedergeschlagen, so in Galizien 1846 oder in Posen 1848. Und der polnische **Aufstand von 1863/64** gegen die russische Besatzung war noch aussichtsloser als der von 1830/31. Er zog außerdem harte Strafen nach sich – es gab über 250 Hinrichtungen und mehr als 10 000 Polen wurden nach Sibirien verbannt.

Obwohl die polnische Unabhängigkeit nun nicht mehr mit Waffengewalt zu erringen war, blieb das polnische Nationalbewusstsein lebendig. Dabei spielte die **katholische Kirche** eine zentrale Rolle, weil sie den Zusammenhalt aufrechterhielt. Auch Teile des höheren und des niederen Adels, die Intelligenz und die mit der Industrialisierung erstarkenden sozialistischen Parteien kämpften weiter. Ein unabhängiger Staat Polen entstand jedoch erst nach dem Ersten Weltkrieg mithilfe der westlichen Siegermächte (s. S. 87 ff.).

Webcode:
KH645923-065

1 Beschreiben Sie die Grundlinien der polnischen Geschichte vom ausgehenden 18. Jahrhundert bis in die Zeit des Ersten Weltkrieges.
2 Der polnische Freiheitskampf strahlte auch auf Frankreich und Deutschland aus. Erörtern Sie Ursachen und Folgen dieser Auswirkungen.

Hinweise zur Arbeit mit den Materialien

M 2 eröffnet die Möglichkeit, einen **Überblick über die Geschichte Polens** vom ausgehenden 18. bis zum beginnenden 20. Jahrhundert zu erarbeiten. M 3 bis M 8 beschäftigen sich mit den **Teilungen Polens**: M 3 verdeutlicht die Ausgangslage Polens und M 4 zeigt, wie Polen durch eine moderne Verfassung seine Unabhängigkeit bewahren wollte. M 5 bis M 7 erlauben die Beschäftigung mit den Motiven der Teilungsmächte Russland, Preußen und Österreich. Der Kupferstich in M 8 verdeutlicht ebenfalls die Politik der Teilungsmächte und öffnet den Blick auf ihr Verhalten. M 9 bis M 19 setzen sich mit dem **polnischen Nationalbewusstsein** sowie der **polnischen National- und Freiheitsbewegung** auseinander. M 9 belegt, dass das nationale Denken bei den Polen stets wach geblieben ist. Die übrigen Dokumente zeigen die unterschiedlichen Ziele und Methoden der Freiheitsbewegung, die Geschichte der deutschen Polenfreundschaft in der ersten Hälfte des 19. Jahrhunderts (M 10 bis M 12), ihr Engagement im Exil (M 14, M 15) oder in Aufständen (M 13, M 16 bis M 18). Die **Nationalismus-„Theorie"** eines polnischen Wissenschaftlers (M 19) bietet die Chance einer zusammenfassenden Reflexion des polnischen Nationalismus ohne eigenen Staat.
Mithilfe der **Methodenseiten**, S. 76 ff., lassen sich grundlegende Kenntnisse erwerben, die zur Interpretation von Geschichtskarten und historischen Karten notwendig sind.
Am Ende des Kapitels finden sich **weiterführende Arbeitsanregungen** und die Möglichkeit, die im Kapitel erworbenen **Kompetenzen zu überprüfen** (s. S. 80 f.).

M 2 Polen im „langen" 19. Jahrhundert – ein Überblick in Daten

1772	1. Teilung Polens zwischen Russland, Preußen und Österreich
1791	3. Mai: Verabschiedung der ersten schriftlichen Verfassung Europas
1792	Die russische Zarin Katharina II. gewinnt polnische Adlige für den Kampf gegen die neue Verfassung.
1793	2. Teilung Polens
1794	Ein Aufstand gegen die Teilung Polens wird niedergeschlagen.
1795	3. Teilung, Abdankung des Königs, Ende der Staatlichkeit Polens
1807	Bildung des halbsouveränen Großherzogtums Warschau durch Napoleon
1815	Wiener Kongress hält an den Teilungen Polens fest: Das Großherzogtum wird zum Königreich Polen (Kongresspolen) unter russischer Herrschaft umgewandelt, Galizien wird Österreich und das Großherzogtum Posen wird Preußen zugeschlagen.
1830/31	Novemberaufstand im Königreich Polen; Niederschlagung durch Russland; Beginn der „Großen Emigration"
1846	Aufstand und Bauernunruhen in Galizien
1848	Unruhen im preußischen und österreichischen Teilungsgebiet („Völkerfrühling")
1863/64	Januaraufstand im russischen Teilgebiet wird niedergeschlagen; Königreich Polen wird russische Provinz.
1867	Polnische Selbstverwaltung in Galizien
1871	Zunehmende Germanisierung im preußischen Teilungsgebiet
1886	Ansiedlungskommission für Westpreußen und Posen verfolgt das Ziel, durch Landkauf den Anteil der Deutschen gegenüber den Polen zu vergrößern.
1901–06	Schulstreiks in Wreschen und an anderen Orten wegen des Verbots der polnischen Sprache im Schulunterricht
1914	Beginn des Ersten Weltkriegs
1915	Eroberung des zu Russland gehörenden Teils Polens; er wird zwischen Deutschland und Österreich-Ungarn in zwei Okkupationszonen geteilt.
1916	5. November: Proklamation des „Königreichs Polen" durch die Mittelmächte

1918	8. Januar: US-Präsident Wilson hält ein unabhängiges Polen mit Zugang zum Meer für notwendig. 3. März: Sonderfrieden von Brest-Litowsk: deutsche Oberhoheit über die von Russland abgetretenen Gebiete 11. November: Waffenstillstand, Wiederbegründung des polnischen Staates; Piłsudski wird Staatsoberhaupt, Beginn der Zweiten Republik; Staatsform und Grenzen sind noch nicht festgelegt.
1918/19	Siegreicher polnischer Aufstand in Posen; Kampf um den Verlauf der polnischen Westgrenze, die 1919 im Versailler Vertrag festgelegt wird: Teile von Posen und Westpreußen kommen zu Polen.
1919–21	Krieg zwischen Polen und Sowjetrussland: Polen besetzt Gebiete, die vor den Teilungen zur polnisch-litauischen Adelsrepublik gehörten (Teile der Ukraine, Weißrusslands und Litauens). Am 15. August 1920 schlägt Polen die Offensive der Roten Armee vor Warschau zurück. Drei polnische Aufstände in Oberschlesien und Volksabstimmung über die staatliche Zugehörigkeit (40,4 % für Polen, 59,6 % für das Deutsche Reich). Nach einer Entscheidung der alliierten Botschafterkonferenz wird Oberschlesien geteilt, ein Viertel des Abstimmungsgebietes kommt zu Polen.
1921	17. März: Verabschiedung der Verfassung der Zweiten Polnischen Republik 18. März: Festlegung der polnisch-sowjetischen Grenze im Friedensvertrag von Riga

1 **Kurzreferat:** „Nation ohne Staat – das geteilte Polen (1795–1918)“ – so lautet eine Überschrift in einem Buch über die polnische Geschichte des 19. Jahrhunderts. Erläutern Sie, ausgehend von M 2, diese Überschrift. Beziehen Sie dabei auch die Karten M 1 und M 2 der Methodenseiten, S. 76 ff., mit ein. Konzentrieren Sie sich auf das Verhältnis von Staat und Nation.

2 Erörtern Sie mithilfe von M 2 die Möglichkeiten und Grenzen des Widerstands der polnischen Freiheits- und Unabhängigkeitsbewegung.

M 3 König Friedrich II. von Preußen über die Schwäche der polnischen Adelsrepublik (1752)

Die Republik hält an der alten feudalen Regierungsform fest, die alle anderen Mächte Europas schon abgeschafft haben. Ihre Nachbarn sind daran interessiert, die republikanische Monarchie im Zustand der Schwäche zu erhalten, unterstützen die Freiheit und Unabhängigkeit der Großen gegen den Ehrgeiz der Könige. Die Republik wird nur beunruhigt bei Gelegenheit der Königswahl. In zwei mächtige Parteien gespalten ist sie für niemanden gefährlich, und ihre Nachbarn sind beinahe gesichert gegen alles, was sie unternehmen würden, weil nichts leichter ist, als ihre Reichstage zu sprengen.

Zit. nach: Felix Esche, Jürgen Vietig (Hg.), Deutsche und Polen. Eine Chronik. Begleitbuch zur vierteiligen ARD-Fernsehreihe Deutsche und Polen, Nicolai, Berlin 2002, S. 71.

M 4 Aus der Präambel der polnischen Verfassung vom 3. Mai 1791

Im Namen Gottes des Allmächtigen! Stanislaus August, von Gottes Gnaden und kraft des Willens der Nation König von Polen, Großherzog von Litauen [...] gemeinschaftlich mit den konföderierten Ständen, die in gedoppelter Zahl versammelt sind, die polnische Nation zu repräsentieren.

Da Wir überzeugt sind, dass unser aller gemeinschaftliches Schicksal einzig und allein von der Gründung und Vervollkommnung der Nationalverfassung abhängt, und durch eine lange Erfahrung die verjährten Fehler unserer Regierungsverfassung kennen gelernt haben; da wir die Lage, worin sich Europa befindet, und den zu Ende eilenden Augenblick, der uns wieder zu uns selbst gebracht hat, zu benutzen wünschen; da wir frei von den schändenden Befehlen auswärtiger Übermacht, die äußere Unabhängigkeit und innere Freiheit der Nation, deren Schicksal unsern Händen anvertraut ist, höher schätzen als unser Leben und unsere persönliche Glückseligkeit; da wir uns zu gleicher Zeit auch die Segnungen und die Dankbarkeit unserer Zeitgenossen und der künftigen Geschlechter zu verdienen wünschen; so beschließen wir, ungeachtet der Hindernisse, welche bei uns selbst Leidenschaft entgegenstellen könnte, der allgemeinen Wohlfahrt wegen, zur Gründung der Freiheit, zur Erhaltung unseres Vaterlandes und seiner Grenzen, mit der festesten Entschlossenheit unsers Geistes gegenwärtige Verfassung, und erklären sie durchaus für heilig und unverletzbar, bis die Nation in der gesetzlich vorgeschriebenen Zeit, durch ihre ausdrückliche Willenserklärung, die Abänderung dieses oder jenes Artikels für notwendig erachten wird. Eben dieser Verfassung sollen auch alle ferneren Beschlüsse des jetzigen Reichstages in jeder Rücksicht angemessen sein.

Zit. nach: www.verfassungen.eu/pl/verf91.htm (Download vom 16. November 2015)

1 Analysieren Sie mithilfe von M 3 und M 4 die politische Lage der polnischen Adelsrepublik im ausgehenden 18. Jahrhundert.

2 Skizzieren Sie anhand von M 4 Ursachen und Funktion der Verfassung von 1791.

M 5 Die russische Zarin Katharina II. über die Teilung Polens von 1772

In ihrem gemeinsamen Vorgehen gegen Polen haben sich die drei Höfe weniger von Eroberungslust leiten lassen als von großen und praktischen Gesichtspunkten. Sie wollten Ordnung und Ruhe, wie der Wohlstand und die Sicherheit ihrer eigenen Grenzen sie erforderten, in ein Land bringen, das oft genug Wirren, ja der Anarchie ausgesetzt war. Die so herbeigezwungene Teilung hat zu einer wohl abgewogenen Vergrößerung der drei Mächte geführt, der wahrhaft nobelsten und imposantesten Tat, die Europa mit einem solchen Unternehmen überhaupt geschenkt werden konnte.

Zit. nach: A. Ritter von Arneth (Hg.), Joseph II. und Katharina von Russland. Ihr Briefwechsel, Wilhelm Braumüller, Wien 1869, S. 3.

M 6 Der preußische König Friedrich II. über die Teilung Polens von 1772

Es bedurfte des Zusammentreffens einzigartiger Umstände, um diese Teilung herbeizuführen und die Gemüter dafür zu gewinnen; sie musste erfolgen, um einem allgemeinen Kriege vorzubeugen. Man stand vor der Wahl, Russland im Laufe seiner gewaltigen Eroberungen aufzuhalten, oder, was klüger war, daraus auf geschickte Weise Nutzen zu ziehen. [...] Um das Gleichgewicht zwischen den nordischen Mächten einigermaßen aufrechtzuerhalten, musste sich der König [von Preußen] an dieser Teilung notwendig beteiligen. [...] Er [Friedrich II.] ergriff also die Gelegenheit [...] beim Schopfe, und durch Verhandlungen und Ränke gelang es ihm, seine Monarchie durch die Einverleibung Westpreußens für ihre früheren Verluste zu entschädigen.

Zit. nach: Gustav B. Volz (Hg.), Die Werke Friedrichs des Großen, Bd. V, Hobbing, Berlin 1913, S. 36.

M 7 Die österreichische Kaiserin Maria Theresia über die Teilung Polens von 1772

Die Kaiserin hatte die Verhandlungen über die polnischen Teilungen ihrem Sohn und Mitregenten Joseph II. überlassen.

Ich bekenne, dass es mich ein Opfer kostet, mich über eine Sache zu entscheiden, von deren Gerechtigkeit ich keineswegs versichert bin, selbst wenn sie nutzbringend wäre. [...] Ich begreife nicht die Politik, welche erlaubt, dass, wenn zwei sich ihrer Überlegenheit bedienen, um einen Unschuldigen zu unterdrücken, der Dritte [...] die gleiche Ungerechtigkeit nachahmen und begehen kann und soll; mir scheint dies vielmehr unhaltbar zu sein. [...] Man beweise mir doch das Gegenteil; ich bin bereit, mich zu unterwerfen: Sehnsüchtig wünsche ich mich zu täuschen. [...] Alles, was uns zufallen könnte, wird an Größe und an Zweckmäßigkeit niemals auch nur die Hälfte des Anteils der anderen erreichen; man muss sich also nicht mehr dabei aufhalten und sich nicht ködern lassen durch eine ungleiche Teilung. [...] Ich wage mich noch weiter vor, indem ich sage, es ist nicht eine Handlung der

Großmut, sondern nur eine Wirkung echter Grundsätze, niemand Unrecht zu tun. […]

Unsere Monarchie kann verzichten auf eine Vergrößerung dieser Art. […] Trachten wir doch lieber danach, die Begehren der anderen zu vermindern, statt daran zu denken, mit ihnen auf so ungleiche Bedingungen hin zu teilen. Suchen wir eher für schwach als für unredlich zu gelten.

Zit. nach: Eberhard Büssern, Michael Neher (Hg.), Arbeitsbuch Geschichte. Neuzeit. 1. Quellen, UTB, München 1977, S. 333 ff.

1 Arbeiten Sie aus M 5 bis M 7 die Gründe heraus, die die Nachbarmächte für die Teilung Polens angaben.

2 Vergleichen Sie die Argumente der Nachbarstaaten miteinander.

M 9 Adam Mickiewicz und das polnische Nationalbewusstsein (1832)

Die Teilungen Polens führten zur Herausbildung eines besonders starken Nationalbewusstseins der polnischen Bevölkerung, das vor allem durch die Literatur und den gemeinsamen Glauben zum Ausdruck gebracht wurde.
So erhob Polens bedeutendster Dichter Adam Mickiewicz (1798–1855) sein Land zum „gekreuzigten Messias der Welt", als er schrieb:
Denn das polnische Volk ist nicht gestorben; sein Körper liegt im Grabe, und seine Seele wanderte aus der Erde, d. h. dem öffentlichen Leben der Völker, in die Hölle, d. h. dem Alltagsleben der Völker, die Sklaverei leiden im eigenen Lande und außerhalb, um ihre Leiden zu sehen. Aber am dritten Tage kehrt die Seele wieder zurück in ihren Körper, und das Volk

M 8 Die Lage des Königreiches Polen im Jahr 1773, Kupferstich von Johann E. Nilsson, nach 1773.

In dieser symbolischen Darstellung beraten Kaiserin Katharina II. von Russland, der österreichische Staatskanzler Fürst Kaunitz, Kaiser Joseph II. und König Friedrich II. von Preußen über die erste Teilung Polens im Jahr 1772. Diese Teilung war juristisch begründet worden. Auf den Fähnchen standen daher die Inschriften: „Rechte des Königs von Böhmen und Ungarn in Polen" (d. h. des Kaisers), „Rechte der russischen Kaiserin in Polen" und „Rechte des Königs von Preußen in Polen".

1 Untersuchen Sie, wie das Bild (M 8) die Situation der Polen nach der ersten Teilung darstellt.

wird auferstehen und alle Völker Europas von der Sklaverei befreien. [...] Und so wie mit der Auferstehung Christi auf der ganzen Erde die Blutopfer aufhörten, so werden mit der Auferstehung des polnischen Volkes in der Christenheit die Kriege aufhören.

Zit. nach: Die Bücher des polnischen Volkes, in: Adam Mickiewicz, Dichtung und Prosa. Ein Lesebuch von Karl Dedecius, Suhrkamp, Frankfurt/M. 1994, S. 316. (übers. von Manfred Mack)

1 **a)** Diskutieren Sie die Metapher des „gekreuzigten Messias" (M 9).
b) Erörtern Sie, inwieweit sich diese Metapher auch für das weitere Schicksal Polens nach der Zeit Mickiewicz' bzw. bis ins 20. Jahrhundert hinein aufrechterhalten lässt (M 9).

2 Analysieren Sie das Verhältnis von National- und Freiheitsbewegung im Polen des 19. Jahrhunderts (M 9).

M 10 Aus dem Tagebuch von Józef Alfons Potrykowski (21. Januar 1832)

Potrykowski war Teilnehmer der polnischen Aufstände in Litauen 1830/31 und später Aktivist in der Pariser Emigration.

Drei Meilen nach Eilenburg überschritten wir die preußische Grenze, d. h. die Grenze, die der Wiener Kongress zwischen Sachsen und Preußen gezogen hat und damit Sachsen Gebiete weggenommen und sie Preußen gegeben hat. Kaum hatten wir die neue Grenze Sachsens überschritten, als wir sofort eine große Anzahl sächsischer Jugend, Arbeiter, vor allem aber Studenten und Schüler vorfanden, die uns entgegenkamen. Rufe: „Es leben die Polen, es lebe Polen!" hallten zum ersten Mal um unsere Ohren und diese Rufe waren so zahlreich, so beständig, dass wir unsere eigene Unterhaltung nicht mehr vernehmen konnten. In dem Maße, wie wir uns der Stadt näherten, vergrößerte sich die Volksmenge und wurde schließlich so zahlreich, dass wir mit unseren Fuhrwerken keinen Schritt mehr weiterfahren konnten, die Hochrufe wurden aber zu einem einzigen unablässigen Ruf. Hier wurden plötzlich aus allen Fuhrwerken die Pferde ausgespannt und die Jugend, zum größten Teil die akademische Jugend, bei ihnen aber auch sehr hübsch gekleidete Damen, Fräuleins, dazu Handwerker und Bürger unterschiedlichen Standes und Alters zogen unsere Wagen, wobei sie niemandem von uns erlaubten auszusteigen. Man kann ohne die kleinste Übertreibung sagen, dass die ganze Stadt uns entgegenkam, uns hochleben ließ und uns Kusshände zuwarf. So wurden wir zu einem Platz gebracht. [...] Auf diesem Platz wurden wir eine Zeitlang umarmt und geküsst mit solcher Freude, mit so viel Begeisterung, wie es keinem Mächtigen der Welt, keinem Herrscher, Papst oder Kaiser je entgegengebracht wurde. Unsere Kolonne bestand zu dieser Zeit aus 280 Personen. Wir wurden in Gruppen zu je 20 aufgeteilt und zu den ersten und besten Hotels, d. h. Gasthäusern geführt und dort wurden die Wirte angewiesen, es uns an durchaus nichts fehlen zu lassen und uns so gut zu essen zu geben und zu versorgen, wie nur irgend möglich. [...]

Zit. nach: Józef Alfons Potrykowski, Das Exil der Polen in Frankreich. Tagebuch eines Emigranten, Bd. 1, Kraków 1974, S. 55 f., übers. von H. H. Hahn, in: Hilke Günther-Arndt, Dirk Hofmann, Norbert Zwölfer (Hg), Geschichtsbuch Oberstufe, Bd. 1, Cornelsen, Berlin 2006, S. 382.

1 Analysieren Sie mithilfe von M 10 die Träger der deutschen „Polenfreundschaft".

M 11 Aus der Proklamation des Polnischen Nationalkomitees in Paris an die Deutschen und den Deutschen Pressverein (1832)

Die Freiheit ist nicht Anteil eines Volkes; sie gehört der ganzen Menschheit. Von welcher Seite des Erdballs daher auch ihre Stimme erscholl, sie klang wieder ohne Unterschied in allen edlen Herzen und forderte sie auf, überall die Bemühungen zu teilen, welche das feurige Geschlecht im Kampf mit der verglimmenden Vergangenheit aufbietet.

Dein Aufruf, o Deutschland! wird widerhallen überall, wo die Rechte wieder errungen werden sollen. Pressfreiheit ist das sicherste Mittel dazu. Deshalb streben Europas Tyrannen und Despoten nach ihrer Vernichtung; die

Völker reichen sich die Hände, um sie zu erhalten und die mörderischen Angriffe auf die Freiheit abzuwehren.

Wir, Trümmer eines betörten und verratenen Volkes, schöpften aus unseren Erfahrungen mehr als je die Überzeugung, dass das Schicksal, das Glück des teuren Vaterlandes und des polnischen Volkes nicht früher gesichert wird, bis andere Völker ihre Selbstständigkeit so wie ihre ganze und vollkommene Freiheit gesichert haben würden. [...]

Die Völker wünschen anderen Völkern Glück. Deshalb pochen wir an die Tore der europäischen Zivilisation, im Namen der Millionen Polen, welche auf Despotismus gegründete Privilegien in niedriger Knechtschaft erhalten wollen. Wir glauben nämlich, dass es kein Volk und keine Nationalität gebe, wenn man aus ihr eine Masse, ein Volk ausstößt. Diese Völkerrechte werden in Euch, wie Euer Aufruf bekundet, tapfere, aufopfernde Verteidiger finden. Wir verbinden damit unsere Wünsche und unsere Tat und alsdann wird durch das freie, demokratische Deutschland die Wiedergeburt des demokratischen Polens erfolgen.

Zit. nach: Wilhelm Binder, Diplomatische Geschichte der Polnischen Emigration. Cast, Stuttgart 1842, S. 313f.

M 12 Der deutsche Publizist Richard Otto Spazier über Deutsche und Polen (1832)

Wir glauben so wahr wie an einen Gott, dass das polnische Volk, dessen Seele bereits erstand und in den Herzen der edelsten Bewohner des Weltteils lebt, über kurz oder lang auch als Körper dastehen werde in jugendlicher Kraft und Frische und mit Lorbeer geschmückt unter seinen freien Brüdern in Europa. Denn wir glauben, dass ein Paradiesesmorgen über unseren Welttheil hereinbrechen, dass aber der Ruf: Polen ist erstanden, erst der Frühruf zu diesem Tag sein werde. Wir glauben, Polens Wiederherstellung sei, wie die heiligste Schuldabtragung, so das erste Unterpfand für die Ruhe und das Glück Europas; dass so lange der Fluch der Sünde, das Bewusstsein eines Mordes den Welttheil niederdrücke. – Dies ist unser politisches Glaubensbekenntnis und es ist ein rationalistisches; denn der Verstand und die Lehren der Geschichte verbinden sich dazu mit dem Glauben unseres Herzens.

Richard Otto Spazier, Über die letzten Ereignisse in Polen, besonders seit der Schlacht von Ostrolenka, mit einem Sendschreiben an Herrn Professor Krug, Altenburg 1832, S. 7f., zit. nach der Microfiche-Ausgabe, München, Saur, 1994.

1 Erarbeiten Sie aus M 10 bis M 12 die übereinstimmenden politischen bzw. nationalen und freiheitlichen Grundsätze von Deutschen und Polen. Erklären Sie diese Übereinstimmungen.

M 13 Aufstand polnischer Truppen gegen den russischen Großfürsten in Warschau 1830, Ölgemälde von Marcin Zaleski, 1831

M 14 Der demokratische Exilpolitiker Ludwik Mierosławski in einer Rede in Paris (1845)

Die Revolution ist das Aufberufen aller erstarrten nationalen Kräfte zur Realisierung des uns verpflichtenden staatlichen Ideals. Und da unser Ideal ein geografisch unteilbares, sozial gleichberechtigtes und politisch allmächtiges Polen ist, so wird nach unseren Begriffen Polen im Revolutionszustand bleiben, bis es zu den äußersten Landesgrenzen von der Fremdherrschaft, bis in die letzten sozialen Tiefen von Privilegien und in seinem ganzen Mechanismus von Kraftlosigkeit befreit wird.

M 15 Der Pole Z. Milkowski in einer in Paris erscheinenden Exilzeitschrift (1858)

Weder Regierungen noch Völker, weder reguläre Kriege noch fremde Revolutionen werden den politischen Wiederaufbau Polens bewirken: In Friedenszeiten will niemand an uns denken, während des Krieges oder einer Revolution kann man es nicht tun oder man hat keine Zeit dazu. Frankreich wird immer zu weit sein, England zu egoistisch, die Türkei zu schwach, die Völker viel zu sehr von inneren Angelegenheiten in Anspruch genommen und die deutsche (sic!) und die moskowitische Regierung sind trotz aller Reform unseren Interessen zu sehr entgegengesetzt, als dass wir in unserer Sklavenlage eine unmittelbare Hilfe erhoffen dürften. Dafür können aber alle diese Elemente, unsere Feinde inbegriffen, uns sogar unwillkürlich die Gelegenheit bieten durch eigene Energie und Opfermut die uns im europäischen Staatenbund entrissene Stellung zu erkämpfen.

M 14 und M 15 zit. nach: Wilhelm Feldmann, Geschichte der politischen Ideen in Polen seit dessen Teilungen (1795–1914), Oldenbourg, München 1917 (Nachdruck Osnabrück 1964), S. 182 f. u. S. 192.

1 Erarbeiten Sie aus M 13 und M 14 Formen und Ziele polnischer Politik.
2 Analysieren Sie den Zusammenhang von polnischer Frage, Revolution und europäischer Politik, den Milkowski herstellt (M 15).
3 Vergleichen Sie die Positionen (M 14 und M 15) miteinander. Überlegen Sie, welche historischen Erfahrungen eine Rolle gespielt haben könnten.

Literaturtipp

Jörg Hackmann, Dobrochna Kalwa, Deutsch-polnische Geschichte – 19. Jahrhundert: Nationen in Kontakt und Konflikt. Deutsch-polnische Beziehungen und Verflechtungen 1806–1918, Wissenschaftliche Buchgesellschaft, Darmstadt 2015.

M 16 Aus dem Artikel „Und was wir hier tun?" der „Gazeta Polska" (1848)

O, wir alle, die wir rufen: „Und was hier tun?" – schauen wir uns um und wenn wir nicht alles sehen, was uns fehlt, wenn wir nicht verstehen, dass nur durch stetige, emsige Arbeit, durch ständiges und unermüdliches Verbessern der in einem Augenblick zerstörten langjährigen Arbeit wir die moralischen und materiellen Reserven sammeln können, die einst das Vaterland fordern wird. […] Lernen wir also und erkennen wir, bis wir gelernt haben und wissen werden: Dass es nicht reicht, dass jeder seine Bereitschaft zeigt, im Rat zu sitzen und in den Krieg zu gehen, ohne sich im Übrigen darum zu kümmern, ob er dazu Kräfte hat, während er jedoch jede kleinere, geringere Arbeit verachtet; dass jede Nation zu ihrer Existenz und besonders eine, die wieder von den Toten auferstehen will, moralische und materielle Kräfte benötigt, und zwar reale, grundlegende. […]

Und die einen werden sich den politischen Wissenschaften widmen, der schwierigen Kunst des Regierens, andere werden die Verwaltung öffentlicher Gelder erlernen, andere werden sich der Erziehung der Jugend widmen; diese werden sich vorbereiten darauf, musterhafte Kapläne zu werden, jene werden sich mit dem gründlichen Studium verschiedener Wissenschaften und Fähigkeiten befassen, von denen jede der Gesellschaft nützlich sein wird. Denn das Vaterland wird einst rufen: „Gebt mir Ratsleute, gebt mir Finanziers, gebt mir Pädagogen, gebt mir christliche Hirten, gebt mir Gesetzgeber und Richter, gebt mir Spezialisten und Ärzte und Mathematiker und Physiker und Bauleute und Mechaniker und Verwalter." […]

Und die einen werden das Land bereichern, indem sie die Landwirtschaft fördern und vervollkommnen, andere werden den Kapitalumsatz in ihre geschickten Hände nehmen, wieder andere werden sich der Industrie des Landes widmen oder in die unterschiedlichen Branchen des Handels gehen oder sich in der Landwirtschaft oder im Handwerk beschäftigen. […] Und diejenigen, die in den Dörfern leben, werden Tag und Nacht mit Tat und Wort arbeiten, um noch ungebildete, unaufgeklärte Brüder zu bilden, sie aufzurichten und dahin zu führen, dass sie sich selbst und die Gemeinschaft eines einzigen Vaterlandes erkennen, und werden ständig dieser Gemeinschaft ein Unterpfand geben. Und zu dieser Arbeit benötigt man nicht schlaue und gebildete Köpfe, sondern vor allem ein christliches und polnisches Herz. [...]

Und alle, wo das nur möglich sein wird, werden sich um dieses oder jenes einzelne Ziel vereinigen, werden sich klug und stark organisieren: Und jede Vereinigung, jede kleinere Organisation, wird einem Leitgedanken ergeben sein, dem polnischen Gedanken.

Zit. nach: Witold Jakóbczyk (Hg.), Wielkopolska (1815–1850). Wybór źródeł (Großpolen 1815–1850. Quellenauswahl), Wrocław 1952, S. 160f. (übers. von H. H. Hahn)

M 17 Aus dem Manifest des Nationalen Zentralkomitees anlässlich des „Januaraufstandes" im russischen Teilungsgebiet (22. Januar 1863)

Polen will und kann sich nicht widerstandslos dieser schändlichen Gewalt unterwerfen; es muss energischen Widerstand leisten, will es nicht vor der Nachwelt schmachvoll dastehen. Die Schar der tapferen, opferwilligen Jugend, belebt von heißer Vaterlandsliebe und unerschütterlichem Glauben in die Gerechtigkeit und Hilfe Gottes, hat geschworen, das verfluchte Joch abzuwerfen oder unterzugehen. Ihr nach, polnische Nation, ihr nach! Nach der schrecklichen Schmach der Unfreiheit, nach unerhörten Qualen der Unterdrückung ruft das Nationale Zentralkomitee, jetzt deine einzige legale Nationalregierung, dich auf zur schon letzten Schlacht, auf das Feld des Ruhms und des Sieges. [...] Ja, du wirst deine Freiheit, deine Unabhängigkeit mit so großer Tapferkeit, so heiligem Opfermut erringen, wie noch kein Volk es in der Geschichte vermochte. Dem wiedererstehenden Vaterland gibst du ohne Bedauern, Schwachheit oder Zögern dein Blut, dein Leben und deine gesamte Habe, die es benötigt. [...]

Sofort am ersten Tag seines öffentlichen Auftretens, als ersten Akt des heiligen Kampfes erklärt das Nationale Zentralkomitee alle Söhne Polens ohne Unterschied des Glaubens und des Stammes, der Herkunft und des Standes zu freien und gleichen Bürgern des Landes. Der Boden, den das ackerbauende Volk bisher als Zinsbauer oder Fronbauer bearbeitete, wird von diesem Augenblick an sein bedingungsloses Eigentum mit dem Recht ewiger Erblichkeit sein. [...]

Also zu den Waffen, Nation Polens, Litauens und Rutheniens[1], zu den Waffen! Denn die Stunde der gemeinsamen Befreiung hat schon geschlagen, das alte Schwert ist gezogen, das heilige Banner mit Adler, Reiter und Erzengel flattert. Und jetzt wenden wir uns an dich, moskowitische Nation: unsere traditionelle Losung ist die Freiheit und Brüderlichkeit der Völker; deshalb verzeihen wir dir sogar den Mord an unserem Vaterland. [...] Wir verzeihen dir, denn auch du bist erbärmlich und gequält, traurig und gemartert, die Leichen deiner Kinder baumeln an den Galgen der Zaren, deine Seher frieren im Eis Sibiriens. Aber wenn du in dieser Entscheidungsstunde nicht Gewissensbisse empfindest für die Vergangenheit und heilige Sehnsucht für die Zukunft, [...] wehe dir! Denn vor dem Angesicht Gottes und der ganzen Welt verfluchen wir dich für die Schmach ewiger Untertänigkeit und die Qual ewiger Unfreiheit und fordern dich heraus zu einem schrecklichen Vernichtungskampf – zur letzten Schlacht der europäischen Zivilisation mit der wilden Barbarei Asiens.

Übers. von H. H. Hahn; zit. nach: Hilke Günther-Arndt, Dirk Hofmann, Norbert Zwölfer (Hg.), Geschichtsbuch Oberstufe, Bd. 1, Cornelsen, Berlin 2006, S. 384.

---

1 Der Aufruf sieht Polen, Litauer und Ruthenen als eine Nation an, wie in der polnischen Adelsrepublik vor den Teilungen, aber jetzt bezogen auf alle Bewohner.

---

1 Stellen Sie die in M 16 und M 17 vertretenen politischen Konzeptionen gegenüber.
2 Erörtern Sie, welche Gefahren für den „Widerstandswillen" der Bevölkerung sie in den jeweiligen Alternativen sehen.

M 18 **Polen nach dem Aufstand 1864, Ölgemälde von Artur Grottger, 1864**

1 Interpretieren Sie das Bild M 18.

M 19 Der polnische Dichter und Literaturwissenschaftler Kazimierz Brodziński vor der Warschauer Gesellschaft der Freunde der Wissenschaft über „Die Idee der polnischen Nation" (3. Juni 1831)

Eine Nation ist eine eingeborene Idee, die von allen denen, die sie vereint, verwirklicht wird. Sie ist eine Familie mit eigenem Schicksal und eigener Mission. Ist sie nicht wie ein Mensch, dessen Wünsche, Vorstellungen und Fühlen ihn vorantreiben? Die Rückschläge formen ihren Charakter. Gott schuf die Völker als getrennte Individuen wie die Menschen, damit sie als seine Instrumente die ganze Menschheit beeinflussen und die notwendige Harmonie der Welt errichten könnten […]. Der Unterschied zwischen einem Volk und einem Menschen liegt darin, dass ein Mensch für sein Volk sterben kann, nicht aber das Volk für die Menschheit, solange es sich seiner selbst bewusst ist und sich als Volk fühlt. Darüber hinaus wird in einer reifen Nation jedermann bereit sein, sein Leben zu opfern, damit die Nation für die Menschheit lebe […]. Früher hielt jedes Volk sich für Ziel und Mittelpunkt aller Dinge, so wie man die Erde als Mittelpunkt des Universums sah […]. Kopernikus entdeckte das System des materiellen Universums; nur die polnische Nation (und ich sage das frei und stolz auf mein Vaterland) ahnt die wahre Bewegung des moralischen Universums. Sie hat erkannt, dass jedes Volk nur Teil eines Ganzen ist und wie die Planeten um eine Mitte kreisen muss. Jedes bildet ein zusammenhängendes und notwendiges Ganzes, dessen Kräfte sich im Gleichgewicht halten. Nur blinder Egoismus weigert sich, das zu erkennen. Ich erkläre, dass die polnische Nation durch eine Fügung des Himmels der Philosoph, der Kopernikus der moralischen Welt ist. Missverstanden und verfolgt, wird sie dennoch weiterbestehen und Menschen finden, die sich gläubig zu ihr bekennen, und ihre Dornenkrone wird zu einer Krone des Sieges und der nationalen Herrlichkeit werden […]. Es ist die Idee der polnischen Nation, unter der Sonne der Religion den Baum der Freiheit und Brüderlichkeit zu hegen; die Rechte von Thron und Volk auf einer Waage zu wägen, die vom Himmel selber stammt; der großen Zeit gemäß zu wachsen und am Werk der Menschheit mitzuwirken. In allen Stürmen hat sie die Grenze bewacht, die Barbarei und Kultur trennt. Wunderbar wird sie sich aus dem Grab erheben und von dem Verbrechen gegen die Freiheit der Völker künden, das Unrecht, das ihr zugefügt wurde, bezeugen und so der Welt als warnendes Beispiel dienen.

Zit. nach: Peter Alter (Hg.), Nationalismus. Dokumente zur Geschichte und Gegenwart eines Phänomens, Piper, München 1994, S. 135 f.

1 Analysieren Sie die „Theorie" des Nationalismus in M 19:
   a) Arbeiten Sie die zentralen Merkmale des Nationalismus heraus.
   b) Erklären Sie die Entstehung dieser Auffassung. Konzentrieren Sie sich dabei auf Zeitpunkt der Veröffentlichung und Nationalität des Verfassers.

2 Erörtern Sie die Wirkungen und Folgen dieser „Theorie" für die polnische Nation, die im 19. Jahrhundert nicht in einem eigenen Staat lebte.

Geschichtskarten und historische Karten analysieren

Karten gehören zu unserem Alltag – ob in der alten Form als Straßenkarten oder technikbasiert in Navigationsgeräten und im Internet wie bei Google Maps, OpenStreetMap. Meist werden dort aktuelle geografische Verhältnisse gezeigt. Für die Darstellung historischer Phänomene und Entwicklungen haben Karten eine wichtige Funktion: Sie können **Raumbeziehungen** visuell darstellen und so den **Zusammenhang zwischen räumlichen Bedingungen** (Lage von Staaten, Grenzen, Verkehrswegen) **und historischen Prozessen** verdeutlichen. Daher finden sich solche Karten in Schulbüchern, aber auch in wissenschaftlicher und populärer Literatur und in historischen Dokumentationen im Fernsehen.

Begrifflich und inhaltlich zu unterscheiden sind **„Geschichtskarten"** und **„historische Karten"**. „Geschichtskarten" wollen (heute) ein Phänomen aus der Vergangenheit behandeln, also Geschichte in kartografischer Form darstellen. „Historische Karten" dagegen stammen aus der Vergangenheit und stellen – aus damaliger Perspektive – entweder die damalige Gegenwart oder eine Vergangenheit dar. Für die Geschichtswissenschaft sind Letztere Quellen, Erstere dagegen Darstellungen. Allerdings können Geschichtskarten mit der Zeit historische Karten werden – ein Geschichtsatlas aus den 1950er-Jahren z. B. ist heute eine historische Quelle, die es erlaubt, das Geschichtsverständnis dieser Zeit zu rekonstruieren.

Für die Darstellung von Geschichte in kartografischer Form gibt es bekannte Konventionen und Elemente, die für die Darstellungsabsicht eingesetzt werden können: Kartentitel, Legende, Farbgebung, verwendete Symbole und Zeichen, Schrift usw.

Bei der kritischen Analyse solcher Karten geht es nicht so sehr darum, die dargestellten Informationen zu ermitteln, sondern vor allem die Aussageabsicht der Karte. Hierfür ist insbesondere der Kontext wichtig, also Fragen wie: Wer hat die Karte entworfen bzw. in Auftrag gegeben? In welchem Zusammenhang ist sie erschienen? An wen richtete sie sich?

Webcode:
KH645923-076

Mögliche Arbeitsschritte für die Analyse

Leitfrage	– Welche (historischen oder gegenwärtigen) Aussagen will die Karte dem Betrachter vermitteln?
Analyse	– Erster Eindruck/Wirkung der Karte auf den Betrachter – Analyse der wichtigsten Kartenelemente: Titel, Maßstab, Legende, Farbgebung, verwendete Symbole, Schrift etc. – Ermittlung des Sachverhalts, also der Informationen, die die Karte liefert – Recherche der Kartenverfasser, Auftraggeber etc. – Analyse des Kontextes, in dem die Karte verwendet wird (einschl. möglicher Adressaten, an die sich die Karte wendet) – Ggf. Vergleich mit anderen Karten zum gleichen Thema
Beurteilung	– Welche Schwerpunktsetzungen, expliziten und/oder impliziten Wertungen sind erkennbar? – Was kann oder will die Karte nicht darstellen?

Übungsbeispiel

M 1 Die Teilungen Polens im 18. Jahrhundert

M 2 Polen im 20. Jahrhundert

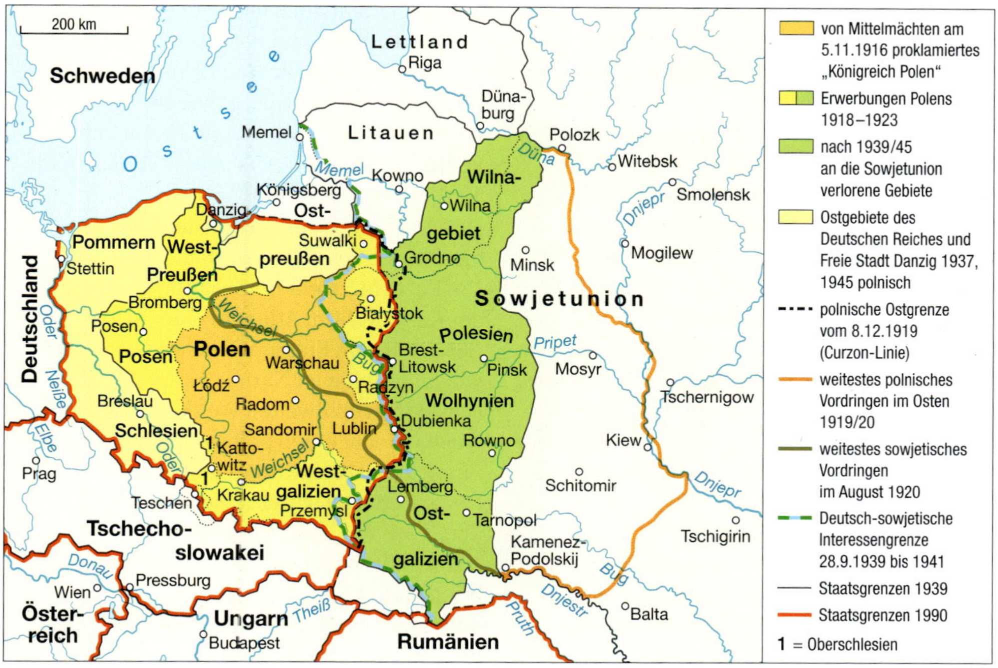

Lösungshinweise zu beiden Karten

Leitfragen:
- Wie wird der Gebietsstand Polens vor 1772 und die schrittweise Verkleinerung des polnischen Staatsgebietes in den Teilungen von 1772, 1793 und 1795 dargestellt?
- Wie werden die Ost- und Westverschiebung Polens von 1916 bis 1945 aufgezeigt?

Analyse Geschichtskarte (M 1):
Der erste Eindruck ist eine verwirrende Vielfalt von unterschiedlichen Farbabstufungen und Staats- bzw. Landesbezeichnungen. Polen vor 1772, vor den drei Teilungen, wird durch eine rot markierte Staatsgrenze verdeutlicht.
Karte erschienen in: Putzger Historischer Weltatlas, 103. Aufl., Cornelsen Verlag, Berlin 2001, S. 116.
Der „Putzger" ist der älteste und am weitesten verbreitete historische Schulatlas in Deutschland.
Die Karte M 1 steht im Zusammenhang mit der Karte M 2 (im Atlas auf einer Seite). Beide zusammen dokumentieren die wechselvolle Geschichte Polens vom ausgehenden 18. bis zur Mitte des 20. Jahrhunderts. Zeitleiste und Tabelle sind nicht vorhanden.
Der Kartentitel lautet: „Die Teilung Polens im 18. Jahrhundert".
Der Maßstab ist 1 : 10 000 000, die Karte ist farbig gestaltet.
Topografisch ist Polen sowie ein schmaler Teil der angrenzenden Länder dargestellt. Die Staaten, Staats- und Landesteile sind aufgeführt, mit wichtigen Städten. Außerdem sind die Aufstände des Jahres 1794 eingezeichnet.
Legende: Zunächst wird die Linie markiert, die das polnische Staatsgebiet vor 1772 zeigt. Sodann werden die drei Teilungen mit den verteilten Territorien angegeben, die an Preußen (blau), Russland (grün) und Österreich (gelb/orange) fielen. Schließlich wird das Zeichen für Aufstände mit Jahreszahl aufgeführt.

Inhaltliche Informationen:
Die Karte zeigt den Gebietsstand Polens vor 1772 und die schrittweise Verkleinerung des polnischen Staatsgebietes in den Teilungen von 1772, 1793 und 1795.
Die Karte verdeutlicht die geografischen Schwerpunkte der polnischen Freiheits- und Unabhängigkeitsbewegung des Jahres 1794.

Beurteilung Geschichtskarte (M 1):
Die Geschichtskarte stellt die schrittweise Aufteilung des polnischen Staatsgebietes von 1792 durch die Nachbarn Preußen, Österreich und Russland dar. Diese drei Mächte teilen Polen immer stärker unter sich auf, bis nach der dritten Teilung die Polen nicht mehr über einen eigenen Staat verfügen.
Die Staats- und Landesbezeichnungen verdeutlichen alte und neue Namen für bestimmte polnische Gebiete, die sich die Teilungsmächte einverleibt haben. Es wird deutlich, dass historisch gewachsene Landesteile teilweise auseinandergerissen wurden. Wie sich das für die Menschen ausgewirkt hat, lässt sich mithilfe einer Karte nicht zeigen.
Die Karte markiert die Aufstände des Jahres 1794, die niedergeschlagen wurden. Andere Aufstände des 19. Jahrhunderts werden nicht angezeigt.

Analyse Geschichtskarte (M 2):
Die Karte macht auf den ersten Blick einen übersichtlichen Eindruck. Die dargestellten Strukturen scheinen leicht zu durchschauen. Ein erster, unbefangener Blick zeigt, dass Ost- und Westverschiebungen Polen in der Zeit von 1916 bis 1945 geprägt haben.
Karte erschienen in: Putzger Historischer Weltatlas, 103. Aufl., Cornelsen Verlag, Berlin 2001, S. 116.
Der „Putzger" ist der älteste und verbreitetste historische Schulatlas in Deutschland.
Die Karte M 2 steht im Zusammenhang mit der Karte M 1 (im Atlas auf einer Seite). In der Zeit nach dem Ersten Weltkrieg war Polen wieder ein eigener Nationalstaat. Das änderte sich jedoch im Zweiten Weltkrieg. Erst ab 1945 gibt es wieder einen polnischen Nationalstaat.
Eine Zeitleiste zu Karte 2 gibt es nicht.
Der Kartentitel lautet „Polen im 20. Jahrhundert".
Der Maßstab ist 1 : 10 000 000, die Karte ist farbig gestaltet.
Topografisch ist das ganze Polen dargestellt, mit einem schmalen Streifen der Gebiete süd-

lich von Polen und einem breiteren Streifen im Osten, wo die Sowjetunion liegt. Die Staaten und Landesteile sind aufgeführt mit wichtigen Flüssen und Städten.
Die Legende ist historisch gegliedert. Dokumentiert werden die Gebietsveränderungen Polens zwischen 1916 und 1937/45.
Mit verschiedenen Farben werden auf der Karte die Gebietsveränderungen Polens dargestellt. Außerdem geben die verschiedenen Farben die unterschiedlichen Gründe für die territorialen Veränderungen an: Erwerbungen Polens, Deutschlands oder der Sowjetunion.
Mit verschiedenfarbigen Linien werden die Veränderungen der polnischen Ostgrenze nach dem Ersten Weltkrieg und deren Ursachen bzw. Verursacher gezeigt.
Eine breite türkisfarbene Linie dokumentiert die Aufteilung Polens zwischen Deutschland und der Sowjetunion im Hitler-Stalin-Pakt.

Beurteilung Geschichtskarte (M 2):
Die Geschichtskarte stellt die Ost- und Westverschiebung Polens in der Zeit von 1916 bis 1945 dar. Die politischen Schlüsselereignisse dazu waren:
- die Proklamation des „Königreichs Polen" durch die Mittelmächte;
- die Grenzziehungen im Gefolge des Versailler Vertrags von 1919 zwischen Polen und Deutschland;
- die polnisch-sowjetischen Kriege 1919/20 bis zur Festlegung der polnisch-sowjetischen Grenze im Friedensvertrag von Riga;
- die Abgrenzung der Interessensphären im Gefolge des „Grenz- und Freundschaftsvertrages" zwischen dem Deutschen Reich und der Sowjetunion (28.9.1939) auf Kosten der Existenz Polens (Hitler-Stalin-Pakt);
- die Festschreibung der Oder-Neiße-Linie als polnische Westgrenze und der Curzon-Linie (in wesentlichen Teilen) als polnische Ostgrenze im Potsdamer Abkommen vom 2. August 1945.

Bestimmte historische Ereignisse (z. B. Hitler-Stalin-Pakt), bestimmte historische Entscheidungen und deren Träger (z. B. die Mittelmächte als Gründer des Nationalstaats Polen gegen Ende des Ersten Weltkrieges) oder bestimmte Grenzlinien Polens (z. B. Oder-Neiße-Linie) werden in der Karte nicht direkt genannt und müssen vom Betrachter erarbeitet werden.

Vergleich (M 1 und M 2):
Unterschied: Die Karten M 1 und M 2 dokumentieren die Geschichte Polens zu unterschiedlichen Zeitpunkten. M 1 beleuchtet die Teilungen Polens im ausgehenden 18. Jahrhundert. Die Karte zeigt, wie sich Polen durch die Teilungen zunehmend verkleinert, bis nach der dritten Teilung kein eigenständiger polnischer Staat mehr existiert. Ursache für die Teilungen waren sowohl die Expansionsgelüste starker Nachbarn als auch die Reformunfähigkeit des polnischen Adels. Gegen Ende des Ersten Weltkrieges riefen die Mittelmächte den polnischen Staat ins Leben. Polen war nun wieder ein Nationalstaat, der sein Territorium selbst erweitern konnte. Aber es besaß nach wie vor mächtige und expansionistische Nachbarn, was sich spätestens im Zweiten Weltkrieg zeigte. Polen wurde zunächst zwischen Deutschland und der Sowjetunion aufgeteilt, nach dem Angriff des NS-Staates gegen die Sowjetunion geriet es unter die Herrschaft des Deutschen Reiches. Erst nach dessen Niederlage 1945 konnte erneut ein polnischer Nationalstaat entstehen, allerdings mit anderen Grenzen als nach dem Ersten Weltkrieg (Westverschiebung Polens).
Gemeinsamkeit: Beide Karten zeigen die wechselvolle Geschichte Polens. Der polnische Nationalstaat wurde im 18. Jahrhundert wie im Zweiten Weltkrieg von expansionistischen Mächten bedroht und unter deren Herrschaft gebracht. Allerdings sind die Auswirkungen dieser wechselvollen staatlichen Existenz auf die Betroffenen kartografisch kaum darstellbar. Die Karten suggerieren daher einen „problemlosen" Prozess. Dass trotz der Teilungen seit dem ausgehenden 18. Jahrhundert und der Herrschaft während des Zweiten Weltkrieges das nationale Zusammengehörigkeitsgefühl der Polen bestehen blieb, lässt sich an den Karten nicht ablesen. Das verweist auf eine grundsätzliche Begrenztheit kartografischer Darstellungen.

Erarbeiten Sie Präsentationen

Thema 1
Die Geschichte Polens vom Mittelalter bis zum ausgehenden 18. Jahrhundert

Erarbeiten Sie ein kurzes Referat über die polnische Geschichte vom Mittelalter bis ins ausgehende 18. Jahrhundert. Stützen Sie sich dabei vor allem auf einschlägige Handbücher und Lexika (s. Tipps). Präsentieren Sie Ihr Referat anhand wichtiger Daten zur polnischen Geschichte, deren Bedeutung Sie erläutern.

Literaturtipps

Der große Ploetz. Die Enzyklopädie der Weltgeschichte, 35. Aufl., Göttingen 2008.

Imanuel Geiss, Geschichte griffbereit, Bd. 5: Staaten. Die nationale Dimension der Weltgeschichte, Reinbek 1980, S. 168–174.

Rudolf Jaworski, Christian Lübke u. Michael G. Müller, Eine kleine Geschichte Polens, Suhrkamp, Frankfurt/M. 2000, S. 151–252.

Thema 2
Polenvereine nach dem Aufstand 1830/31 – ein Zeichen deutscher Polenbegeisterung?

Analysieren Sie die Entstehung der deutschen Polenvereine, ihre Aktivitäten und deren Wirkungen. Recherchieren Sie dafür sowohl im Internet als auch in Sach- und Fachbüchern. Präsentieren Sie Ihre Ergebnisse in einem Kurzreferat.

Literaturtipps

Martin Broszat, Zweihundert Jahre deutsche Polenpolitik, Suhrkamp, Frankfurt/M. 1972, S. 92 ff.

Gabriela Brudzyńska-Němec, Polenbegeisterung in Deutschland nach 1830, in: Europäische Geschichte Online, hg. v. Institut für Europäische Geschichte (Mainz), 2011.

Jörg Echternkamp, Der Aufstieg des deutschen Nationalismus (1770–1840), Campus Verlag, Frankfurt/M. 1998.

M 1 König Stanislaus II. Poniatowski beschwört die Verfassung vom 3. Mai 1791, zeitgenössischer Kupferstich

Webcode:
KH645923-080

M 2 Ausschnitt: Zug zum Hambacher Fest 1832, Aquarell von Max von Boehn nach einem zeitgenössischen Holzstich, o. J.

Am Hambacher Fest nahmen auch polnische Flüchtlinge teil, die ihre nationale Flagge bei dem Zug mitführten.

Überprüfen Sie Ihre Kompetenzen

M 3 „Bogurodzica“, Polnische Husaren ziehen 1620, das Kampflied der Polen singend, unter Führung Hetmans Chodkiewicz in die Schlacht, Gemälde von Józef Brandt, 1909.

Der litauisch-polnische Adlige Jan Karol Chodkiewicz (1560–1621) kämpfte als Feldherr u. a. erfolgreich gegen die Schweden und die Russen. Er ist ein polnischer Nationalheld. Die Bogurodzica ist das älteste religiöse Lied Polens und fungierte als Krönungshymne sowie als Kampflied.

Sachkompetenz

1 Beschreiben Sie die Stärken und Schwächen der polnisch-litauischen Adelsrepublik im 17. und 18. Jahrhundert.

2 Erläutern Sie Inhalt sowie Ursachen und Folgen des polnischen „Teilungstraumas“.

3 Untersuchen Sie Möglichkeiten und Grenzen der polnischen Unabhängigkeits- und Freiheitsbewegung.

Methodenkompetenz

4 Interpretieren Sie M 3. Stellen Sie insbesondere Überlegungen an, welche politische Aussage das Bild in seinem Entstehungsjahr 1909 vermitteln sollte.

Urteilskompetenz

5 Vergleichen Sie die polnische mit der deutschen Nationalgeschichte im 19. Jahrhundert. Während die polnische Nation als „Nation ohne Staat“ bezeichnet wird, gilt der 1870/71 gegründete deutsche Nationalstaat als eine „verspätete Nation“. Erläutern und diskutieren Sie, ob diese beiden Begriffe die unterschiedlichen Verhältnisse in Deutschland und Polen treffend beschreiben.

Zentrale Begriffe

Aufstände
Großherzogtum Litauen
Kongresspolen
Königreich Polen
Nation ohne Staat
Novemberaufstand 1830
Österreich
Polenvereine
Polnische Teilungen
Polnischer Unabhängigkeits- und Freiheitskampf
Polnisches „Teilungstrauma“
Russland
Verfassung

5 Konfliktfeld Nationalstaat während des Ersten Weltkrieges

Kompetenzen erwerben

Sachkompetenz:
- Ursachen, Formen und Folgen des Imperialismus und Nationalismus analysieren
- die Beziehungen zwischen deutscher Weltpolitik und dem Wandel vom „linken" zum „rechten" Nationalismus erkennen
- die Folgen des Ersten Weltkrieges für Deutschland und Polen beschreiben
- die Kontroverse um den Versailler Vertrag in Deutschland untersuchen

Methodenkompetenz:
- Plakate interpretieren

Urteilskompetenz:
- das Verhältnis von Imperialismus und Nationalismus in der Geschichte der internationalen Beziehungen bewerten
- die wechselseitigen Einflüsse zwischen deutscher Weltpolitik und der Veränderung des Nationalismus beurteilen
- die Folgen des Ersten Weltkrieges für die deutsche und polnische Geschichte abwägen
- die Auseinandersetzung um den Versailler Vertrag in Deutschland erklären und bewerten

Imperialismus und Nationalismus

Die Gründung von Kolonialreichen hat eine lange Tradition, die im 16. Jahrhundert mit den Aktivitäten der Spanier und Portugiesen in Süd- und Mittelamerika begann. In der Epoche des **Hochimperialismus** zwischen 1880/90 und 1914 erhielten Eroberung und Durchdringung überseeischen Besitzes durch die europäischen Staaten eine neue Qualität: Territoriale Expansion sowie die Ausdehnung der Einflusssphären wurden nun zur alles beherrschenden Richtschnur außenpolitischen Handelns. Es entstand ein regelrechter **Wettlauf um die Aufteilung der Welt**. Um die Machtstellung der eigenen Nation zu stärken, genügte es nicht mehr, in Europa eine Großmacht zu sein. Nur als Weltmacht und als Herrscher über ein *„Imperium"* konnte man sein **nationales Prestige** demonstrieren.

Der moderne Imperialismus verschärfte nicht nur die Konkurrenz zwischen den europäischen Mächten, sondern wurde auf der ganzen Welt ausgetragen. Dabei ging es den imperialistischen Großmächten Europas, den USA und Japan nicht mehr um die Öffnung der Welt bzw. die Liberalisierung der Weltmärkte und die Durchsetzung einer Freihandelspolitik. Abgesehen von Großbritannien betrieben sie in der zweiten Hälfte des 19. Jahrhunderts eine protektionistische* Wirtschaftspolitik.

Protektionismus
Bezeichnung für wirtschaftspolitische Maßnahmen eines Staates zur Abwehr ausländischer Konkurrenz. Zölle sind dabei das wirksamste Instrument.

Die Gewinnung von **Rohstoffquellen und Absatzmärkten** sowie von Räumen für die **Ansiedlung** eines angeblichen Bevölkerungsüberschusses waren neben dem nationalen Ansehen die Hauptargumente, die von nationalistischen und imperialistischen Verbänden, Parteien und Regierungen propagiert wurden. Ein weiteres Motiv imperialistischer Politik war die Ablenkung innerpolitischer Spannungen nach außen. Die politischen Führungen wichen sozialen und politischen Konflikten (z. B. zwischen Arbeitnehmern und Unternehmern) aus – für diesen Aspekt ist der Begriff **„Sozialimperialismus“** geprägt worden.

Der immer größer werdende technologische, ökonomische, politisch-organisatorische und damit auch militärische Abstand zwischen den europäischen Staaten und den alten Kulturvölkern Asiens sowie den Stammesgesellschaften Afrikas schuf die Basis für eine erfolgreiche Intervention. Wichtiges Motiv war neben nationalistischem Machtstreben und ökonomischen Interessen auch ein **zivilisatorisches Sendungsbewusstsein**, das sich ebenso in Form von wissenschaftlichem Forschungsdrang und religiösen Missionsunternehmungen zeigte.

Konflikte imperialer Staaten

Der imperiale Zugriff auf die Welt zielte nicht mehr auf einzelne koloniale Stützpunkte, sondern auf eine flächendeckende Ausdehnung der Herrschaft. Besonders in Afrika und Südasien bewirkte dies eine stärkere **Unterwerfung der einheimischen Bevölkerung**. Bis zum Ersten Weltkrieg entstand so ein weit gefächertes Netz imperialer Kontrolle über weite Regionen der Erde. Dies brachte den betroffenen Menschen in den Kolonien oft erniedrigende Bestimmungen, verschärfte Ausbeutung, aber auch gewaltsame Unterdrückung, die bis zur kriegerischen Vernichtung großer Volksgruppen führen konnte. Mit der realen Weltherrschaft der imperialistischen Mächte wurden ihre zwischenstaatlichen Konflikte auch in die außereuropäische Welt verlagert. Den heftigen Interessengegensätzen der Kolonialmächte in den eroberten Gebieten standen auch zahlreiche Vereinbarungen über die Abgrenzung von Interessensphären, selbst gemeinsame Aktionen gegenüber. So gab es z. B. eine gemeinsame militärische Aktion aller Großmächte einschließlich Japans und der USA gegen den „Boxer“-Aufstand in China 1900/01. Zu Kriegen wegen kolonialer Konflikte kam es nur zwischen europäischen und außereuropäischen Staaten (1898 Spanien gegen USA; 1899–1902 Großbritannien gegen die südafrikanischen Burenrepubliken; 1904/05 Russland gegen Japan).

Filmtipp
Über das historische China und den Boxer-Aufstand gibt es aus der ZDF-Reihe „Imperien“ ein sehenswertes Dokudrama:
Imperium – Die letzten Tage von Peking, ZDF, Deutschland 2006, DVD, 45 Min.

Deutsche Weltpolitik und Wandel des Nationalismus

Der Amtsantritt **Wilhelms II.** am 15. Juni 1888 fiel in die Zeit des Hochimperialismus und war mehr als nur ein Wechsel der Personen mit ihren unterschiedlichen Temperamenten. Deutschland sollte unter dem neuen Kaiser wieder **Weltpolitik** betreiben und in der Welt eine ebenbürtige Stellung neben den sich etablierenden Imperien, besonders England, einnehmen. Für sein Weltmachtstreben fand der Kaiser die Unterstützung des Bürgertums sowie nationalistischer und imperialistischer Vereine wie der Deutschen Kolonialgesellschaft, des Alldeutschen Verbandes oder des Flottenvereins. Dieser überzogene Ehrgeiz verhinderte aber ein Gelingen der neuen Außenpolitik, die ein Bündnis mit England gegen Frankreich und Russland anstrebte, und mündete letztlich in die **Selbstisolierung des Reiches**. Der wilhelminische Staat, konservative Parteien und Verbände befriedigten mit ihrer Weltmachtpolitik Sehnsüchte nach nationaler Größe. Die Identifikation mit der Nation sollte dabei Verunsicherungen und Belastungen ausgleichen, die die Modernisierung von Wirtschaft und Gesellschaft für viele Menschen mit sich brachte. Mit der Intensivierung nationaler Gefühle ging die **Radikalisierung des Nationalismus** einher. Völkische und rassenbiologische Konzepte wurden prägend; dementsprechend wurde die Nation nun v. a. als ethnische Abstammungsgemeinschaft definiert. Nach innen bedeutete dies die Ablehnung aller Demokratisierungs- und Liberalisierungsbestrebungen, nach außen die Forderung nach aggressiver und militärischer Durchsetzung deutscher Interessen. Der Historiker Heinrich August Winkler hat diesen Funktionswandel als Umschlag „vom liberalen zum reaktionären Nationalismus" bezeichnet. Tatsächlich verloren demokratisch-liberale Vorstellungen von der Nation an Gewicht, während antiliberale Ideen an Bedeutung gewannen. Die Historiker bezeichnen diese Form des Nationalismus als **„extremen", „radikalen" oder „integralen" Nationalismus**, der nicht allein in Deutschland, sondern auch in anderen Staaten, z. B. in Frankreich (s. S. 17), erstarkte.

Erster Weltkrieg: Völkerkrieg und nationaler Existenzkampf

„Der jetzige Krieg", notierte der französische Botschafter in St. Petersburg am 20. August 1914, „ist ein Krieg auf Leben und Tod, in welchem jeder Kämpfende seine nationale Existenz aufs Spiel setzt." Tatsächlich empfanden und erlebten alle beteiligten Staaten und Völker den Ersten Weltkrieg 1914–1918 als existenziellen Überlebenskampf. Das einzige Kriegsziel, das zählte, war die **vollständige Unterwerfung der feindlichen Nation**. Die Kriegspropaganda aller Krieg führenden Regierungen versuchte den Bevölkerungen einzuhämmern, dass es nicht allein um politische Interessen gehe, sondern um kollektive nationale Wertesysteme: um das „Wesen" der eigenen Nation gegen das als bedrohlich empfundene Fremde, um Zivilisation gegen Barbarei, um Germanen gegen Slawen. Auf diese Weise hofften die Regierungen, den „Durchhaltewillen" im eigenen Land zu stärken und den Kampfwillen der feindlichen Truppen und Zivilbevölkerung zu lähmen. Tatsächlich entwickelte dieser **Kriegspatriotismus** eine ungeheure Integrationskraft, die die Spannungen innerhalb der Bevölkerung verdeckte und stattdessen die Gräben zwischen den Nationen vertiefte. Seit den Religionskriegen des 16./17. Jahrhunderts war die Bevölkerung nicht mehr in solchem Maße in das Kriegsgeschehen als Kämpfende und Leidende einbezogen worden – und das bedeutete **Nationalisierung und Fanatisierung der Massen** in völlig neuen Dimensionen.

M 1 Gaskrieg 1917, deutsche Propaganda-Postkarte, 1917.
Im Ersten Weltkrieg wurden erstmals chemische Kampfstoffe eingesetzt. Die Darstellung zeigt einen „Gasalarm" in einem deutschen Schützengraben.

1 Begründen Sie, warum es sich bei der Darstellung um Propaganda handelt.
2 Informieren Sie sich über den Gaseinsatz im Ersten Weltkrieg und die Folgen.

Der Erste Weltkrieg entwickelte sich zu einem **modernen und totalen Krieg**, der an Grausamkeit und Zerstörungskraft alle bisherigen Erfahrungen übertraf. Die Kriegsparteien mobilisierten eine nie dagewesene Anzahl von Soldaten und verwendeten modernste Waffentechnik. Artillerie und Maschinengewehre, Schlachtkreuzer und Unterseeboote sowie erste Panzer und Bombenflugzeuge führten zu einer unvergleichlichen Vernichtung von Menschen und Material. Ein besonders grausames Kampfmittel war Giftgas. Im Bewusstsein der Zeitgenossen machte es den tiefen Fall zivilisatorischer Werte deutlich. Außerdem aktivierten die Krieg führenden Nationen jedes Mitglied ihrer Gesellschaft für den Kampf an Front und „Heimatfront", wodurch die Trennung von Militär und Zivilbereich ins Wanken geriet. Im Verlauf des Krieges wurde praktisch die gesamte männliche und weibliche Zivilbevölkerung in den Krieg einbezogen, sei es in den Rüstungsfabriken, sei es an den „normalen" Arbeitsplätzen, an denen Frauen die Männer ersetzten, die zum Militär einberufen wurden.

Mit dem **„Epochenjahr" 1917** veränderte sich das weltpolitische Kräfteverhältnis nachhaltig. Bei Kriegsbeginn 1914 standen sich zwei feindliche Blöcke europäischer Großmächte gegenüber: der Dreibund, dem Deutschland, Österreich-Ungarn und Italien angehörten, sowie die *Triple Entente* aus Russland, Frankreich und England. Diese Konstellation veränderte sich 1917 mit dem Eintritt der Vereinigten Staaten von Amerika aufseiten Englands und Frankreichs; die amerikanischen Truppen trugen entscheidend zum Ausgang des Krieges 1918 bei. Und nach der Februar- und der Oktoberrevolution riefen die Bolschewisten in Russland 1917 den ersten kommunistischen Staat der Welt aus. Er schloss im Dezember 1917 mit dem Deutschen Reich einen Waffenstillstand. Im März 1918 beendete der Frieden von Brest-Litowsk zwischen der Sowjetunion und dem Deutschen Reich sowie dessen Verbündeten den Krieg.

Nach dem Ersten Weltkrieg verloren die Europäer an internationalem Gewicht. Dagegen entwickelten sich die **„Flügelmächte" USA und Russland**, das 1922 in Sowjetunion bzw. UdSSR (Union der Sozialistischen Sowjetrepubliken) umbenannt wurde, zu den entscheidenden **weltpolitischen Führungsmächten**. Beide Staaten waren nicht nur Groß-, sondern auch Weltmächte. Ihre politischen, wirtschaftlichen und militärischen Fähigkeiten garantierten ihnen eine bestimmende weltpolitische Rolle. Außerdem strebten sie nach Einflusssphären, die über ihren unmittelbaren Herrschafts- und Machtbereich hinausgingen. Die USA und die Sowjetunion untermauerten ihren weltweiten Anspruch auch ideologisch. Während die Amerikaner für liberale Demokratie und Marktwirtschaft kämpften, trat die Sowjetmacht als Vorkämpferin kommunistischer Staats- und Gesellschaftsreformen auf.

„Programm der 14 Punkte"
Am 8. Januar 1918 stellte Präsident Wilson vor dem amerikanischen Kongress seine Friedensordnung nach dem Ersten Weltkrieg vor. Grundlage sollte das Selbstbestimmungsrecht aller Völker und deren Zusammenschluss im Völkerbund sein.

Die Debatte über den Versailler Vertrag in Deutschland

Der Erste Weltkrieg endete 1918 für Deutschland mit einer Niederlage. Auf der Pariser Friedenskonferenz von 1919 blieb der Kriegsverlierer von den Friedensverhandlungen ausgeschlossen und konnte nur schriftlich zu den Friedensbedingungen Stellung nehmen. Diese zwangen Deutschland zu **Gebietsabtretungen, Reparationszahlungen** sowie zur **Entmilitarisierung** und sprachen dem Land die **Schuld am Kriegsausbruch 1914** zu. Unter dem Druck der Drohung einer Fortsetzung des Krieges nahm die deutsche Nationalversammlung nach heftigen Debatten den Versailler Vertrag an, der im Juni 1919 unterzeichnet wurde. Bei den deutschen Zeitgenossen stieß der Friedensvertrag auf erbitterte Ablehnung. Er galt während der gesamten Weimarer Zeit als **„Schmach-" und „Diktatfrieden"**, der revidiert werden müsse.

Die Ernüchterung vieler Deutscher über die Friedensbedingungen der Sieger war umso größer, als die politische und militärische Leitung des Deutschen Reiches ihre Landsleute bis zuletzt über die wirkliche Lage an der Front getäuscht hatten. Das Land war nach dem Krieg nicht wie versprochen mächtiger und größer geworden, sondern hatte in der internationalen Politik an Bedeutung verloren. Auch hatten die führenden deutschen Außenpolitiker, allen voran der Leiter der deutschen Friedensdelegation in Paris, Ulrich Graf von Brockdorff-Rantzau, in der Öffentlichkeit die unrealistische Hoffnung geweckt, das in den „14 Punkten“ niedergelegte liberale Friedensprogramm des US-amerikanischen Präsidenten Woodrow Wilson gewährleiste einen milden Frieden. Stattdessen wollten die Siegermächte, besonders Frankreich, mit dem Friedensvertrag eine deutsche Hegemonie in Zentraleuropa in Zukunft dauerhaft verhindern.

Die Feindschaft gegen „Versailles“ verband über alle Parteigrenzen hinweg auch politische Gegner und wirkte so als negatives Integrationsmittel gegen die Weimarer Republik. Besonders im Widerstand gegen die „Kriegsschuldlüge“ der Alliierten fanden verschiedene Interessengruppen zusammen, die vom Auswärtigen Amt und namhaften Historikern unterstützt wurden. Der Verzicht auf eine rückhaltlose Aufarbeitung des deutschen Anteils am Kriegsausbruch 1914 kam dem Wunsch der meisten Deutschen nach Verdrängung entgegen. Aus der Abwehr der These, Deutschland sei allein schuld am Ersten Weltkrieg, entstand in der Weimarer Zeit eine **„deutsche Kriegsunschuldslegende“** (Heinrich August Winkler). Hinzu kam die sogenannte **Dolchstoßlegende**, die auf der Behauptung beruhte, das Deutsche Reich sei im Felde unbesiegt geblieben. Verantwortlich für die militärische Niederlage seien die Novemberrevolution 1918/19 und die sie tragenden Kräfte, die „Novemberverbrecher“. Diese „Zwillingslegenden“ vergifteten von Anfang an die politische Atmosphäre in der Weimarer Republik.

Gründung der „Republik Polen“ 1918

Die Pariser Friedenskonferenzen veränderten auch die politische Geografie Ost- und Südosteuropas. Die Siegermächte (Frankreich, Großbritannien, USA) lösten die Vielvölkerstaaten Österreich-Ungarn sowie das Osmanische Reich auf und gliederten aus dem alten Russland Teile aus. Auf diese Weise entstanden aus den Verliererstaaten selbstständige Staaten, zu denen Polen gehörte. Ein entscheidendes Motiv für die Gründung neuer Staaten war die Überzeugung des amerikanischen Präsidenten Woodrow Wilson, dass die Durchsetzung des **nationalen Selbstbestimmungsrechts** für mehr Gerechtigkeit und Frieden sorgen werde.

Aber welche Grenzen sollte das 1918 mithilfe der Siegermächte gegründete unabhängige Polen haben? Darüber gab es sowohl unter den Siegermächten als auch innerhalb der polnischen Nationalbewegung unterschiedliche Auffassungen. Die innerpolnische Diskussion wurde während des Ersten Weltkrieges und in den Anfangsjahren des neuen Staates durch zwei Konzeptionen geprägt: Der Politiker **Roman Dmowski** (1864–1939) vertrat das sogenannte piastische Konzept – die Piasten waren ein altes polnisches und schlesisches Herrschergeschlecht und regierten von ca. 960 bis 1386 –, das sich gegen Deutschland richtete und einen Ausgleich mit Russland suchte. Polen sollte sich auf Kosten Deutschlands Danzig, Westpreußen, Schlesien und Posen einverleiben und im Osten die Gebiete, in denen viele Ukrainer und Weißrussen wohnten, den Russen überlassen. Darüber hinaus strebte Dmowski einen zentralistischen und ethnisch einheitlichen Staat an. Dagegen woll-

M 2 Roman Dmowski, Politiker und Publizist, Fotografie vor 1936

M 3 Józef Piłsudski, Marschall und 1. Ministerpräsident Polens, Fotografie, um 1916

te sein Gegenspieler, der 1918 bis 1922 als erster Staatspräsident der Republik Polen regierende **Józef Piłsudski** (1867–1935), den Minderheiten Schutz ihrer Kultur, Sprache und Religion gewährleisten und den polnischen Staat föderalistisch organisieren. Ziel seiner „jagiellonischen" Staatsidee – die Jagiellonen waren ein litauisch-polnisches Adelsgeschlecht und herrschten von 1386 bis 1572 – war die Ausdehnung Polens weit nach Osten, was den Einschluss litauischer, weißrussischer und ukrainischer Territorien bedeutet hätte.

Die 1918 gegründete **„zweite Republik" Polen** war ein Kompromiss zwischen beiden Konzeptionen. Obwohl die westlichen Alliierten der polnischen Delegation auf der Pariser Friedenskonferenz genaue Vorschriften bei der Gestaltung der polnischen Westgrenze machten, konnte diese erst nach harten, zum Teil gewaltsamen Auseinandersetzungen festgelegt werden. Zur Ostgrenze hatten die Alliierten nur vage Empfehlungen gegeben. Das führte zu militärischen Konflikten nicht nur mit der Roten Armee, sondern auch mit der litauischen, weißrussischen und ukrainischen Unabhängigkeitsbewegung. In all diesen bewaffneten Kämpfen um die Ostgrenze errang Polen nur Teilerfolge. So konnte es von Weißrussland und der Ukraine nur die westlichen Territorien, von Litauen lediglich das Wilnaer Gebiet unter seine Kontrolle bringen.

Der unabhängige polnische Staat erhielt 1921 eine **Verfassung**, die in Anlehnung an das französische Vorbild und eigene Traditionen ein nach dem Verhältniswahlrecht gewähltes Zweikammerparlament mit Sejm und Senat vorsah. Polen besaß innerhalb seines Staatsgebietes zahlreiche **nationale Minderheiten**, von denen einige gewaltsam unter polnische Verwaltung gezwungen wurden. Das verschärfte die ohnehin schwierigen Integrationsprobleme. Denn Polen musste nicht allein seine Minderheiten in den jungen Staat eingliedern, sondern auch, bedingt durch seine Teilungsgeschichte, unterschiedliche Rechts-, Verwaltungs- und Bildungssysteme einander angleichen. Zudem bestand zwischen den einzelnen Landesteilen ein wirtschaftliches Gefälle. Die heftigen Kämpfe um die Grenzen Polens erschwerten die friedliche Integration des Landes in das europäische Staatensystem. Bis auf Rumänien und Lettland war der junge Staat ringsum von feindlichen Nachbarn umgeben.

Webcode:
KH645923-088

1 Fassen Sie die wesentlichen Ursachen und Folgen des Imperialismus zusammen.
2 Skizzieren Sie die deutsche Weltpolitik und die Veränderungen des Nationalismus vor 1914.
3 Erörtern Sie, ausgehend von den Begriffen „Völkerkrieg" und „Nationaler Existenzkampf" den Charakter des Ersten Weltkrieges.
4 Charakterisieren Sie den Wandel des weltpolitischen Kräfteverhältnisses während des Ersten Weltkrieges.
5 Erläutern Sie die Folgen des Versailler Vertrages für Deutschland.
6 Analysieren und erklären Sie die Probleme des 1918 gegründeten unabhängigen Staates Polen.

Hinweise zur Arbeit mit den Materialien

Die Materialien beschäftigen sich – erstens – mit dem Zeitalter des Imperialismus (Karte M 4). Das Verhältnis von **Imperialismus und Nationalismus** lässt sich mithilfe der Kontroverse zwischen der Gesellschaft für Deutsche Kolonisation (M 5) und dem Sozialdemokraten August Bebel (M 6) zeigen. Anschließend ermöglichen Texte moderner Historiker (M 7 und M 8) einen theoretischen Zugriff. Anhand von M 9 kann der deutsche Imperialismus näher analysiert werden. Den Schwerpunkt auf den Wandel des Nationalismus legen ein moderner wissenschaftlicher Text (M 10), ein Bilddokument (M 11) und ein zeitgenössischer Text (M 12). Der Themenbereich **Erster Weltkrieg** beginnt mit einer Analyse nationaler Stereotype (M 13). Es folgt die deutsche Debatte über den **Versailler Friedensvertrag** (M 14). Einen letzten Themenkomplex bildet die **Entstehung eines eigenständigen polnischen Nationalstaates** nach dem Ersten Weltkrieg. Dabei werden die internationalen Rahmenbedingungen der polnischen Staatsgründung (M 15 und M 16) und die damit verbundenen territorialen Veränderungen (M 17) behandelt. Es folgen Materialien zu den Problemen des neuen Staates (M 18), besonders dessen Staatsgrenzen sowie die Nationalitätenfrage (M 19 und M 20) stehen im Mittelpunkt. Wie einige Deutsche die Existenz des polnischen Staates sahen, erläutert M 21.
Die **Methodenseiten**, S. 99 ff., eignen sich dazu, die Interpretation von Plakaten zu lernen.
Am Ende des Kapitels finden sich **weiterführende Arbeitsanregungen** und die Möglichkeit, die im Kapitel erworbenen **Kompetenzen zu überprüfen** (S. 102 f.).

M 4 Die Aufteilung der Welt im Zeitalter des Imperialismus

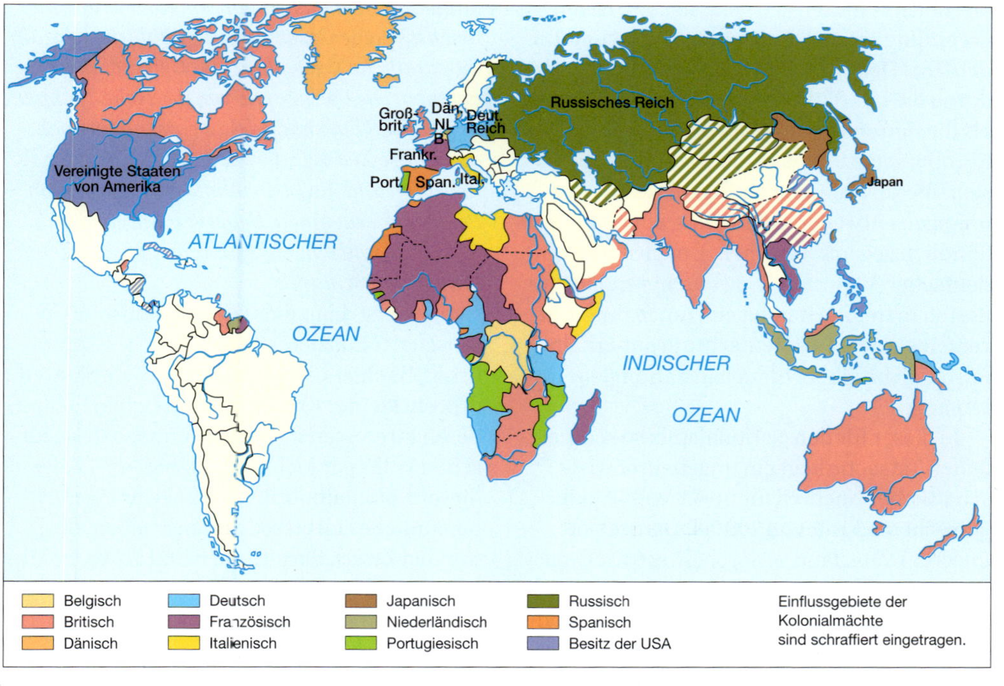

1 Erläutern Sie mithilfe der Karte M 4 die These, der moderne Imperialismus habe zu einem regelrechten Wettlauf um die Aufteilung der Welt geführt.

Geschichte kontrovers: Diskussion um Imperialismus und Nationalismus in Deutschland

M5 Aus dem Aufruf der Gesellschaft für Deutsche Kolonisation (GfDK) (3. April 1884)

Die Anfang 1884 gegründete Gesellschaft für Deutsche Kolonisation versuchte Kolonisationskapital zu erhalten und geeignete Kolonialterritorien in Übersee ausfindig zu machen. Der Aufruf wurde von Carl Peters verfasst, der seit November 1884 im Auftrag der GfDK versuchte, Gebiete in Ostafrika als deutsche Schutzgebiete zu erwerben.

Die deutsche Nation ist bei der Verteilung der Erde, wie sie vom Ausgang des 15. Jahrhunderts bis auf unsere Tage hin stattgefunden hat, leer ausgegangen. Alle übrigen Kulturvölker Europas besitzen auch außerhalb unseres Erdteils Stätten, wo ihre Sprache und Art feste Wurzeln fassen und sich entfalten kann. Der deutsche Auswanderer, sobald er die Grenzen des Reiches hinter sich gelassen hat, ist ein Fremdling auf ausländischem Grund und Boden. Das Deutsche Reich, groß und stark durch die mit Blut errungene Einheit, steht da als die führende Macht auf dem Kontinent von Europa; seine Söhne in der Fremde müssen sich überall Nationen einfügen, welche der unsrigen entweder gleichgültig oder geradezu feindlich gegenüberstehen. Der große Strom deutscher Auswanderung taucht seit Jahrhunderten in fremde Rassen ein, um in ihnen zu verschwinden. Das Deutschtum außerhalb Europas verfällt fortdauernd nationalem Untergang.

In dieser für den Nationalstolz so schmerzlichen Tatsache liegt ein ungeheurer wirtschaftlicher Nachteil für unser Volk. Alljährlich geht die Kraft von 200 000 Deutschen unserem Vaterland verloren! Diese Kraftmasse strömt meistens unmittelbar in das Lager unserer wirtschaftlichen Konkurrenten ab und vermehrt die Stärke unserer Gegner. Der deutsche Import von Produkten tropischer Zonen geht von ausländischen Niederlassungen aus, wodurch alljährlich viele Millionen deutschen Kapitals an fremde Nationen verloren gehen! Der deutsche Export ist abhängig von der Willkür fremdländischer Zollpolitik. Ein unter allen Umständen sicherer Absatzmarkt fehlt unserer Industrie, weil eigene Kolonien unserem Volke fehlen. Um diesem nationalen Missstand abzuhelfen, dazu bedarf es praktischen und tatkräftigen Handelns.

Zit. nach: Deutsche Geschichte in Quellen und Darstellung Bd. 8: Kaiserreich und Erster Weltkrieg 1871–1918, hg. v. Rüdiger vom Bruch und Björn Hofmeister, Reclam, Stuttgart 2000, S. 258 f.

M6 Der Sozialdemokrat August Bebel in einer Rede vor dem Reichstag über die Kolonialpolitik in Deutsch-Ostafrika (26. Januar 1889)

Im Februar 1885 hatte der deutsche Kolonialabenteurer Carl Peters (1856–1918) einen kaiserlichen „Schutzbrief" für das Territorium Deutsch-Ostafrika erhalten. Das Verhalten seiner Deutsch-Ostafrikanischen Gesellschaft löste im August 1888 einen Aufstand unter den Einheimischen aus. Im Januar 1889 wurde im Reichstag eine Gesetzesvorlage eingebracht, um die staatliche Verwaltung des Gebietes anzunehmen. Die Vorlage gab vor, deutsche Truppen gegen den Sklavenhandel zu entsenden, doch das wahre Ziel war die Niederschlagung der Rebellion und die Übernahme der Leitung von Peters' Unternehmen. Bebel war Mitglied im Reichstag und einer der führenden Sozialdemokraten Deutschlands.

Nun, wer ist denn diese Ostafrikanische Gesellschaft? Ein kleiner Kreis von Großkapitalisten, Bankiers, Kaufleuten und Fabrikanten, d. h. ein kleiner Kreis von sehr reichen Leuten, deren Interessen mit den Interessen des deutschen Volks gar nichts zu tun haben, die bei dieser Kolonialpolitik nichts als ihr eigenes persönliches Interesse im Auge haben, die […] nur den Zweck hatten, aufgrund größerer Mittel gegenüber einer schwächeren Bevölkerung sich auf alle mögliche Weise zu bereichern. Einer solchen Kolonialpolitik werden wir nie unsere Zustimmung geben. Im Grunde genommen ist das Wesen aller Kolonialpolitik die Ausbeutung einer fremden Bevölkerung in der höchsten Potenz. Wo immer wir die Geschichte der Kolonialpolitik in den letzten drei Jahrhunderten aufschlagen, überall begegnen wir Gewalttätigkeiten und der Unterdrückung der betreffenden Völkerschaften, die nicht selten schließlich mit deren vollständiger Ausrottung endet. Und das treibende Motiv ist immer, Gold, Gold und wieder nur Gold zu erwerben. Und um die Ausbeutung der afrikanischen Bevölkerung im vollen Umfange und möglichst ungestört betreiben zu können, sollen aus den Taschen des Reichs, aus den Taschen der Steuerzahler Millionen verwendet werden, soll die Ostafrikanische Gesellschaft mit den Mitteln des Reichs unterstützt werden, damit ihr das Ausbeutegeschäft gesichert wird. Dass wir von unserem Standpunkt aus als Gegner jeder Unterdrückung nicht die Hand dazu bieten, werden Sie begreifen.

Stenographische Berichte über die Verhandlungen des Reichstags, Berlin, 1889, 7. Legislaturperiode, 4. Sitzung 1888/89, 1. Bd., 26. Januar 1889, S. 627 ff.

1 Arbeiten Sie die Argumente für bzw. gegen imperialistische Politik von Peters (M 5) und Bebel (M 6) heraus.
2 Vergleichen Sie die Standpunkte. Konzentrieren Sie sich dabei auf die Beurteilung von Imperialismus und Nationalismus.
3 Bewerten Sie die kontroverse Argumentation aus der heutigen Perspektive.

Theorie und Geschichte: Imperialismus

M 7 Der Soziologe Theodor Geiger über Nationalismus und Imperialismus (1963)

Die Nation ist eine Vorstellung ohne Substanz. Sie kann sich daher nur in streitbarem Verhältnis zu einem Gegner, mindestens einem Gegenüber, verwirklichen. [...] Entgegen dem lange Zeit hindurch fast unbestrittenen Dogma, dem gemäß der Imperialismus eine Begleiterscheinung des Kapitalismus sein sollte, scheint er heute mehr und mehr eine unmittelbare Funktion des Nationalismus zu sein. Kapitalinteressen haben nicht nur nachweislich keinen Vorteil vom Imperialismus der Staaten, sondern sind durch ihn vielmehr geradezu bedroht und gefährdet. Jeder imperialistische Krieg hat die Stellung des Kapitalismus geschwächt. [...] [Imperialistische Politik, das heißt extremer Nationalismus ist auch] eine Ausgeburt des reinen Machttriebes, des Begehrens nach Macht um der Macht willen. Die wahren Träger des Imperialismus sind daher die politischen Machthaber und ihre Trabanten, Cliquen oder Kostgänger.

Theodor Geiger, Demokratie ohne Dogma. Die Gesellschaft zwischen Pathos und Nüchternheit, Szczesny, München 1963, S. 157–159.

M 8 Der Historiker Hans-Ulrich Wehler über Sozialimperialismus (1969)

Was wir [...] unter Sozialimperialismus verstehen, der immer auch ökonomische Expansion impliziert, ist vorab knapp zu definieren. Die Industrialisierung und der technologische Fortschritt haben in der weltwirtschaftlichen Krisenphase nach 1873 zuerst die industrie-, dann auch die agrarwirtschaftliche Wachstumsproblematik ungeheuer verschärft. Die Mitlebenden haben intensiv nach Auswegen aus ihrer bedrängten Lage gesucht. Eine Aushilfsmöglichkeit schien die ökonomische Expansion über die nationalen Grenzen hinweg, mithin der Waren- und Kapitalexport zu bieten. Das entsprach vollauf der Motorik des stetig sich ausdehnenden, prinzipiell grenzenlosen Marktes der kapitalistischen Wirtschaft [...].

Mehr noch als der ökonomische Vorteil und das Streben nach Gewinnmaximierung war die gesellschaftliche Ruhelage [Ziel des Sozialimperialismus], aber er blieb sich des Abhängigkeitsverhältnisses von wirtschaftlicher Prosperität und Erhaltung des Sozialgefüges vollauf bewusst. Dieser fundamentalen Einsicht entsprangen seine Aktionen. Das gilt sowohl für seine eher unreflektierte, naiv-selbstverständliche, sozusagen ehrlich an wirtschaftliche Abhilfe glaubende, auf unmittelbare Erleichterung gerichtete, als auch für seine bewusste, manipulatorische Form – oder die Verquickung beider in der historischen Wirklichkeit. Vor allem aber der manipulatorische, auf Ersatzbefriedigung zielende

Sozialimperialismus strebte danach, die Dynamik der Wirtschaft und der sozialen und politischen Emanzipationskräfte in die äußere Expansion zu leiten, von den inneren Mängeln des sozial-ökonomischen und politischen Systems abzulenken und durch reale Erfolge seiner Expansion oder zumindest die Steigerung des nationalideologischen Prestiges zu kompensieren. In jedem Fall behielt er das Wirtschafts- und Sozialsystem als Ganzes und die konservative Utopie einer gleichsam bewegungsarmen Gesellschaftsordnung mit einer ungefährdeten Sozial- und Machthierarchie im Auge. Das bildete trotz aller Dynamik seinen zutiefst konservativen, seinen statischen Zug, der ihn in der industriellen Welt letztlich zum Scheitern verurteilte.

Das häufig ausschließlich betonte dynamische Element, das in dem Wachstum der Industrie mit ihrer Überproduktion und der hektischen Suche nach Märkten zutage trat, verschlang sich von Anbeginn an mit einer bewusst sozial-defensiven Haltung, die sich des Imperialismus als gesellschaftspolitischen Integrationsmittels bedienen wollte. Auch dem frühen deutschen Imperialismus war die Funktion einer „Abwehrideologie" [...] gegen die auflösenden Einwirkungen der Industrialisierung auf das Sozial- und Wirtschaftsgefüge zu eigen. Der Sozialimperialismus war die moderne, in entscheidendem Maße sozialökonomisch motivierte Form einer alten, schon von Machiavelli beschriebenen Herrschaftstechnik: um der Bewahrung des sozialen und politischen Status quo willen die inneren Bewegungskräfte und Spannungen nach außen abzulenken.

Hans-Ulrich Wehler, Bismarck und der Imperialismus (1969), 3. Aufl., Kiepenheuer & Witsch, Köln 1972, S. 114ff.

1 Analysieren Sie die Erklärungen des Imperialismus von Geiger (M 7) und Wehler (M 8):
a) Untersuchen Sie, welchen Faktoren oder Entwicklungen Geiger und Wehler besonderes Gewicht zuweisen, und vergleichen Sie.
b) Erörtern Sie die Vorzüge und Nachteile der beiden Theorien. Formulieren Sie ggf. eine Alternative.

2 Wehler rechtfertigt die Anwendung von Theorien für die Erklärung historischer Entwicklungen damit, dass er eine die Vielfalt der Geschichte einengende Theorie und damit „ einen klaren Durchblick" für besser halte als eine „ vage Synthese oder eine Summierung, die keine Prioritätenskala erkennen lässt". Diskutieren Sie diese These.

3 **Weiterführende Arbeitsanregung:** Informieren Sie sich mithilfe eines historischen Handbuches über die Kolonialkriege gegen Herero und Nama (1904–1907) sowie die Niederschlagung des Maji-Maji-Aufstandes (1905–1907). Stellen Sie am Beispiel dieser Kolonialkriege Ursachen und Folgen imperialistischer Herrschaft für die Kolonialvölker dar.

Literaturtipp
Thoralf Klein u. Frank Schumacher (Hg.), Militärische Gewalt im Zeichen des Imperialismus, Hamburger Edition, Hamburg 2006.

M 9 Der Historiker Jörg Fisch über die Weltpolitik des Deutschen Reiches (2002)

Man kann den deutschen Versuch, Weltpolitik zu betreiben, der von einer breiten mittelständischen, national orientierten Öffentlichkeit getragen wurde, nicht von vornherein als illegitim bezeichnen. [...] Nur musste sich die deutsche Politik bewusst sein, dass sie als Herausforderer antrat gegen ein Land, für das es nicht nur um wichtige Grundlagen seines Wohlstands ging, sondern auch um die Sicherheit seiner Nahrungsmittelversorgung, musste es doch mehr als die Hälfte seines Bedarfs aus Übersee einführen. Das Dilettantische an der deutschen Politik lag darin, dass sie diesen existenziellen Charakter der Auseinandersetzung nicht wirklich zur Kenntnis nehmen wollte. Aus dem Dilettantismus wurde eine Überschätzung der eigenen Kräfte, als die deutsche Regierung es nicht für nötig hielt, sich für die Auseinandersetzung mit England eine solide kontinentale Basis zu schaffen. [...]

Die Vernachlässigung der kontinentalen Verhältnisse ging noch weiter, indem es Deutschland versäumte oder nicht für nötig hielt, seine imperiale Politik durch die Gewinnung neuer Bundesgenossen auf dem Kontinent abzusichern. Dafür wäre wohl nur Russland infrage gekommen, dem erhebliche Zugeständnisse insbesondere auf dem Balkan hätten gemacht werden müssen, die wiederum zulasten Österreichs gegangen wären. Stattdessen näherten sich die Briten dem französisch-russischen Bündnis an, bis 1907 die informelle Dreierallianz perfekt war. Deutschland hatte sich damit in die Isolation manövriert, weil es sowohl eine Vormachtstellung in Europa als auch eine mit Großbritannien paritätische Weltstellung anstrebte. Diese selbst herbeigeführte Isolation wurde in Deutschland überwiegend als Einkreisung wahrgenommen. [...]

Die Isolation [...] führte zu einer Aufwertung des letzten noch sicheren Rückhalts der deutschen Außenpolitik, des Bündnisses mit der Donaumonarchie. Zu dieser Bindung bestand kaum noch eine Alternative, sodass schließlich der stärkere Bundesgenosse vom schwächeren abhängig wurde oder sich jedenfalls abhängig fühlte.

Jörg Fisch, Europa zwischen Wachstum und Gleichheit 1850–1914, UTB, Stuttgart 2002 (= Handbuch der Geschichte Europas, Bd. 8), S. 96–98.

1 Erläutern Sie mithilfe von M 9 Konzeption, Durchführung und Problematik der deutschen Weltpolitik vor 1914.

M 10 Der Historiker Peter Alter über den Wandel des deutschen Nationalismus im Wilhelminischen Kaiserreich (1985)

Legt man das [den integralen Nationalismus[1]] charakterisierende Kriterium, die Absolutsetzung der Nation, zugrunde, ist das Spektrum seiner Erscheinungsformen wesentlich breiter anzusetzen. So sind dem integralen Nationalismus bereits im Deutschen Kaiserreich verschiedene politische Organisationen seit den Achtzigerjahren des 19. Jahrhunderts verpflichtet. Der 1891 gegründete, bis 1939 bestehende Alldeutsche Verband, dessen Sprecher die Reichseinigung lediglich als Ausgangsbasis für die Gewinnung einer deutschen Weltmachtstellung betrachteten, war der bekannteste der sog. „nationalen Verbände" in dieser Zeit. Zu ihnen zählten auch der Verein für das Deutschtum im Ausland (seit 1881), die Deutsche Kolonialgesellschaft (1887–1936), der Deutsche Ostmarkenverein (1894–1935) und der Deutsche Flottenverein (1898–1934).

[...] Die nationalistische, gegen Parlamentarismus und Sozialdemokratie gerichtete Agitation der „nationalen Verbände" prägte weithin das politische System des Wilhelminischen Deutschland. Gemeinsam war allen nationalen Agitationsverbänden [...] der Glaube an ein objektives nationales Interesse, das der Parteipolitik übergeordnet und ihr moralisch weit überlegen war. Als die selbst ernannten Wahrer des nationalen Interesses behielten sie sich seine inhaltliche Bestimmung als exklusives Vorrecht vor. [...] Um innen- und außenpolitische Ziele zu erreichen, wurden im Sinne der „negativen Integration"[2] Feindbilder geschaffen: Der Nationalismus diente dazu, durch die künstliche Steigerung vorhandener politischer Konflikte mit anderen Staaten Loyalität gegenüber der Nation zu erzwingen. [...]

Der emanzipatorische und liberale Anspruch, ein zentrales Element des Risorgimento-Nationalismus[3], war im Nationalismus der „nationalen Verbände" völlig zurückgedrängt. Als Ideologie war dem Nationalismus nun eine ganz andere Funktion zugewachsen. Die nationale Parole, ursprünglich eine Waffe des liberalen Bürgertums, hatte sich in eine Waffe gegen Liberale und gegen die politische Linke aller Schattierungen verwandelt. Wer ein Gegner restaurativer Ideologien war, konnte in Deutschland schon seit den ausgehenden Siebzigerjahren des 19. Jahrhunderts kein Freund des Nationalismus mehr sein. Er gab sich, in den Worten Golo Manns, zu erkennen als „schnarrende Phrase, in der kein großes Herz mehr schlägt, die nur noch den Dünkel nährt, materielle Bereicherung verbirgt und fördert". Tief beunruhigt über den neuen reichsdeutschen Nationalismus stellte der liberale Reichstagsabgeordnete Ludwig Bamberger schon am Ende der Bismarckzeit fest, dass „ein Geschlecht herangewachsen" sei, „dem der Patriotismus unter dem Zeichen des

Hasses erscheint, Hass gegen alles, was sich nicht blind unterwirft, daheim oder draußen".

Peter Alter, Nationalismus, Suhrkamp, Frankfurt/M. 1985, S. 46–48.

---

1 integraler Nationalismus: siehe Definition S. 17
2 negative Integration: eine durch Anpassung bewirkte Integration, die durch den Druck von starken Gegenkräften ausgelöst wird
3 Risorgimento-Nationalismus: die Zusammenfassung großer gesellschaftlicher Gruppen zur Bildung von Nationen; das Ziel ist die Befreiung von politischer und sozialer Unterdrückung.

---

1 Charakterisieren Sie mithilfe von M 10 die Veränderungen des Nationalismus im kaiserlichen Deutschland. Gehen Sie dabei ein auf die Ideologie, die Funktion sowie die Organisation des Nationalismus.

M 11 Wilhelm II., Propaganda-Postkarte, 1914–1918

1 Interpretieren Sie auf Basis der Postkarte (M 11) das nationale Selbstverständnis der Deutschen.

M 12 Aus dem Leitartikel „Waffensegen" der Zeitschrift des Alldeutschen Verbandes (3. August 1914)

Nun ist sie da, die heilige Stunde! Der Atem der Welt stockt, und jedes Volk zeigt, was es ist. Die Russen tückisch und falsch bis zum letzten Augenblick, die Franzosen – vor die überraschende Wirklichkeit gestellt – schlotternd und plötzlich die Rachelust vergessend, – England kalt wägend und zaudernd – das deutsche Volk aber jubelt.

Wer diese Tage mitgemacht hat, der ist seiner Deutschen sicher. Die Städter und das Landvolk, gleichbereit, selbstbewusst, kampfesfroh – prachtvoll die Ruhe und Selbstverständlichkeit, mit der die Kriegsverwaltung arbeitet, prachtvoll die Ruhe und Selbstverständlichkeit, mit der die militärischen Befehlshaber ihre Aemter antreten. Das macht uns niemand nach. So wie jetzt alles in Ordnung und Ruhe sich abspielt, wird sich der Aufmarsch vollziehen, und dann – dann folgt der Kampf.

Gewaltigstes bereitet sich vor, ein Riesenkampf, wie ihn die Weltgeschichte noch nicht gesehen hat [...], derartiges mitzuerleben, lohnet ein Leben. Aber dieser Lebensinhalt soll noch reicher werden durch das Ergebnis des blutigen Kampfes, den unser Volk in Waffen jetzt zu bestehen hat– reicher durch seine Taten, seinen Sieg!

[...] Der deutsche Kaiser hat das Schwert gezogen; das deutsche Volksheer rückt aus. Alle guten Geister mögen mit ihm sein, Gott selbst, der Schlachtenwalter, möge es segnen auf seinem blutigen Wege, beim schweren Werke! Die frommen Gebete, die heißen Wünsche derer, die zu Hause bleiben, begleiten die Tapferen, die jetzt hinausziehen; sie fassen in sich: Heil dem Kaiser! Heil dem deutschen Heere! Heil der deutschen Flotte!

Christian Jansen, Henning Borggräfe, Nation – Nationalität – Nationalismus, Campus, Frankfurt/M. 2007, S. 73f.

1 Arbeiten Sie in M 12 die zentralen Merkmale des Nationalismus heraus.
2 Erklären Sie diese Form des Nationalismus aus dem historischen Kontext.

M 13 Der Historiker Hannes Leidinger und die Historikerin Verena Moritz über nationale Stereotype im Ersten Weltkrieg (2011)

Das „typische" Wesen der Nationen diente als Rüstzeug einer ideellen Mobilmachung […]. Großbritannien und Frankreich bedienten sich der Prinzipien der Französischen Revolution, der liberalen Traditionen, des Parlamentarismus, des Rechtsstaates und der Selbstbestimmung des Einzelnen, wobei die verschiedenen Komponenten zu einer westlichen Wertegemeinschaft vereinheitlicht wurden. Sie, hob man hervor, habe den Auftrag, mit der Bekämpfung des „überkommenen Feudalismus" und „säbelrasselnden Militarismus" Preußens ganz allgemein einen „Kreuzzug gegen das Böse" auszurufen. Ihre programmatische Zuspitzung erfuhr die Interpretationslinie durch den Kriegseintritt der Vereinigten Staaten von Amerika. US-Präsident Woodrow Wilson machte in den Anfang 1918 publik gemachten „Vierzehn Punkten" klar, dass sich sein Land an höheren Zielen orientiere. Mit der Entente, betonte Wilson, trete man an, die „Demokratie zu retten" […].

Huldigten London, Paris und Washington solcherart vornehmlich den universellen Elementen politischer Konzepte, so feierte man in Berlin das patriotische Erneuerungserlebnis einer „Zusammenfassung der Deutschheit". Ihren Gemeinschaftssinn, ihre „persönliche Innerlichkeit" und „Sittlichkeit" wollte das Hohenzollernreich gegen Individualismus und Stimmrecht, Kapitalismus und Materialismus schützen. Eine tiefe Kluft zwischen den Parolen von 1789 und den Losungen von 1914 glaubte man empfinden oder bewusst konstruieren zu müssen, Betrachtungsweisen, die allerdings Widersprüche hervorbrachten. Schließlich trugen idealistisch-konservative, zutiefst antiliberale und zum Teil „nachbürgerlich-faschistoide" Entwürfe „deutscher Besonderheit" kaum dem Umstand Rechnung, dass die Mittelmächte durch „Industrialisierung" und „Verstädterung" […] selbst von „westlichen" Modernisierungseffekten maßgeblich geprägt wurden.

Hannes Leidinger, Verena Moritz, Der Erste Weltkrieg, UTB, Wien 2011, S. 51 f.

1 Analysieren Sie die nationalen Stereotype, mit denen die Krieg führenden Mächte und Bündnisse im Ersten Weltkrieg die eigene Bevölkerung für den Krieg mobilisieren und die Bevölkerungen ihrer Gegner abwerten wollten (M 13).

Wie hat sich Nationalismus ausgeprägt?

M 14 Der Historiker Eberhard Kolb über die Debatte über den Versailler Vertrag (2005)

Tatsächlich war der deutsche Zusammenbruch 1918 in gewisser Weise historisch einzigartig: Er kam für die meisten mit unerwarteter Plötzlichkeit, denn die amtliche Propaganda hatte bis zuletzt Illusionen genährt und Siegeserwartungen verbreitet, und als Deutschland um einen sofortigen Waffenstillstand nachsuchte, standen die deutschen Armeen an der Westfront, wie man zu sagen pflegte, noch „tief in Feindesland" (wobei man wenig beachtete, dass sich die deutschen Truppen seit August 1918 ständig auf dem Rückzug befanden und einen großen Teil des eroberten Terrains bereits verloren hatten […]).

Unter diesen Umständen konnte die sich rasch verbreitende Formel „Im Felde unbesiegt" – eine Selbsttäuschung und glatte Unwahrheit – ihre unheilvolle Wirkung entfalten. Denn wenn die deutschen Armeen angeblich „im Felde unbesiegt" waren, weshalb wurde dann so abrupt ein Waffenstillstand abgeschlossen, der einer Kapitulation gleichkam? Damit wurde zum Charakteristikum der deutschen Beschäftigung mit „Versailles" die „doppelte Schuldfrage". Während die Siegermächte das Deutsche Reich und seine Verbündeten für den Kriegsausbruch verantwortlich machten und deutscherseits die größten Anstrengungen unternommen wurden, die Kriegsschuld-Behauptung zu widerlegen, kam es unter den Deutschen zu erbitterten Auseinandersetzungen um die Ursachen des deutschen Zusammenbruchs, die „Schuld" an der Niederlage. An die Seite der Kriegsunschuldslegende, wonach die deutsche Kriegsschuld eine Lüge der Siegermächte und Versailles ein unverdientes Strafgericht war, trat die Dolchstoß-Legende. Sie besagte, die „Heimat" – und hier sah man vor allem die politische Linke sowie Pazifisten und Juden am Werk – sei den kämpfenden Truppen in den Rücken gefallen und habe die Weiterführung des Krieges unmöglich gemacht. Oder in anderer Zuspitzung: Die Revolution habe der Front das Rückgrat gebrochen (so die Alldeutschen Blätter schon am 23. November 1918). Dabei konnte doch für jeden Einsichtigen kein Zweifel bestehen, dass es sich genau umgekehrt verhielt: Die Revolution war dem Zusammenbruch gefolgt, und wie es zum deutschen Waffenstillstandsersuchen gekommen war, konnte man schon 1919 genau nachlesen, denn die Reichsregierung hatte in hoher Auflage „Amtliche Urkunden zur Vorgeschichte des Waffenstillstands" veröffentlicht. Aus ihnen ging unwiderleglich hervor, in welcher Panikstimmung die OHL Ende September die sofortige Herausgabe des Waffenstillstandsangebots erzwungen hatte, weil Ludendorff und Hindenburg befürchteten, die zahlenmäßig stark unterlegenen deutschen Truppen seien dem Gegner nicht mehr gewachsen […]. Die auf Verlangen der militärischen Führung überstürzt vorgenommene Anrufung Präsident Wilsons war es, die den deutschen Zusammenbruch einleitete.

Insofern entbehrt es nicht der bitteren Ironie, dass es ausgerechnet Hindenburg und Ludendorff waren, die sich in Leugnung ihrer eigenen Verantwortlichkeit zu Apologeten der These vom Dolchstoß gemacht haben. Hindenburg gab der Dolchstoß-Legende […] eine gewissermaßen autoritative Weihe, indem er sie sich in seiner Aussage vor dem Untersuchungsausschuss der Nationalversammlung am 18. November 1919 zu eigen machte: „Nicht die Truppen der Entente haben uns besiegt, sondern Deutschlands ärgster Feind, das eigene Volk in seiner Eigenart, hat den Zusammenbruch herbeigeführt."

Eberhard Kolb, Der Frieden von Versailles, C. H. Beck, München 2005, S. 100–103.

1 Skizzieren Sie die Funktion der Dolchstoßlegende in der Weimarer Republik.

2 **Recherche:** Informieren Sie sich über die Karrieren von Hindenburg und Ludendorff in der Weimarer Republik.

M 15 Aus der Proklamation der Provisorischen Regierung Russlands an die Polen (29. März 1917)

Polen! Die ehemalige russische Regierung, die Quelle eurer Unfreiheit und unserer Zwietracht, ist nunmehr für immer vernichtet. […] Das freie Russland ruft euch in seine Reihen, zum Kampf um die nationale Freiheit. Das russische Volk, das das Joch abgeworfen hat, erkennt auch dem polnischen Volk das Recht zu, das eigene Schicksal aus eigenem Willen zu bestimmen. Getreu den Verträgen mit den Verbündeten, getreu dem Gesamtplan zum Kampf gegen den aggressiven Germanismus, beteiligte sich die Provisorische Regierung an der Schaffung eines unabhängigen polnischen Staates, zusammengefügt aus all den Gebieten, deren Bevölkerung mehrheitlich polnisch ist, im Tausch für die Gewährleistung eines dauerhaften Friedens im zukünftig aufzubauenden Europa. Verbündet mit Russland, mithilfe einer Militärunion, wird der polnische Staat einen mächtigen Wall gegen den Druck der Zentralmächte auf das slawische Volk bilden.

Zit. nach: Ursula A. J. Becher u. a. (Hg.), Deutschland und Polen im 20. Jh., Bund. f. polit. Bildung, Bonn 2004, S. 132. (übers. von Christoph Schröder)

M 16 Aus den „14 Punkten" von US-Präsident Woodrow Wilson (8. Januar 1918)

Das Programm des Weltfriedens ist daher unser Programm, und dieses Programm, das einzig mögliche Programm, wie wir es sehen, lautet: […]

13. Ein unabhängiger polnischer Staat sollte errichtet werden, der die von unbestreitbar polnischer Bevölkerung bewohnten Gebiete umfassen soll, denen ein freier und sicherer Zugang zum Meere gewährleistet und dessen politische und ökonomische Unabhängigkeit sowie dessen territoriale Integrität durch einen internationalen Vertrag garantiert werden sollen.

Zit. nach: Woodrow Wilson, Memoiren und Dokumente, Bd. 3, hg. von Ray St. Baker, übers. v. Curt Thesing, List, Leipzig 1924, S. 40.

M 17 Polen in der Zwischenkriegszeit

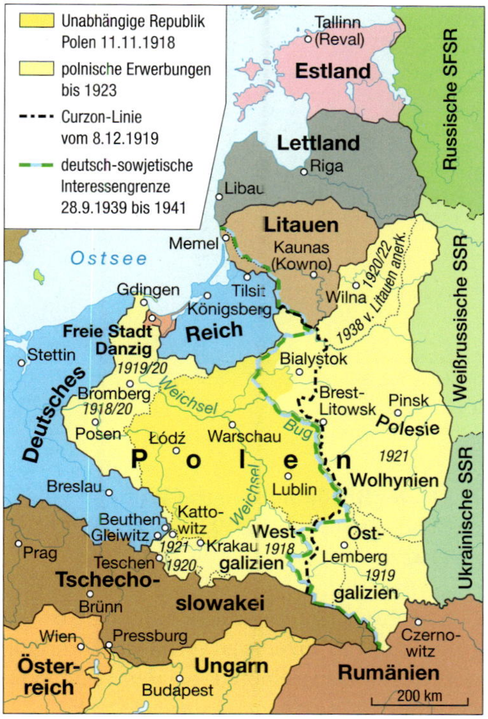

1 Schaubild: Stellen Sie in einem Schaubild die veränderten internationalen Bedingungen für eine Neugründung Polens dar (M 15 bis M 17).

M 18 Der Historiker Dieter Bingen über die Entstehung der Grenzen Polens (2001)

Polen war nun selbstständig, aber weder Staatsform noch Grenzen waren festgelegt. Nach Kongresspolen und Westgalizien besetzten polnische Militärverbände im Januar 1919 den Großteil der Provinz Posen sowie im Frühjahr auch Ostgalizien und die nordöstlichen Distrikte bis Wilna. Im Versailler Vertrag wurden Polen fast ganz Posen und weite Teile Westpreußens (Pommerellen) links der Weichsel zugesprochen. In strittigen Gebieten um Allenstein, Marienwerder und in Oberschlesien sollten Volksabstimmungen abgehalten werden. Auch der letzte der drei polnischen Aufstände (August 1919, August 1920, Mai 1921) gegen die deutschen Behörden konnte die Aufteilung Oberschlesiens durch den Völkerbundrat nicht verhindern [...]. Polen erhielt schließlich fast ganz Posen und 70 Prozent Westpreußens (den sogenannten Korridor) sowie den Ostteil Oberschlesiens mit Kattowitz und Königshütte, obwohl in ganz Oberschlesien 1921 60 Prozent der Bevölkerung für den Verbleib bei Deutschland gestimmt hatten. Südliche Teile Ostpreußens und westpreußische Plebiszitgebiete blieben bei Deutschland. [...]

Piłsudski versuchte angesichts der militärischen Schwäche Sowjetrusslands an der Ostgrenze vollendete Tatsachen zu schaffen und löste mit einer Offensive im April 1920 den Polnisch-Sowjetischen Krieg aus. Er lehnte die sogenannte Curzon-Linie (von dem britischen Außenminister Lord George Curzon im Juli 1920 vorgeschlagene polnisch-sowjetische Demarkationslinie), die ungefähre Grenze geschlossener polnischer Siedlung am Bug, als polnische Ostgrenze ab. Im Frieden von Riga (März 1921) wurde die polnisch-sowjetrussische Grenze rund 150 Kilometer östlich der Curzon-Linie festgelegt. Das Wilnaer Gebiet kam mit einer Militäraktion (1920) gegen das ebenfalls unabhängig gewordene Litauen unter polnische Hoheit. Polen umfasste nunmehr ein Gebiet von rund 388 000 Quadratkilometern mit über 27 Millionen Einwohnern, darunter jedoch nur 19 Millionen polnischer Volkszugehörigkeit.

Dieter Bingen, Tausend Jahre wechselvoller Geschichte, in: Informationen zur politischen Bildung, Heft 273, Bonn 2001, zit. nach: www.bpb.de/publikationen/00557823048780774195080500255372/.html

1 Untersuchen Sie die zentralen Probleme bei der Entstehung Polens nach 1918 (M 18).

M 19 Eine Historikergruppe über Nationalitätenfragen in Polen nach dem Ersten Weltkrieg (2000)

Ein Integrationsproblem ganz besonderer Art stellten die nichtpolnischen Minderheiten dar, die insgesamt immerhin ca. 31 % der Gesamtbevölkerung ausmachten und in den östlichen Regionen teilweise sogar die Bevölkerungsmehrheit bildeten. Die Existenz fremder Minderheiten entsprach im Grunde genommen überhaupt nicht dem Ideal vom polnischen Nationalstaat, musste aber schließlich in internationalen Minderheitenschutzverträgen respektiert werden, weil die Alliierten die völkerrechtliche Anerkennung des polnischen Staates davon abhängig gemacht hatten. Dass man sich gerade in der Minderheitenfrage im wiedererstandenen Polen so schwer tat, mag auf den ersten Blick verwundern. Schließlich gab es hier eine jahrhundertealte Tradition interethnischen Zusammenlebens, verbunden mit entsprechenden Toleranzidealen. Auch hätte man erwarten dürfen, dass eine Nation, die selbst so lange unter Fremdherrschaft gelitten hatte, ein besonders sensibles Verständnis für vergleichbare Situationen aufzubringen imstande gewesen wäre.

[...] Ein zentrales Motiv für die Minderheitenfeindlichkeit nach dem Krieg, die vor allem in der einflussreichen polnischen Nationaldemokratie ihre politische Heimat fand, war ganz offensichtlich das Bedürfnis, nach über 100 Jahren Fremdherrschaft nun endlich wieder „Herr im eigenen Hause“ sein zu wollen und die eben erlangte äußere Souveränität innenpolitisch nicht mit den fremdnationalen Minderheiten teilen zu müssen – eine Einstellung, die übrigens allen jungen Staatsvölkern in Ostmitteleuropa damals eigen war.

Was die Integration der insgesamt recht zahlreichen nichtpolnischen Bevölkerungselemente besonders erschwerte, war zum einen die Tatsache, dass sie untereinander extreme Unterschiede aufwiesen, sodass weder eine einheitliche gesamtstaatliche Minderheitenpolitik noch eine gemeinsame Minderheitenvertretung möglich war [...]. Zwischen den Lebenswelten und Organisationsfähigkeiten ukrainischer und weißrussischer Kleinbauern auf der einen und wohlhabenden ostdeutschen Landwirten in Westpolen auf der anderen Seite klafften zu große Gegensätze, die nicht einmal administrativ zu überbrücken waren.

Rudolf Jaworski, Christian Lübke u. Michael G. Müller, Eine kleine Geschichte Polens, Suhrkamp, Frankfurt/Main 2000, S. 314ff.

M 20 Nationalitäten in Polen nach Sprachen

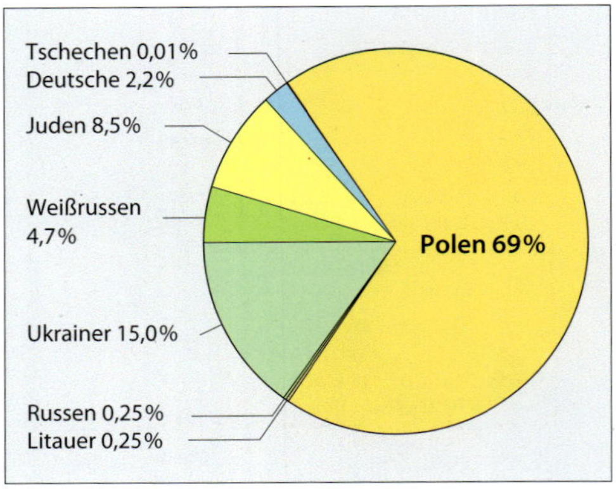

M 21 Der Breslauer Geograf Wilhelm Volz zur Volksabstimmung 1921 in Oberschlesien (1922)

Von höchstem Interesse ist es nun, die Abstimmung ins Einzelne zu verfolgen. Da ergibt sich, dass in den Gebieten sozialen Tiefstands die polnischen Stimmen zahlreich sind; an den großen Verkehrslinien wird deutsch gestimmt, wo es keine alten Verkehrsstraßen, keine Eisenbahn gibt, dagegen polnisch, wo der Hüttenarbeiter, der in sozial besserer Lage ist, vorherrscht, gibt es deutsche Majoritäten; wo der Grubenarbeiter dagegen die Mehrheit hat, finden wir starke polnische Stimmenzahlen; wo [...] zwischen Latifundien auf kleinsten Wirtschaften der Landmann sich plagen muss, um sein Leben zu fristen, sind polnischen Majoritäten. Also je höher der soziale Stand der Bevölkerung, desto mehr deutsche Stimmen. [...] Damit aber wird die ganze oberschlesische Frage zur kulturellen, zur sozialen Frage! Es ist ein großer Irrtum, in ihr ein nationales Problem zu sehen.

Wilhelm Volz, Oberschlesien und die oberschlesische Frage, Hirt, Breslau 1922.

1. Erläutern Sie die Nationalitätenprobleme in Polen nach 1918 (M 19 und M 20).
2. Erklären Sie mithilfe von M 21 die Abstimmungsergebnisse in Oberschlesien.

Plakate interpretieren

Plakate dienen der **öffentlichen Information** oder **Werbung**. Sie arbeiten mit **„plakativen" Gestaltungsmitteln:** Das Dargestellte soll auffällig und schnell zu verstehen sein und möglichst lange in Erinnerung bleiben. Um die **Aufmerksamkeit** des Betrachters zu erlangen, muss der Inhalt zugespitzt werden. Aufgrund ihres appellativen Charakters sind Plakate weniger dokumentarisch als andere Bildquellen, sie geben dafür jedoch Auskunft über die **Absichten und Positionen des Auftraggebers.**

Die große Zeit der politischen Plakate begann im und nach dem Ersten Weltkrieg. Ermöglicht u. a. durch die Durchsetzung der Pressefreiheit und unterstützt durch neue künstlerische Ausdrucksformen kämpften in Deutschland die Parteien mit Plakaten um Wählerstimmen.

Auf einem politischen Plakat werden die Inhalte häufig auf einen kurzen, prägnanten Text (Slogan) reduziert. Die Auftraggeber bzw. Parteien wecken mit ihren Plakaten einerseits Hoffnungen, indem sie Konzepte zur Lösung politischer, sozialer und wirtschaftlicher Probleme anbieten, und andererseits Ängste und Befürchtungen, indem sie den politischen Gegner angreifen und Feindbilder heraufbeschwören. Darüber hinaus versuchen Parteien, sich und ihre Kandidaten „von ihrer besten Seite" zu präsentieren. Die Wirkung von Plakaten auf das Wahlverhalten der Bürger ist umstritten, doch geben Wahlplakate Aufschluss über das Selbstverständnis der Parteien und verweisen auf politische Grundhaltungen ihrer Zeit.

Webcode:
KH645923-099

Arbeitsschritte für die Analyse

1. Leitfrage	– Welche Fragestellung bestimmt die Untersuchung des Plakats?
2. Formale Aspekte	– Wer hat das Plakat erstellt oder in Auftrag gegeben? – Wann und wo ist das Plakat erschienen? – Welcher Anlass führte zur Erstellung und Veröffentlichung des Plakates? – An wen ist das Plakat gerichtet?
3. Inhaltliche Aspekte	*Beschreibung* – Was ist das Thema des Plakats? – Was ist auf dem Plakat dargestellt und welche Gestaltungsmittel (Bilder, Personen, Gegenstände, Texte/Schlagwörter, Symbole, Muster, Anordnung der Bildgegenstände/Art der Komposition, Perspektive, Farben, Proportionen und Verhältnis von Bild und Text) wurden genutzt? *Deutung* – Wie lassen sich die Gestaltungsmittel deuten? – Welche Wirkung sollte beim zeitgenössischen Beobachter erzielt werden? – Welche Intention verfolgte der Ersteller bzw. Auftraggeber?
4. Historischer Kontext	– In welchem historischen Kontext ist das Plakat entstanden?
5. Urteil	– Ist das Plakat repräsentativ für seine Zeit? – Wie lässt sich das Plakat – unter Berücksichtigung der Leitfrage – aus heutiger Sicht bewerten?

Übungsbeispiel

M 1 „Schlesier, seid auf der Hut! – Der Tod Eures Wohlstandes naht sich." Deutsches Propagandaplakat aus der Volksabstimmung in Oberschlesien (1921)

Lösungsansätze

1. Leitfrage:
Mit welchen Mitteln versuchen die Deutschen 1921 die Oberschlesier davon zu überzeugen, dass sie für die Zugehörigkeit zu Deutschland und nicht zu Polen stimmen sollen?

2. Formale Aspekte
Auftraggeber: vermutlich die deutsche Regierung
Entstehungsort und -datum: unbekannt; 1921
Anlass: Nach Artikel 88 des Versailler Vertrags sollte die Bevölkerung in Teilen Oberschlesiens über ihre zukünftige Zugehörigkeit zu Deutschland oder Polen abstimmen. Die im Versailler Vertrag geforderten Grenzveränderungen und damit verbundene Volksabstimmungen leiteten sich aus Woodrow Wilsons Forderung nach dem Selbstbestimmungsrecht der Völker (14-Punkte-Programm des US-Präsidenten vom 8. Januar 1918) her.
Adressat: alle abstimmungsberechtigten Oberschlesier, vor allem aber die deutschen und deutschfreundlichen Wähler

3. Inhaltliche Aspekte
Thema: Bedrohung des Wohlstandes im Falle einer Abstimmung zugunsten einer polnischen Zugehörigkeit von Schlesien
Beschreibung: Im Mittelpunkt steht ein Skelett. Während sein linker Arm mit ausgestreckten Fingern in die Höhe zeigt, hält das Skelett in seiner rechten Hand eine Fahnenstange mit Spitze, an dem eine rote Fahne mit dem polnischen Staatswappen (Adler mit Krone) angebracht ist. Der Blick des Betrachters richtet sich sofort auf die das Bild beherrschende Fahne. Der dominierende Charakter der großen Fahne wird durch deren rote Farbe unterstrichen, in deren Mitte das Staatswappen leuchtet. Bei der Flagge handelt es sich nicht um die rot-weiße polnische Fahne. Vielmehr soll die einheitliche rote Färbung der Fahne verdeutlichen, dass ein Abstimmungserfolg Polens eine kommunistische Zukunft Oberschlesiens und damit Armut und Mühsal bedeute. Der in die Ferne blickende Totenkopf besitzt ein bedrohliches Aussehen, das durch die schwarzen Punkte in den Augen hervorgehoben wird. Die rot leuchtende Fahne hebt sich scharf vom hellen Skelett ab. Das Skelett steht breitbeinig in der Landschaft, die Oberschlesien symbolisieren soll. Das eine Bein ist in einer Ortschaft im Horizont verankert, während das andere Bein auf die Stadt im Vordergrund zugreift. Diese scheint die Heimat wohlhabender Menschen zu sein, die in ansehnlichen Häusern wohnen; die Rauchschwaden aus den Fabriken oder Gewerbebetrieben verdeutlichen ein reges und erfolgreiches Wirtschaftsleben. Die warmen und leuchtenden Braun- und Gelbtöne, die die Wohnhäuser und die sie umgebende Landschaft prägen, sollen beim Betrachter ein angenehmes Gefühl erzeugen. Dass das Leben der Bewohner durch Wohlstand bestimmt wird, zeigen nicht nur die die Ortschaft umgebenden Felder und Wiesen, sondern auch der

schwarze Rauch der Fabriken und Gewerbebetriebe im Hintergrund. Die üppigen Rauchschwaden zeigen, dass in dieser Stadt viel und intensiv gearbeitet wird. Nur durch eine florierende Wirtschaft, will das Bild sagen, kann auch Wohlstand entstehen. Die große rote Schrift unter dem Bild ermahnt die Oberschlesier, nicht zu vergessen, dass der Wohlstand nur durch die Zugehörigkeit zu Deutschland garantiert wird. Kommt Oberschlesien dagegen unter polnische Herrschaft, verbreitet sich wirtschaftlicher Abstieg, es kommt zum wirtschaftlichen Zusammenbruch und zu Armut. Das bedeute letztlich den Tod.
Wirkung: aus deutscher Sicht bedrohlich und angsteinflößend, zur prodeutschen Stimmabgabe anstachelnd; aus polnischer Sicht beleidigend, provokativ
Intention: Das Plakat besitzt eine antipolnische Stoßrichtung. Es soll Polen und die polnische Politik als wirtschaftsfeindlich und kommunistisch diffamieren. Bei den Deutschen wird so Angst, Wut, Hass gegen die Polen geschürt. Wer in Zukunft im Wohlstand leben will, so die zentrale These des Plakats, muss für die Zugehörigkeit zu Deutschland stimmen. – Bei der Volksabstimmung in Oberschlesien am 20. März 1921 stimmten etwa 60 Prozent der Bewohner für die weitere Zugehörigkeit zu Deutschland und etwa 40 Prozent für einen Anschluss an Polen. Daraufhin entschied die Botschafterkonferenz in Paris, Oberschlesien zu teilen und dem polnischen Staat anzugliedern.

4. Historischer Kontext

1918 war nicht klar, welche Grenzen das neu gegründete unabhängige Polen haben sollte. Siegermächte und Kriegsverlierer, z. B. Deutschland, hatten ebenso wie die Polen unterschiedliche Vorstellungen über die territoriale Gestalt Polens. Und in Oberschlesien, wo der Versailler Vertrag eine Abstimmung vorschrieb, musste die Bevölkerung für die polnischen oder deutschen Interessen gewonnen werden. So entstand ein heftiger Wahlkampf um die Wählerstimmen. Die Methoden der Wahlwerbung waren nicht immer vornehm und zurückhaltend, sondern für die jeweilige Gegenseite diffamierend und beleidigend.

5. Urteil

repräsentativ für die Zeit: Propagandaplakate, sowohl zur Diffamierung des Gegners als auch zum Lob der eigenen Politik und Vorgehensweise, waren nach dem Ersten Weltkrieg und dem Versailler Vertrag weit verbreitet. Das Plakat beruht auf nationalen Stereotypen. Auch andere Staaten oder Parteien bedienten sich derartiger Denkweisen.
Bewertung aus heutiger Sicht: Das deutsche antipolnische Plakat aus dem Jahre 1921 zeichnet das Bild des Polen als brutale und tote Kreatur. Es weist auf die Bedrohung hin, die von dem polnischen Skelett für die oberschlesische Bevölkerung ausgeht. Die Schriftzüge „Schlesier, seid auf der Hut! – Der Tod Eures Wohlstandes naht sich." fordert zur Stimmabgabe für Deutschland bzw. gegen Polen auf. Was schon damals für viele Deutsche ein angemessenes Mittel des psychologischen Kampfes war, prägte auch während des Kalten Krieges manches Vorurteil gegen das unter sowjetischer kommunistischer Herrschaft stehende Polen, wenngleich in subtilerer Form: Während im Westen Wohlstand herrsche, so die Meinung, erscheine das Leben im kommunistischen Polen als karg und armselig. Diese Einstellungen verloren jedoch zunehmend an Bedeutung. Das gilt vor allem für die Zeit nach dem Zusammenbruch des kommunistischen Regimes in Polen und das Ende des Warschauer Paktes. Allerdings gab es bereits während des Kalten Krieges zahlreiche Bemühungen um eine differenzierte Einstellung zwischen Deutschen und Polen. Der östliche Nachbar hatte während der nationalsozialistischen Herrschaft unter Deutschland stark gelitten. Zahlreiche Deutsche baten dafür um Verzeihung und strebten freundschaftliche Beziehungen zu Polen an. Heute ist das deutsch-polnische Verhältnis weitgehend entspannt und kooperativ. Die Bundesrepublik Deutschland hat die Oder-Neiße-Grenze anerkannt und erhebt keine territorialen Forderungen an Polen.

Erarbeiten Sie Präsentationen

Thema 1
1917 – ein weltgeschichtliches Epochenjahr?
Skizzieren Sie die Folgen des Ersten Weltkrieges für Europa und die Welt. Konzentrieren Sie sich dabei auf das Jahr 1917, in dem die USA in den Krieg eintraten und in Russland die Oktoberrevolution die Kommunisten an die Macht brachte.

Literaturtipp
Edgar Wolfrum, Cord Arendes, Globale Geschichte des 20. Jahrhunderts, Kohlhammer, Stuttgart 2007, S. 28–50.

M 1 „Lang lebe die internationale sozialistische Revolution“, sowjetisches Propagandaplakat, ca. 1925–35.
Das Plakat zitiert Lenin und zeigt reiche Banker, die vor der Oktoberrevolution fliehen.

Webcode:
KH645923-102

Thema 2
Nationale Propaganda im Ersten Weltkrieg
Alle am Ersten Krieg beteiligten Nationen nutzten Plakate zu Propagandazwecken. Manche Plakate sollten die eigene Bevölkerung zum Durchhalten motivieren oder zu Spenden bzw. Kriegsanleihen aufrufen. Andere appellierten an den Patriotismus oder wollten den grausamen Frontalltag verschleiern. Wieder andere diffamierten den Feind, um auf diese Weise den Zusammenhalt der eigenen Nation zu stärken.

Stellen Sie mithilfe des Internets eine Auswahl von nationalen Propagandaplakaten des Ersten Weltkrieges zusammen und analysieren Sie diese. Zeigen Sie dabei die Wirkungen des Weltkrieges auf den Nationalismus der beteiligten Staaten auf.

Literaturtipp
Klaus-Jürgen Bremm, Propaganda im Ersten Weltkrieg, Konrad Theiss, Stuttgart 2013.

M 2 „Boys and girls! You can help your Uncle Sam win the war“, US-Propagandaplakat von James Montgomery, Farblithografie (1917)

Überprüfen Sie Ihre Kompetenzen

M 3 „Der polnische Nimmersatt", Zeichnung von W. Malchow aus: Welt-Echo, Politische Wochenchronik Nr. 9, 7. März 1919

Zentrale Begriffe

Dolchstoßlegende
Epochenjahr 1917
Erster Weltkrieg
Imperialismus
Kolonie
Krieg, totaler
Kriegspatriotismus
Kriegspropaganda
Kriegsschuld
Nationalismus
Republik Polen
Selbstbestimmungsrecht der Völker
Sozialimperialismus
Versailler Friedensvertrag
Weltpolitik

Sachkompetenz

1 Erläutern Sie die Bedeutung des nationalen Prestiges für die Geschichte des Imperialismus und des Ersten Weltkrieges.

2 Erörtern Sie, worin sich der Erste Weltkrieg von früheren kriegerischen Auseinandersetzungen unterscheidet.

3 Analysieren Sie die Gründe für die Empörung der deutschen Zeitgenossen über den Versailler Vertrag.

4 Untersuchen Sie, ob Polen nach dem Ersten Weltkrieg Subjekt oder Objekt europäischer Machtpolitik war.

Methodenkompetenz

5 Analysieren Sie das Plakat M 3. Erörtern Sie, ausgehend von diesem Bild, Entstehung, Methoden und Wirkungen nationaler Propaganda nach dem Ersten Weltkrieg bzw. nach dem Versailler Friedensvertrag von 1919/20.

Urteilskompetenz

6 Der Historiker Alfred Vagts hat den Imperialismus einmal als „allgemeinen, objektunabhängigen, triebmäßigen, nationalistischen Wettbewerb der Expansivitäten" bezeichnet und dabei von der „gemeinsamen Jagd nach der Fortuna als Macht und Mehr-Macht" gesprochen. Erörtern und bewerten Sie, ausgehend von dieser These, die Bedeutung des nationalen Prestiges für die imperialistische Innen- und Außenpolitik der europäischen Großmächte.

6 „Volk“ und „Nation“ im Nationalsozialismus

Kompetenzen erwerben

Sachkompetenz:
- die Besonderheiten des nationalsozialistischen Radikalnationalismus erkennen
- den Überfall auf Polen in die Geschichte des Zweiten Weltkrieges einordnen
- die Aufteilung Polens auf Basis des Hitler-Stalin-Paktes aufzeigen
- die Bedeutung des „Generalgouvernements“ für die nationalsozialistische Kriegs- und Vernichtungspolitik verdeutlichen
- die Vertreibungen und Umsiedlungen nach dem Sieg über Polen charakterisieren
- den Weltanschauungs- und Vernichtungskrieg des nationalsozialistischen Deutschland im Osten beschreiben
- die zentralen Elemente der NS-Ideologie skizzieren

Methodenkompetenz:
- Ideologien erkennen und analysieren

Urteilskompetenz:
- die Folgen und Wirkungen des nationalsozialistischen Radikalnationalismus bewerten
- die Bedeutung der NS-Ideologie (Rassenantisemitismus, „Untermensch“-Propaganda, „Volksgemeinschafts“-Ideologie, „Kampf um Lebensraum“) für die praktische Politik des NS-Staates beurteilen
- die Folgen und Wirkungen des nationalsozialistischen Weltanschauungs- und Vernichtungskrieges in Polen und in der Sowjetunion erörtern

Radikalnationalismus

Eine Leitidee des Nationalsozialismus war der radikale Nationalismus, der in der nationalsozialistischen Massenbewegung eine besonders starke Wirkung entfaltete. Dieser Nationalismus unterscheidet sich von anderen Formen des Nationalismus durch zwei eng miteinander verknüpfte Merkmale. Er beruhte – erstens – auf einer spezifischen **Volkstums- und Rassenpolitik**, die ihm eine aggressive und ausgrenzende Ausrichtung verlieh. Das „Volk“ erschien den Nationalsozialisten als absoluter Wert und als eine Gemeinschaft, die unabhängig von politisch-staatlichen Grenzen existierte und auf gemeinsamer Rasse, Sprache und Kultur gründete. Diese uneingeschränkte Geltung des „Volks“-Begriffes und die Aufwertung der „germanischen Rasse“ zur „Herrenrasse“ erlaubte den Nationalsozialisten den Ausschluss von „nicht-deutschen“ Mitgliedern aus der „Volksgemeinschaft“ bzw. in der letzten Konsequenz deren Vernichtung. Hinzu kam – zweitens – die Idee von **„Lebensraum“** besonders im Osten. Der Überlegenheit der „germanischen Rasse“ sollte dadurch Rechnung getragen werden, dass sie ihr Siedlungsgebiet erweiterte. Diese den Nationalsozialismus leitende geopolitische Raumvorstellung überwand die Grenzen des 1871 entstandenen deutschen Nationalstaats. Der Vorwand, für das deutsche Volk „Lebensraum" zu erschließen, diente den Nationalsozialisten dazu, eine expansionistische Außen- und Kriegspolitik zu rechtfertigen. Weil der NS-Staat dabei seine Rassen- und Volkstumspolitik konsequent verwirklichte, wandelte sich die Außen- und Kriegspolitik während des Zweiten Weltkrieges in eine **Kriegs- und Vernichtungspolitik**. Sie mündete nicht nur im Völkermord an den Juden und der Tötung anderer als „minderwertig" angesehener politisch-sozialer Gruppen, z. B. der Slawen, sondern führte auch zu umfangreichen Vertreibungen und Umsiedlungen unterschiedlicher Bevölkerungsteile (s. auch S. 128 ff.).

Der Überfall auf Polen

Am 21. März 1939 forderte Hitler von Polen die **Rückgabe Danzigs** und den Bau einer exterritorialen Auto- und Eisenbahn durch den polnischen Korridor. Obwohl er eine langfristige Garantie der deutsch-polnischen Grenze anbot, beauftragte Hitler bereits am 11. April 1939 die Wehrmacht mit der Vorbereitung eines „vernichtenden" Angriffs auf Polen. England und Frankreich waren nun jedoch nicht länger bereit, der Machtpolitik Hitlers tatenlos zuzusehen, und garantierten Polens Unabhängigkeit. Da Polen aber für die Truppen beider Länder nicht unmittelbar erreichbar war, nahmen Paris und London Verhandlungen mit der Sowjetunion auf. Ein militärisches Bündnis zwischen diesen drei Staaten war jedoch nur möglich, wenn Polen der sowjetischen Armee ein Durchmarschrecht zugestand. Hiervor fürchtete sich Polen aber nicht weniger als vor einer deutschen Aggression. Die polnische Regierung versuchte daher, ihre Unabhängigkeit zu wahren; die Verhandlungen der Westmächte mit der sowjetischen Führung zogen sich hin – von Stalin durchaus gewollt, denn die sowjetische Regierung verhandelte auch mit dem deutschen Außenminister. Der am 23. August 1939 abgeschlossene deutsch-sowjetische Nichtangriffspakt, der sogenannte **Hitler-Stalin-Pakt**, schloss ein geheimes Zusatzabkommen ein, in dem beide Mächte ihre Interessensphären absteckten. Durch die deutsch-sowjetische Bündniskonstellation sah Hitler die Bedingungen für den Überfall auf Polen als gegeben an. Am 1. September 1939 überschritten die deutschen Truppen die polnische Grenze und begannen den Zweiten Weltkrieg.

Da die militärischen Kräfte des nationalsozialistischen Deutschland für einen Krieg an mehreren Fronten zu schwach waren, entwickelten Hitler und seine Generäle die **Strategie des Blitzkrieges**, dessen erstes Opfer Polen war. Am 6. Oktober 1939 kapitulierten die letzten polnischen Einheiten. Die Sowjetunion und Deutschland teilten, wie im „Geheimen Zusatzprotokoll" des Hitler-Stalin-Paktes vereinbart, Polen vollständig unter sich auf. Den östlichen Teil übernahm die Sowjetunion, den westlichen Teil das Deutsche Reich. Berlin gliederte den Westen mit Westpreußen und Posen an das Deutsche Reich an, während Zentralpolen und die übrigen Gebiete zum **„Generalgouvernement"** zusammengefasst wurden.

M 1 Adolf Hitler auf Frontfahrt in Polen, Fotografie, 22. September 1939.

Im Kreise von Offizieren und Ministern lässt sich Hitler von seinem persönlichen Fotografen Heinrich Hoffmann mit einer eroberten polnischen Regimentsfahne ablichten.

Zerstörung der polnischen Nation und Knechtung der polnischen „Untermenschen"

Als Folge des Überfalls auf Polen kam es zu umfangreichen **Fluchtbewegungen, Deportationen und Vertreibungen**. Hunderttausende von Menschen flüchteten zunächst vor den rasch vorrückenden deutschen Truppen in Polen. Die im Hitler-Stalin-Pakt vereinbarte Besetzung und Aufteilung Polens zwischen Deutschland und der Sowjetunion bewirkte in beiden Teilen zahlreiche Umsiedlungen: Im Osten wurden über 300 000 Polen zwangsweise deportiert, wobei dies nur der Auftakt war für weitere umfangreiche Deportationen von Volksgruppen in der Sowjetunion, vor allem nach dem deutschen Überfall 1941.

Im von deutschen Truppen besetzten und ins Reich eingegliederten westlichen Teil Polens wurde eine noch größere ethnische „Flurbereinigung" geplant. Das westliche Polen sollte innerhalb eines Jahrzehnts in ein völlig deutsch besiedeltes Land verwandelt werden. Die Vertreibung und Vernichtung der Juden war der erste Schritt, dem die Vertreibung von Polen aus den dem Reich angegliederten „Reichsgauen" folgte, entweder ins „Generalgouvernement" oder zur Zwangsarbeit im Deutschen Reich. Die im westlichen Teil Polens verbliebenen Polen waren vollständig entrechtet. Gleichzeitig wurden mehr als eine halbe Million „Volksdeutsche" aus Estland, Lettland sowie aus verschiedenen Ländern auf dem Balkan und aus Südtirol „Heim ins Reich" geholt. Diese Vertreibungen und Umsiedelungen dienten einer territorialen Neuordnung Europas auf völkischer Basis. Polen war so das erste Opfer der deutschen „Lebensraum-Ideologie". Dabei liquidierten die Nationalsozialisten alle Reste polnischer Staatlichkeit sowie die polnische Nation als Gemeinschaft. Die Polen sollten nie wieder einen unabhängigen Nationalstaat gründen können. Aus diesem Grund ließen die nationalsozialistischen Truppen und Polizeieinheiten bereits im Herbst 1939 bis zu 20 000 Angehörige der polnischen Führungsschichten töten, damit sie keine „nationale Verantwortung" mehr übernehmen konnten.

Literaturtipp
Christopher R. Browning, Ganz normale Männer: Das Reserve-Polizeibataillon 101 und die „Endlösung" in Polen, Rowohlt, 7. Aufl., Berlin 1999.
Der amerikanische Historiker rekonstruiert u. a. auf der Basis von Gerichtsakten die Beteiligung der Einheit aus „ganz normalen Männern" an Terror- und Mordaktionen gegen die jüdische Bevölkerung in Polen.

Dass die deutsche Politik im besetzten Polen grundsätzlich auf **Zerstörung, Knechtung und Völkermord** zielte, zeigte sich besonders am „Generalgouvernement". Hier mussten die Polen als „slawische Untermenschen" ohne politisches und kulturelles Eigenleben existieren und für die deutsche „Herrenrasse" arbeiten. Neben dem Besatzungsregime des Generalgouverneurs Hans Frank trugen auch die SS- und Sondereinheiten der Polizei dazu bei, durch Terror und willkürliche Massenverhaftungen die polnische und jüdische Bevölkerung in Angst und Schrecken zu versetzen. Weil der NS-Staat die Juden aus allen besetzten Gebieten Europas ins „Generalgouvernement" deportierte, nahm deren Zahl immer mehr zu. Im Warschauer Getto lebten zeitweilig 400 000 Menschen unter furchtbarsten Bedingungen, bevor sie in die Konzentrations- und Vernichtungslager verschleppt und ermordet wurden.

Trotz lebensgefährlicher Bedingungen entwickelte sich ein gut funktionierender **Untergrundstaat in Polen**. Mithilfe von Zeitschriften, geheimen Kulturveranstaltungen und einem geheimen Bildungswesen von der Grundschule bis zur Universität übte er Widerstand gegen die brutale deutsche Besatzung. Hinzu kamen Spionage, Sabotage und At-

M2 Denkmal zur Erinnerung an den Warschauer Aufstand von 1944, Fotografie, 2012. *Das Denkmal wurde von den Architekten Wincenty Kućma und Jacek Budyn vor dem Gebäude des Obersten Gerichts in der wiederaufgebauten Altstadt von Warschau errichtet und am 1. August 1989 eingeweiht.*

tentate. Auf die Widerstandsaktionen reagierten die deutschen Besatzer mit äußerster Brutalität. So schlugen sie im April 1943 den Aufstand der Juden im Warschauer Getto sowie am 1. August 1944 einen Aufstand in Warschau blutig nieder. Beide entwickelten sich zu Symbolen für den jüdischen und den polnischen Willen zum Widerstand.

Überfall auf die Sowjetunion

Am 22. Juni 1941 überfiel das nationalsozialistische Deutschland die Sowjetunion. Die Angriffsvorbereitungen hatten trotz des Hitler-Stalin-Paktes bereits 1940 unter dem Namen **„Fall Barbarossa“** begonnen. Obwohl die alliierten Staaten die Sowjetunion gewarnt hatten, zeigten sich der sowjetische Diktator Josef W. Stalin (1879–1953) und die Armeeführung der UdSSR vom Beginn der Kampfhandlungen überrascht.

Die ersten Kriegsmonate waren für die sowjetischen Armeen ungeheuer verlustreich; der größte Teil der westlichen Sowjetunion musste aufgegeben werden. Aber schon im Winter 1941/42 offenbarten sich die ersten Anzeichen für das Scheitern der „Blitzkriegs“-Strategie: Mit der kommunistischen Sowjetunion, dem Hauptfeind und eigentlichen Ziel der deutschen „Lebensraumpolitik“, stieß das deutsche Militär auf einen mächtigen Gegner, der stärkere Panzer, Panzer abwehrende Waffen und zahlenmäßig überlegene Bodentruppen einsetzen konnte. 1942 verzeichneten die deutschen Truppen nur noch geringe Landgewinne, die Verluste unter den Soldaten nahmen immer verheerendere Ausmaße an. Zum **Symbol der Kriegswende** entwickelte sich im Januar/Februar 1943 die Einkesselung und Kapitulation der 6. Armee in **Stalingrad**: Sie zeigte die Erschöpfung der Soldaten, die Nachschubproblematik und vor allem den völlig irrationalen Durchhaltewillen der politischen und militärischen Führung.

Der Zweite Weltkrieg war kein konventioneller Krieg, in dem es vornehmlich um Land und Rohstoffe ging. Das NS-Regime verfolgte das Ziel, die Welt unter seiner Vorherrschaft nach rassischen Prinzipien radikal neu zu ordnen. Im Zentrum stand dabei die Frage, welche Menschen auf dieser Welt noch leben und welche Ressourcen sie genießen sollten. Diesen **Weltanschauungs- und Vernichtungskrieg** führten Hitler und die Nationalsozialisten besonders im Osten. Beteiligt waren an diesem Kampf überwiegend die Einsatzgruppen der Sicherheitspolizei und des Sicherheitsdienstes (SD) der SS sowie Einheiten von Wehrmacht und Polizei.

Der sogenannte **„Generalplan Ost“**, der vor allem von der SS, aber auch unterstützt von Wissenschaftlern, vorangetrieben wurde, zielte auf einen noch viel umfangreicheren Bevölkerungsaustausch: der in mehreren Schritten weiterentwickelte Plan sah letztlich eine zwangsweise Umsiedlung von mehr als 45 Millionen Menschen vor, die entweder getötet, zur Arbeit für Deutschland gezwungen oder weit in den Osten hinter den Ural vertrieben werden sollten, um so Platz zu machen für deutsche Siedler, die die Gebiete nach und nach „germanisieren“ sollten.

Webcode:
KH645923-108

1 **Mindmap:** Stellen Sie die zentralen Merkmale des nationalsozialistischen Radikalnationalismus in einer Mindmap zusammen.
2 Analysieren Sie Verlauf und Ziele der Kriege gegen Polen und die Sowjetunion.
3 Erörtern Sie, welche Folgen und Wirkungen die Durchsetzung der radikalnationalistischen NS-Ideologie für Polen und die Bürger der Sowjetunion während des Zweiten Weltkrieges besaß.

M 3 Umsiedlung von Deutschen aus Litauen, Fotografie, 1941.
Der NS-Staat inszenierte die Ansiedlung von Auslandsdeutschen in den eroberten polnischen Gebieten als „Heimkehr ins Reich“. Hier werden Umsiedler an der Grenzübergangsstelle Eydtkau in Ostpreußen mit dem Banner „Willkommen in Großdeutschland“ empfangen.

Hinweise zur Arbeit mit den Materialien

Das Kapitel befasst sich – erstens – mit dem **nationalsozialistischen Radikalnationalismus.** Seine zentralen Merkmale lassen sich mithilfe eines wissenschaftlichen Textes (M 4) analysieren, seine Traditionsbezüge mit M 5. M 6 bis M 8 eignen sich – zweitens – zur Untersuchung der Motive, Ziele und Planungen der nationalsozialistischen **Kriegs- und Vernichtungspolitik in Polen und der Sowjetunion.** Diese zeitgenössischen Dokumente eröffnen auch die Möglichkeit, Unterschiede zwischen öffentlicher (M 7) und geheimer (M 6) Rede zu untersuchen. Mit den **Auswirkungen der Zwangsumsiedlungen** beschäftigen sich – drittens – M 9 bis M 11. Im Mittelpunkt stehen die „ethnischen Säuberungen“ in Ostpolen durch die Sowjetunion (M 9), die Deportation von Juden (M 10) und die Neuansiedlungen von Deutschen in westpolnischen Gebieten (M 11). Ergänzt werden diese Materialien durch eine Rede Himmlers zum Warschauer Aufstand, der die Haltung des NS-Staates zu Polen beleuchtet (M 12). Dass der Krieg im Osten ein **Weltanschauungs- und Vernichtungskrieg** war, zeigen – viertens – das Protokoll der Führerbesprechung aus dem Jahre 1941 (M 13), der Text des Historikers Michalka aus dem Jahre 2003 (M 14) sowie ein Plakat von 1943 (M 15).

Die **Vertiefungsseiten**, S. 118 ff., ermöglichen eine intensivere Beschäftigung mit der **NS-Ideologie.** Sie behandeln die Themen Rassismus und Antisemitismus, die „Untermensch“-Propaganda, die „Volksgemeinschafts“-Ideologie und den nationalsozialistischen „Kampf um Lebensraum“.

Am Ende des Kapitels finden sich **weiterführende Arbeitsanregungen** und die Möglichkeit, die im Kapitel erworbenen **Kompetenzen zu überprüfen** (S. 126 f.).

M 4 Der Historiker Peter Alter über den nationalsozialistischen Nationalismus (1985)

Die nationalsozialistische Variante des integralen Nationalismus hatte eine ihrer Wurzeln im „völkischen“ Nationalismus der Weimarer Republik. Dieser Nationalismus [...] bezog sich nicht mehr nur auf die kleindeutsche Reichsnation, sondern grundsätzlich auf alle Deutschen, wo auch immer sie lebten. Das deutsche Volkstum, in dem man den Urquell für die Erneuerung des Reiches sah, war zum Schlüsselbegriff konservativer Intellektueller geworden. [...] Hinter ihrer Arbeit stand die Hoffnung auf eine neues Reich, das die von Desintegration bedrohte Nation zusammenbinden, die abgetrennten Volksteile in Ostmitteleuropa wieder einschließen und den Volksgruppen wirksamen Schutz gewähren würde. Die Konturen des künftigen „Dritten Reiches“ (Arthur Moeller van den Bruck, 1923) blieben verschwommen, deshalb war die von ihm ausgehende Faszination wahrscheinlich so groß: Gemeint war gewiss nicht das Reich der Weimarer Verfassung, eher ein großdeutsches Reich unter Einschluss der Österreicher, vermutlich ein Reich, das in irgendeiner Form an das universalistische mittelalterliche Kaiserreich anknüpfte.

Wie für die meisten Vertreter des „völkischen“ Nationalismus hatte für Hitler das vielbeschworene „Dritte Reich“, dessen Realisierung er seit 1938 mit Drohung und Gewalt einleitete, mit dem Nationalstaat, wie er seit dem 19. Jahrhundert definiert worden war, praktisch nichts mehr gemein. Oberste Prämisse war für ihn nicht die Vollendung des Nationalstaats der Deutschen, sondern „den Boden in Einklang zu bringen mit der Volkszahl“. Das öffnete einer ausufernden Annexionspolitik Tür und Tor. Den Anspruch des deutschen Volkes auf „Lebensraum“ ordnete Hitler den Ansprüchen anderer, „minderwertiger“ Völker rücksichtslos über. Was ihm und anderen Repräsentanten des Regimes offenbar vorschwebte, war eine umfassende Neuordnung und, damit verbunden, eine Germanisierung weiter Teile Europas, die sich über die historischen Siedlungsräume von Völkern und Minderheiten ohne Bedenken hinwegsetzte. Das hegemoniale „Germanische Reich Deutscher Nation", das nach der Annexion Österreichs und des Sudetenlandes 1938 von Hitlers Phantasie zunehmend Besitz ergriff, sollte sich, folgt man den oft widersprüchlichen und vagen Äußerungen nationalsozialistischer Politiker, im Westen germanische Völker wie die Elsässer, Luxemburger, Flamen oder Niederländer letztlich einverleiben und im Norden die skandinavischen Völker als Satellitenstaaten an sich binden. [...] Nach Osten sollte es sich territorial ausdehnen und dabei, nach einer Formulierung Hitlers aus dem Jahre 1928, die dort lebenden „rassisch fremden Elemente [...] kurzerhand entfernen und den dadurch freigewordenen Grund und Boden den eigenen Volksgenossen überweisen".

Gedanklich waren die Grundlagen für eine Entrechtung und Vertreibung osteuropäischer Völker aus ihren angestammten Siedlungsgebieten, für ihre brutale Entnationalisierung und schließlich für den Genozid an Polen, Ukrainern oder Juden mithin schon früh gelegt. Mit der systematischen Realisierung einer solchen Politik, die auf eine „ethnisch-nationale Flurbereinigung" in Ostmittel- und Osteuropa zielte, begann das nationalsozialistische Regime schon wenige Tage nach dem Ende des Polenfeldzuges. In der kaltblütigen Grausamkeit ihrer Durchführung und in ihrem Ausmaß übertraf sie alles, was Europa in seiner Geschichte bis dahin erlebt oder selbst fanatische Verfechter des Nationalitätsprinzips je gedacht hatten. [...]

Die Umsiedlungsaktionen, allesamt eine leichtfertige „Manipulation mit Menschen" (Theodor Schieder), erreichten 1940 ihren Höhepunkt. 1943 mussten sie vor allem als Folge der militärischen Entwicklung abgebrochen werden. Das Dogma von der Überlegenheit des deutschen Volkes und der germanischen Rasse hatten Hitler und die nationalsozialistische Führung veranlasst, „die eigenen Kräfte permanent zu überschätzen". Was sie in ihrer Verblendung geplant und begonnen hatten, sollte dann ab 1944 mit der Vertreibung der Deutschen aus Ostmitteleuropa und den Gebieten jenseits von Oder und Neiße in unvorhergesehener Weise auf die Urheber zurückschlagen. Der rassistische Imperialismus des Dritten Reiches mündete in die „deutsche Katastrophe" (Friedrich Meinecke), die auch eine Katastrophe Europas war.

Peter Alter, Nationalismus, Suhrkamp, Frankfurt/M. 1985, S. 56–58.

1 Arbeiten Sie mithilfe von M 4 die zentralen Elemente des Nationalismus während der NS-Herrschaft heraus.
2 Erörtern Sie die Wirkungen und Folgen des Radikalnationalismus der Nationalsozialisten. Diskutieren Sie dabei auch die Ursachen für dessen Scheitern.

M 5 „Das eine Deutschland", Karikatur von Wilhelm Schulz auf der Titelseite des Simplicissimus, Jg. 38, Heft 48, vom 25. Februar 1934.

Das Bild zeigt die Generalfeldmarschälle Moltke und Roon sowie Reichskanzler Bismarck, die im Himmel auf das „Dritte Reich" anstoßen mit den Worten „So ist es denn nach einem zweiten Versailles endlich ganz geglückt".

1 Interpretieren Sie die Karikatur (M 5).

M6 Aus einer Ansprache Adolf Hitlers vor den Befehlshabern der Wehrmacht, nach heimlich von Zuhörern angefertigten Mitschriften (22. August 1939)

Es war mir klar, dass es früher oder später zu einer Auseinandersetzung mit Polen kommen musste. Ich fasste den Entschluss bereits im Frühjahr. [...] Das Verhältnis zu Polen ist untragbar geworden [...]. Spannungszustand auf die Dauer unerträglich. (Nr. 192)

Vernichtung Polens im Vordergrund. Ziel ist Beseitigung der lebendigen Kräfte, nicht die Erreichung einer bestimmten Linie. Auch wenn im Westen Krieg ausbricht, bleibt Vernichtung Polens im Vordergrund [...]. Herz verschließen gegen Mitleid. Brutales Vorgehen [...]. Der Stärkere hat das Recht. Größte Härte [...]. Jede sich neu bildende lebendige polnische Kraft ist sofort wieder zu vernichten [...]. Restlose Zertrümmerung Polens ist das militärische Ziel. Schnelligkeit ist die Hauptsache. Verfolgung bis zur völligen Vernichtung. (Nr. 193)

Ich habe Befehl gegeben – und lasse jeden füsilieren[1], der auch nur ein Wort der Kritik äußert – [...] So habe ich, einstweilen nur im Osten, meine Totenkopfverbände[2] bereitgestellt mit dem Befehl, unbarmherzig und mitleidslos Mann, Weib und Kind polnischer Abstammung und Sprache in den Tod zu schicken [...]. Polen wird entvölkert und mit Deutschen besiedelt [...]. Seien Sie hart, seien Sie schonungslos, handeln Sie schneller und brutaler als die andern. Die Bürger Westeuropas müssen vor Entsetzen erbeben. Das ist die humanste Kriegsführung. (Anmerkung zu Nr. 193)

Aus: Akten zur deutschen Auswärtigen Politik 1918–1945. Aus dem Archiv des Deutschen Auswärtigen Amtes, Serie D (1937–45), Bd. 7, Keppler, Baden-Baden: Impr. Nationale, Frankfurt/M. 1961.

1 füsilieren: durch ein Kommando erschießen
2 Totenkopfverbände: ein Teil der SS, der v. a. für die Bewachung und Verwaltung der Konzentrationslager zuständig war. Ihr Merkmal war ein Totenkopfabzeichen am Kragenspiegel.

M7 Aus einer Reichstagsrede Adolf Hitlers über die Neuorganisation der Nationalitäten (6. Oktober 1939)

[...] Als wichtigste Aufgabe aber: eine neue Ordnung der ethnografischen Verhältnisse, das heißt eine Umsiedlung der Nationalitäten so, dass sich am Abschluss der Entwicklung bessere Trennungslinien ergeben, als es heute der Fall ist.

In diesem Sinne aber handelt es sich nicht um ein Problem, das auf diesen Raum [Polen] beschränkt ist, sondern um eine Aufgabe, die viel weiter hinausgreift. Denn der ganze Osten und Südosten Europas ist zum Teil mit nichthaltbaren Splittern des deutschen Volkstums gefüllt. Gerade in ihnen liegt ein Grund und eine Ursache fortgesetzter zwischenstaatlicher Störungen. Im Zeitalter des Nationalitätenprinzips und des Rassegedankens ist es utopisch, zu glauben, dass man diese Angehörigen eines hochwertigen Volkes ohne weiteres assimilieren könne. Es gehört daher zu den Aufgaben einer weitschauenden Ordnung des europäischen Lebens, hier Umsiedlungen vorzunehmen, um auf diese Weise wenigstens einen Teil der europäischen Konfliktstoffe zu beseitigen. [...]

Welches sind nun die Ziele der Reichsregierung in Bezug auf die Ordnung der Verhältnisse in dem Raum, der westlich der deutsch-sowjetrussischen Demarkationslinie als deutsche Einflusssphäre anerkannt ist?

1. Die Schaffung einer Reichsgrenze, die – wie schon betont – den historischen, ethnografischen und wirtschaftlichen Bedingungen entspricht,

2. die Ordnung des gesamten Lebensraumes nach Nationalitäten, d. h. eine Lösung jener Minoritätenfragen, die nicht nur diesen Raum berühren, sondern die darüber hinaus fast alle süd- und südosteuropäischen Staaten betreffen,

3. in diesem Zusammenhang der Versuch einer Ordnung und Regelung des jüdischen Problems, [...]

6. die Herstellung eines polnischen Staates, der in seinem Aufbau und in seiner Führung die Garantie bietet, dass weder ein neuer Brandherd gegen das Deutsche Reich ent-

steht, noch eine Intrigenzentrale gegen Deutschland und Russland gebildet wird.

Verhandlungen des Reichstags, 4. Wahlperiode 1939, zit. nach: http://www.reichstagsprotokolle.de/Blatt2_n4_bsb00000613_00057.html und http://www.reichstagsprotokolle.de/Blatt2_n4_bsb00000613_00062.html (Download vom 13. Dezember 2015)

1 Analysieren Sie die Rede Hitlers (M 7), indem Sie die Situation und mögliche Adressaten berücksichtigen. Achten Sie besonders auf schwammige, interpretationsbedürftige Aussagen Hitlers.
2 Erläutern Sie, mit welchen Methoden und Zielen Hitler Krieg gegen Polen zu führen beabsichtigte (M 6).
3 Erörtern Sie, welches Menschenbild und welche Ideologie hinter Formulierungen wie „Das ist die humanste Kriegsführung" stehen.
4 Vergleichen Sie die öffentliche Rede (M 7) mit den geheimen Ankündigungen (M 6) Hitlers. Zeigen Sie Unterschiede und Gemeinsamkeiten auf und beziehen Sie den zeitlichen Kontext mit ein.

M 8 Der Agrarwissenschaftler Konrad Meyer über deutsche Planungen für den Osten (1941)

Der Reichsführer-SS Heinrich Himmler war 1939 „Reichskommissar für die Festigung deutschen Volkstums" geworden. In seiner Dienststelle wurden umfangreiche Planungen für die „Germanisierung" des Ostens entwickelt. Der „Generalplan Ost" wurde mehrfach überarbeitet und v. a. nach dem Überfall auf die Sowjetunion nach Osten ausgedehnt. Kern der Planungen war die Vertreibung eines großen Teils der einheimischen Bevölkerung in den Gebieten und die Ansiedlung von deutschen Siedlern aus anderen Teilen Europas. Hauptplaner war der Agrarwissenschaftler Konrad Meyer, der seine Grundüberlegungen 1941 in einem Beitrag für eine Studentenzeitung darlegte.

Jenes Wort, dass ein Land dem gehöre, der ihm als Erster Gesittung brachte, wird vor allem durch die deutsche Ostpolitik der vergangenen Jahrhunderte widerlegt. Wäre dieser Satz wahr, dann müsste der gesamte Osten vom Baltikum bis zu den Karpaten heute deutsch sein; in Wirklichkeit aber wurden in diesem Raum nicht jene Gebiete ganz und eindeutig dem Deutschtum gewonnen, in die deutsche Gesittung und deutsche Arbeit getragen wurden, sondern nur jene, in denen deutsche Bauernfäuste den Pflug führten. Sogar die Provinzen, in denen länger als ein Jahrhundert die staatliche Macht Preußens aufgerichtet war, wurden nach dem Erwachen des dort überschichteten fremden Volkstums im Augenblick der Schwäche des Reiches dem deutschen Lebensraum wieder entrissen, weil man eben in all den früheren Jahren nicht daran gedacht hatte, dass erst ein Land dann wirklich dem eigenen Volkstum für ewige Zeiten gehört, wenn es bis in den letzten Winkel mit eigenem Volkstum gefüllt ist.

Diese – durch das geschichtliche Werden erhärtete und unwiderleglich gewordene – Tatsache ist für unsere Zukunftsarbeit im neuen deutschen Osten der eherne und unverrückbare Ausgangspunkt unseres Schaffens. Somit wird im Mittelpunkt der neuen deutschen Ostbewegung der deutsche Bauer stehen müssen, oder aber wir begeben uns von vornherein in die Gefahr, dass wieder eines späten Tages fremdes – heute unterworfenes und unterwürfiges – Volkstum die deutsche Gestaltung am deutschen Lebensraum im Osten zunichte macht. [...]

Wir sind uns wohl alle klar darüber, dass dieser wiedererworbene Osten einst unser Volk aufs reichste beschenken wird; denn unerschöpflich fruchtbar ist seine Scholle, ungeahnt groß sind die Kräfte, die hier auf Erschließung harren. [...]

Das Ziel einer planvollen Siedlungsstrategie wird es sein müssen, in großzügiger Gestaltung den Raum bis ins Kleinste restlos einzudeutschen. Wer heute noch mit dem Gedanken spielt, als dünne Herrenschicht von Großgrundbesitzern das polnische Volkstum überschichten zu können und damit der Eindeutschung Genüge zu leisten, der hat weder aus der Geschichte des Ostens noch aus dem erschütternden Erleben der volksdeutschen Passion des Herbstes 1939 gelernt. Wir müssen uns heute darüber im Klaren sein, dass der Osten erst in dem Augenblick wirklich für alle Zeiten deutsch bleiben wird, in dem aus dem geschlossenen deutschen Siedlungsraum alles fremde Blut, das die einheitliche Geschlossenheit des grenzdeutschen Volkstums irgendwie gefährden könnte, restlos entfernt ist. Vor allem wird vom ersten Augenblick des Eindeutschungsvorgangs darauf zu achten sein, dass diese eindeutige Bereinigung der Volkstumslage im ländlichen Sektor so schnell wie möglich restlos durchgeführt wird. [...]

Gelingt es uns, im neuen deutschen Osten wirklich eine totale Lösung zu finden, dann wird dieses nationalsozialistische Wirken eines Tages vom neuen Raum auf das Gesamtreich herüberstrahlen und wird uns nach Jahrhunderten verfehlter Ostpolitik beweisen, wie schicksalhaft eng der deutsche Osten mit dem deutschen Gesamtschicksal verbunden ist. Durchführung und Methode der deutschen Ostpolitik mögen sich den technischen und zivilisatorischen Gegebenheiten entsprechend ändern. Das Ziel muss aber für alle Zeiten dasselbe bleiben, den neuen deutschen Lebensraum mit dem Altreich organisch zu verbinden, dass wirklich die Voraussetzung für unser höchstes Ziel gegeben ist: Das erste wahrhaft germanische Reich aller Deutschen zu formen und seine Grundlagen unverrückbar fest zu gestalten.

Konrad Meyer, Siedlungs- und Aufbauarbeit im deutschen Osten, in: Münchner Studentenzeitung „Die Bewegung", Folge 8, 1941, zit. nach: http://gplanost.x-berg.de/wprim.html#KMeyer (Download vom 13. Dezember 2015)

1. Schildern Sie Meyers Vorstellungen vom Osten und seiner Besiedlung. Diskutieren Sie, wie und warum er die Behandlung der Bewohner nur indirekt erwähnt.
2. Lesen Sie den im Internet verfügbaren Text des „Generalplan Ost" und prüfen Sie, inwiefern Meyers Überlegungen in einen Plan umgesetzt wurden.
3. **Plakat:** Recherchieren Sie Meyers Lebenslauf nach 1945 und stellen Sie ihn auf einem Plakat dar.

M 9 Der Osteuropahistoriker Jörg Baberowski über „ethnische Säuberungen" in Ostpolen 1939/40 (2006)

Unmittelbar nach der Besetzung Ostpolens begannen die sowjetischen Sicherheitsbehörden mit der ethnischen Neuvermessung des eroberten Territoriums. Aus dem Grenzstreifen zwischen dem deutschen und dem sowjetischen Besatzungsgebiet wurden alle Bewohner polnischer Nationalität entfernt. Wo die Vormacht der Gutsbesitzer und Beamten gebrochen wurde, versuchten die Bolschewiki Ukrainer, Weißrussen und Juden gegen ihre polnischen Nachbarn aufzubringen. In manchen Regionen bewirkte die Hasspropaganda, dass Juden und weißrussische Bauern Lynchjustiz an polnischen Beamten und Gutsbesitzern übten. [...]

Gleichwohl blieb der Terror der Bolschewiki nicht auf die polnische Bevölkerung beschränkt. Unmittelbar nach der Besetzung wurden alle ausländischen Staatsbürger und Juden, die aus dem deutschen in den sowjetischen Besatzungsteil geflohen waren, registriert und später nach Zentralasien deportiert. Fast alle Juden, die während des Jahres 1940 aus dem sowjetisch besetzten Polen deportiert wurden, stammten aus dem deutschen Teilungsgebiet. Es half ihnen nicht, dass sie vor dem Terror der Nationalsozialisten geflüchtet waren. Wer aus dem „Ausland" kam, geriet in Verdacht, ein Unruhestifter und Spion zu sein, ganz gleich, welchen Ursachen sich seine Flucht verdankte. Fast 60 000 Juden fielen diesen Deportationen zum Opfer, mehr als 200 000 Polen, fast 10 Prozent der polnischen Bevölkerung im sowjetischen Besatzungsgebiet, verloren ihre Heimat.

Jörg Baberowski, Ordnung durch Terror. Stalinismus im sowjetischen Vielvölkerreich, in: Isabel Heinemann, Patrick Wagner (Hg.), Wissenschaft – Planung – Vertreibung. Neuordnungskonzepte und Umsiedlungspolitik im 20. Jahrhundert, Franz Steiner Verlag, Stuttgart 2006, S. 164 f.

1. Erörtern Sie Ursachen, Verlauf und Folgen der „ethnischen Flurbereinigung" der Sowjetunion in Ostpolen.

M 10 „Mit Gewalt aus Bunkern hervorgeholt“, Fotografie, Mai 1943.
Das Foto zeigt Juden, die während des Aufstandes im Warschauer Getto von der SS zusammengetrieben werden. Der kleine Junge im Zentrum des Bildes ist Zvi Nußbaum und überlebte das KZ Bergen-Belsen. Der SS-Mann mit Maschinenpistole wurde 1967 auf einem Foto in der DDR als Josef Blösche identifiziert und 1969 zum Tode verurteilt. Das Foto war Teil des Stroop-Berichtes, in dem der SS-Führer Jürgen Stroop seine Aktionen im Rahmen des Getto-Aufstandes dokumentierte.

1 Informieren Sie sich über den Stroop-Bericht und diskutieren Sie die Rolle des Fotos innerhalb des Berichtes.

M 11 Erinnerungen von Frau Je. (Jg. 1916) in einem Interview an ihre Ansiedlung 1941 in annektierten polnischen Gebieten (2003)

Das war ein Dorf von sagen wir mal 800 bis 1 000 Familien. Und wir waren da etwa 20 Familien Umsiedler: aus dem Buchenland, aus Bessarabien, Lettland und wo sie hier herkamen. Aber wir waren verstreut. Wir waren unter diesen Menschen gesessen, in ihren Häusern, ihrem Vermögen. Ich war damals 24 Jahre alt, da wurden die Leute rausgetrieben aus ihrem Haus, in meiner Gegenwart. Sie wurden mit SS, die Gewehr hatten, und auch einfache Sturmmänner, die sie hinzugezogen haben, in meiner Gegenwart aus dem Hause rausgetrieben, und ich wurde da reingesetzt. Es war furchtbar für mich, ich hab so geheult, dass der SS-Mann gesagt hat: So! Wenn Sie so viel Mitleid haben mit den Polen, dann bringen wir Sie wieder zurück ins Lager. Da hab ich gesagt: Wenn ich's gewusst hätte, dass das auf diesem Wege geht, dann wär' ich gleich da geblieben, im Lager. […]

Die haben eben gemerkt, dass wir sehr mitleidig sind und sehr drauf eingehen auf die Leute. Und das sollten wir ja nicht. Wir wollten (aber) so leben wie mit unseren Russen und mit unseren Völkern, mit denen wir zusammen waren – überhaupt ich, wo ich aus einem gemischten Dorf kam. […] Ich bin eben (mit den Polen) umgegangen wie mit meinen Nachbarn zuhause und bin auch gut zurecht gekommen damit. Aber das sollte nicht so sein. […]

Ich kannte ja das Land nicht. Wir kamen ja aus einem Land, wo alles gewachsen ist. Überall. Aber hier war das anders. Da musste ich mich von ihnen (den Polen) belehren lassen. Ich war eine Frau und hab mich belehren lassen. Mein Schwiegervater […] hat sich aber nicht belehren lassen, und er hat den Kürzeren gezogen. So, und da konnte ich nicht mehr mit ihm zusammenarbeiten, weil er immer den Knecht korrigieren wollte. Und der war 36 Jahre alt und hat das Land genau gekannt, weil er da nicht weitab selber eine Wirtschaft gehabt hat. Und mir von aller Seite von den Polen gesagt wurde, dass die eine gute Wirtschaft hatten, und ich hab's selbst gesehen, er war ein guter Wirtschafter. Aber mein Schwiegervater wollte sich einfach von ihm nichts sagen lassen.

Ich hatte viel mehr als in Bessarabien hier (in Polen) gekriegt. [...] Ich hatte ja (dort) nur drei Hektar. [...] Sie haben uns das übergeben als Eigentum. Aber wir haben uns nicht als Eigentümer gefühlt. Wir haben uns gefühlt als Fremde. Ich hab mich (jedenfalls) immer so gefühlt: Das gehört mir nicht, und ich bin nur Verwalter da drüber. Und so haben sich die meisten gefühlt, auch meine Eltern. Wir waren froh, wie die Flucht gekommen ist und wir da weggekommen sind.

Ute Schmidt, Die Deutschen aus Bessarabien. Eine Minderheit aus Südosteuropa (1814 bis heute), Böhlau Verlag, Köln 2003, S. 370–372.

1 In einem Handzettel für die Deutschen in Lettland, die zur Umsiedelung bewegt werden sollten, hieß es 1939: „Warum ruft uns der Führer? Weil er unsere Arbeitskraft und unsere Erfahrungen beim Wiederaufbau des schönen, von den Polen verwahrlosten Posener Landes braucht." Vergleichen Sie solche Werbung mit der Wirklichkeit (M 11) von deutschen Umsiedlern, was ihre Ankunft in den neuen Siedlungsgebieten angeht.

M 12 Aus einer Rede Heinrich Himmlers zum Warschauer Aufstand (21. September 1944)

Meine Herren! [...] Wir führen seit fünf Wochen den Kampf um Warschau. Ich habe als meinen Kommandeur dort den SS-Obergruppenführer von dem Bach eingesetzt. Der Kampf ist der härteste, den wir seit Kriegsbeginn durchgeführt haben. Er ist vergleichbar mit dem Häuserkampf in Stalingrad. [...] Wie ich die Nachricht von dem Aufstand in Warschau hörte, ging ich sofort zum Führer. Ich darf Ihnen das als Beispiel sagen, wie man eine solche Nachricht in aller Ruhe auffassen muss. Ich sagte: „Mein Führer, der Zeitpunkt ist unsympathisch. Geschichtlich gesehen ist es ein Segen, dass die Polen das machen. Über die fünf, sechs Wochen kommen wir hier weg. Dann aber ist Warschau, die Hauptstadt, der Kopf, die Intelligenz dieses ehemaligen 16-17-Millionenvolkes ausgelöscht, dieses Volkes, das uns seit 700 Jahren den Osten blockiert und uns seit der ersten Schlacht bei Tannenberg im Wege liegt. Dann wird das polnische Problem für unsere Kinder und für alle, die nach uns kommen, ja schon für uns kein großes Problem mehr sein." Außerdem habe ich gleichzeitig den Befehl gegeben, dass Warschau restlos zerstört wird. Meine Herren! Sie können nun denken, ich sei ein furchtbarer Barbar. Wenn Sie so wollen: Ja, das bin ich, wenn es sein muss. Der Befehl lautete: Jeder Häuserblock ist niederzubrennen und zu sprengen, sodass sich in Warschau keine Etappe mehr festnisten kann. [...] Ich war etwas abgeschweift von Warschau, der riesigen Etappenstadt, die nicht mehr sein wird.

Aus: Rede des Reichsführers SS vor den Wehrkreisbefehlshabern und Schulkommandeuren, 21. 9. 1944. o. O. o. J., Bestände des Berlin Document Center, Roll. 38, Ordner 238 B.

1 **Recherche:** Tragen Sie Informationen über den Warschauer Aufstand zusammen. Skizzieren Sie die politischen und militärischen Ziele des Aufstandes. Untersuchen Sie auch, welche Bedeutung der Aufstand für das polnische Geschichtsbewusstsein besaß und besitzt.

2 Analysieren und beurteilen Sie die Rede Himmlers (M 12). Erörtern Sie dabei, warum Himmler den Aufstand geschichtlich betrachtet als „Segen" bewertet.

M 13 Aus der Führerbesprechung „Barbarossa" (30. März 1941)

11.00 Uhr Generals-Versammlung beim Führer: Fast 2 ½ stündige Ansprache [...].

Kampf zweier Weltanschauungen gegeneinander. Vernichtendes Urteil über Bolschewismus, ist gleich asoziales Verbrechertum. Kommunismus ungeheure Gefahr für die Zukunft. Wir müssen von dem Standpunkt des soldatischen Kameradentums abrücken. Der Kommunist ist vorher kein Kamerad und nachher kein Kamerad. Es handelt sich um einen Vernichtungskampf. Wenn wir es nicht so auffassen, dann werden wir zwar den Feind schlagen, aber in 30 Jahren wird uns wieder der kommunistische Feind gegenüberstehen. Wir führen nicht Krieg, um den Feind zu konservieren.

Künftiges Staatenbild: Nordrussland gehört zu Finnland. Protektorate Ostseeländer, Ukraine, Weißrussland.

Kampf gegen Russland: Vernichtung der bolschewistischen Kommissare und der kommunistischen Intelligenz.

Die neuen Staaten müssen sozialistische Staaten sein, aber ohne eigene Intelligenz. Es muss verhindert werden, dass eine neue Intelligenz sich bildet. Hier genügt eine primitive sozialistische Intelligenz.

Der Kampf muss geführt werden gegen das Gift der Zersetzung. Das ist keine Frage der Kriegsgerichte. Die Führer der Truppe müssen wissen, worum es geht. Sie müssen in dem Kampf führen. Die Truppe muss sich mit den Mitteln verteidigen, mit denen sie angegriffen wird. Kommissare und GPU-Leute[1] sind Verbrecher und müssen als solche behandelt werden. […]

Der Kampf wird sich sehr unterscheiden vom Kampf im Westen. Im Osten ist Härte mild für die Zukunft.

Die Führer müssen von sich das Opfer verlangen, ihre Bedenken zu überwinden.

Zit. nach: Michael Salewski (Hg.), Deutsche Quellen zur Geschichte des Zweiten Weltkrieges, Wissenschaftliche Buchgesellschaft, Darmstadt 1998, S. 173 f.

1 GPU: Staatliche Politische Verwaltung, sowjetische Geheimpolizei 1922–1934

1 Ordnen Sie M 13 in den zeitlichen Kontext ein.
2 Erläutern Sie die Motive und Ziele der deutschen Außenpolitik gegenüber Russland (M 13).

M 14 Der Historiker Wolfgang Michalka über den „Weltanschauungs“- und „Vernichtungskrieg“ des NS-Regimes (2003)

Erst der Vernichtungskrieg gegen die UdSSR kann die unauflösbare Verbindung von Ideologie und Machtpolitik, von Lebensraumeroberung und radikalem Rassenantisemitismus demonstrieren und damit die unvergleichbare Singularität nationalsozialistischer Politik offenbaren. Dass die Vernichtung des Gegners und die Ausrottung der europäischen Juden nicht „lediglich“ und „zufällig“ das Resultat eines sich radikalisierenden Krieges war, belegen unmissverständlich die Anweisungen und Befehle, die Hitler lange vor Beginn des Unternehmens „Barbarossa“ erteilte, sodass die daraus resultierenden Beherrschungs- und Vernichtungspraktiken systematisch geplant und […] langfristig vorbereitet erscheinen. Bereits im Frühjahr 1941 war den an der Planung des Angriffs auf die Sowjetunion Beteiligten klar, dass der Krieg im Osten neben strategisch-machtpolitischen und wirtschaftlichen vor allem ideologische Aufgaben zu erfüllen hatte und dass völkerrechtliche Beschränkungen und Regeln absolut fehl am Platze waren. Am deutlichsten zeigt sich dies im Komplex der sogenannten „verbrecherischen Befehle“, vor allem im „Kriegsgerichtsbarkeitserlass“ und im „Kommissarbefehl“. Beide Direktiven erhielten ihre Begründung und Verbreitung in einer Rede vor etwa 230 Generalen – den Befehlshabern und Stabschefs der für den Ostkrieg vorgesehenen Verbände – am 30. März 1941, in der Hitler über den bevorstehenden „Kampf zweier Weltanschauungen“ zur „Ausrottung“ des Kommunismus „für alle Zeiten“ offen und klar informierte und zur „Vernichtung der bolschewistischen Kommissare und kommunistischen Intelligenz“ aufrief. Es handle sich „um einen Vernichtungskampf“, in dem man den Feind nicht „konservieren“ dürfe. In den folgenden Wochen wurden beide Befehle auf mittlerer Ebene […] ausgearbeitet, ohne dass es weiterer Anstöße vonseiten Hitlers bedurft hätte; dies bedeutet gleichzeitig, dass kein entschiedener Widerspruch von den militärischen Führungsstäben erfolgt ist.

Der „Kriegsgerichtsbarkeitserlass" bestimmte, dass „Straftaten feindlicher Zivilpersonen" nicht, wie üblich, durch Kriegsgerichte abgeurteilt werden durften. Zivilisten, die die Wehrmacht „angriffen", sollten erbarmungslos „niedergemacht", sogenannte „verdächtige Elemente" auf Befehl eines Offiziers erschossen werden. Demgegenüber sollten Verbrechen deutscher Soldaten an sowjetischen Bürgern nicht verfolgt werden, wenn der Täter politische Motive geltend machte. Der „Kommissarbefehl" forderte von der Truppe die sofortige Erschießung aller gefangen genommenen politischen Kommissare der Roten Armee. [...] Die Entscheidung, alle kommunistischen Funktionäre und darüber hinaus alle potenziellen Träger von Widerstand zu beseitigen, resultierte aus der Absicht, die Eroberung im Osten – die Basis der zukünftigen Weltmachtstellung – mit größter Rücksichtslosigkeit zu sichern. [...]

Es ist [...] offensichtlich [...], dass zwischen der erklärten Absicht deutscher Führungseliten, die „Ostvölker" zu dezimieren, und dem Massensterben sowjetischer Gefangener ein enger Kausalzusammenhang besteht. Helmuth James Graf Moltke, [...] als Mitarbeiter der Völkerrechtsabteilung des Amtes Ausland/Abwehr im OKW[1] stets gut unterrichtet, schrieb schon im August 1941 über die Auswüchse des Vernichtungskriegs an seine Frau: „Die Nachrichten aus dem Osten sind wieder schrecklich. Wir haben offenbar doch sehr, sehr große Verluste. Das wäre aber noch erträglich, wenn nicht Hekatomben[2] von Leichen auf unseren Schultern liegen. Immer wieder hört man Nachrichten, dass von Transporten von Gefangenen und Juden nur 20 % ankommen, dass in Gefangenenlagern Hunger herrscht, dass Typhus und andere Mangel-Epidemien ausgebrochen seien."

Die Kontinuität und Verbindung von rassen- und raumpolitischen Leitideen bei Hitler lassen sich am eindeutigsten an dem Komplex „Endlösung der Judenfrage" demonstrieren: Die Eroberung von Lebensraum und die Vernichtung der Juden waren ideologische Axiome, die nun beim Angriff auf die Sowjetunion ihre Realisierung finden sollten.

Wolfgang Michalka, Das Dritte Reich 1933–1945, in: Martin Vogt (Hg.), Deutsche Geschichte. Von den Anfängen bis zur Gegenwart, 2. Aufl., Fischer, Frankfurt/Main 2003, S. 750 ff.

1 OKW: Oberkommando der Wehrmacht
2 Hekatombe (griech.): einem Unglück zum Opfer gefallene, erschütternd große Zahl von Menschen

1 Beschreiben Sie, ausgehend von M 14, die Folgen des Krieges für die Menschen in der Sowjetunion.
2 Arbeiten Sie anhand von Beispielen den Zusammenhang von Krieg und Rassenideologie heraus (M 14).

M 15 „Der deutsche Soldat ist der Garant des Sieges", öffentlicher Anschlag für das besetzte Polen in polnischer Sprache, Plakat, 1943

1 Zeigen Sie, inwiefern das Plakat Teil des deutschen „Weltanschauungskrieges" ist.

Nationalsozialismus und deutsches Selbstverständnis

NS-Ideologie und charismatische Herrschaft

Mit Beginn der 1930er-Jahre, als die Weltwirtschaftskrise in Deutschland das Vertrauen vieler Menschen in Regierung, Parlament und Parteien sowie in deren Fähigkeiten zur Lösung der ökonomischen und sozialen Probleme erschüttert hatte, gelang der NSDAP der Durchbruch zu einer Massenpartei. Die Nationalsozialisten fanden in der Bevölkerung mit ihrer Forderung nach Beseitigung des „Weimarer Systems" und einem „starken Mann" an der Spitze des Deutschen Reiches zunehmend Rückhalt. Ihr „Führer" Adolf Hitler könne als Retter Deutschland aus der Wirtschaftskrise herausführen und den nationalen Wiederaufstieg des Reiches durchsetzen. Die Reichstagswahlen 1932 brachten zwar große Erfolge für die Nationalsozialisten, aber eine Mehrheit konnten sie nicht erreichen. Schließlich verhalfen einige konservative Gegner der Weimarer Republik, allen voran Reichspräsident Paul von Hindenburg, Hitler 1933 zur Macht. Dabei verfolgten sie eigene Interessen: Sie wollten Hitler und die NSDAP benutzen, um das demokratische durch ein autoritäres System zu ersetzen. Doch der Plan misslang, Hitler und die NSDAP errichteten in Deutschland eine totalitäre Diktatur.

Die politischen Lösungen, die Hitler und die Nationalsozialisten anboten, beruhten sowohl auf der **charismatischen Führergestalt Adolf Hitlers** als auch auf der ebenso radikalen wie aggressiven Ideologie der nationalsozialistischen Bewegung. Diese **„Weltanschauung"** verband die faschistischen Grundelemente Antiparlamentarismus, Antiliberalismus und Antimarxismus mit völkischen Auffassungen von imperialistischem Nationalismus, Antisemitismus und Rassismus. Dabei bestand das Prinzip der NS-Ideologie in der radikalen Vereinfachung der übernommenen Thesen und Argumente. Hitler, der seine Ansichten und Ziele bereits 1925 in seinem Buch „Mein Kampf" formuliert hatte, glaubte umso mehr Zustimmung zu erlangen, je stärker er die nationalsozialistischen Leitgedanken auf wesentliche Inhalte reduzierte.

Rassenlehre, Antisemitismus und „Untermensch"-Propaganda

Einer der Grundpfeiler nationalsozialistischen Denkens war der Rassismus. Er beruhte erstens auf der pseudo-wissenschaftlichen Auffassung, dass biologische und damit erbliche Merkmale das gesamte menschliche, also auch das politisch-gesellschaftliche Verhalten bestimmen. Zweitens unterstellte der Rassismus die Höher- bzw. Minderwertigkeit unterschiedlicher „Rassen". Mit dieser Annahme untrennbar verbunden ist eine **sozialdarwinistische Interpretation der Geschichte**: Sie erschien als ein ständiger Kampf der Individuen und Völker, der Staaten und „Rassen", wobei sich stets die Stärkeren gegenüber den Schwächeren durchsetzten.

In der NS-Ideologie verbanden sich außerdem Rassismus und Antisemitismus zum **Rassenantisemitismus**, d. h. die Judenfeindschaft wurde nun nicht zuvorderst religiös oder sozial begründet, sondern es wurde argumentiert, dass die jüdische Rasse gegenüber der „arischen“ bzw. germanischen minderwertig sei und sich nur der geistigen und materiellen Güter höherstehender Rassen bediene. Daraus wurde gefolgert, dass „die Juden“ der oberste Feind der Menschheit seien.

Mit der Machtübernahme der Nationalsozialisten wurde der Rassenantisemitismus zum Dreh- und Angelpunkt staatlichen Handelns. Der Historiker Michael Wildt bezeichnet den nationalsozialistischen Judenhass im Unterschied zum Antisemitismus der Kaiserzeit als **„Antisemitismus der Tat“**. Ideen bezüglich gesetzlicher Einschränkungen oder erste Vernichtungsgedanken, wie sie z. B. der Philosoph und Antisemit Eugen Karl Dühring (1833–1921) angestellt hatte, gab es, aber sie blieben Theorie. In der NS-Zeit wurde daraus staatliche Politik. „Unsere Sorge muss es sein“, sagte Hitler, „das Instinktmäßige gegen das Judentum in unserem Volke [...] aufzuwiegeln, solange bis es zum Entschluss kommt, der Bewegung sich anzuschließen, die bereit ist, die Konsequenzen daraus zu ziehen.“

M 1 „Bilder deutscher Rassen 1“, Schautafel für den rassentheoretischen Unterricht an deutschen Schulen in der NS-Zeit, Druck, 1936

Die Nationalsozialisten klassifizierten auch Sinti und Roma, Menschen afrikanischer und asiatischer Herkunft sowie die slawischen Völker, vor allem Russen und Polen, als „minderwertige Rassen“ bzw. als **„Untermenschen“**. Pseudo-wissenschaftliche und programmatische NS-Schriften sprachen den „Untermenschen“ pauschal Kraft, intellektuelle Leistungsfähigkeit, Kreativität, Moral und Ehrbarkeit ab. Die NS-Propaganda entmenschlichte sie zudem als Artfremde und Volksschädlinge, als „Ungeziefer“ und „Parasiten“. So bereitete der NS-Staat die Ausgrenzung, Entrechtung, Deportation und schließlich die Vernichtung von Millionen von Menschen ideologisch vor. Gleichzeitig senkte die kollektive Entmenschlichung die Hemmschwelle bei Soldaten, Polizisten und SS, wehrlose Menschen auszubeuten und in den besetzten Ländern sowie in den Konzentrationslagern zu töten.

„Volksgemeinschafts“-Ideologie

Der **„nationale Sozialismus“**, den die NSDAP vertrat, zielte nicht auf die sozialistische Umgestaltung der wirtschaftlichen und sozialen Verhältnisse, wie sie von den Arbeiterparteien und den Gewerkschaften angestrebt wurde. Die Nationalsozialisten lehnten im Gegenteil Sozialismus und Kommunismus strikt ab, weil diese Anschauungen nur Zwietracht ins deutsche Volk brächten. Die „nationale Wiedergeburt“ des Deutschen Reiches konnte nach ihrer Auffassung nur gelingen, wenn Staat und Gesellschaft nicht länger von Klassenkampf und Parteienzwist bestimmt würden. Als Alternative zu sozialistischen und demokratischen

Ordnungsvorstellungen formulierte die NS-Propaganda das Ideal der **„Volksgemeinschaft“**, in der alle sozialen Gruppen – außer den Gegnern, die ausgegrenzt werden müssten – zu einem einheitlichen ethnischen Verband zusammengeschlossen seien. Damit jeder seinen natürlichen Platz in der Gesellschaft einnehmen könne, sollten alle sozialen Unterschiede eingeebnet werden. In einer Rede zum Heldengedenktag erklärte Hitler am 10. März 1940: „Über Klassen und Stände, Berufe, Konfessionen und alle übrige Wirrnis des Lebens hinweg erhebt sich die soziale Einheit der deutschen Menschen ohne Ansehen des Standes und der Herkunft, im Blute fundiert, durch ein tausendjähriges Leben zusammengefügt, durch das Schicksal auf Gedeih und Verderb verbunden. [...] Unser Wille ist der Sieg der nationalsozialistischen Volksgemeinschaft!“

M 2 „Nürnberg 1933, einig das Volk, stark das Reich“, Postkarte, 1933

Die Verheißung der Nationalsozialisten, die deutsche Bevölkerung zu einer „Volksgemeinschaft“ zusammenzuführen, war nach dem Ersten Weltkrieg ein wirksames Propagandamittel, um die Unzufriedenen für die NSDAP zu gewinnen. Nach der Machtübernahme 1933 trat ein anderes Ziel in den Vordergrund: Die Nationalsozialisten betrachteten die Schaffung einer homogenen und starken deutschen Nation als unabdingbare Voraussetzung für ihre Kriegs- und Expansionspolitik. Erst eine von allen inneren Konflikten und Schwächen befreite „Volksgemeinschaft“ habe die Kraft und Willensstärke, den in ihren Augen erforderlichen „Lebensraum“ im Osten gegen eine Welt äußerer Feinde zu erobern.

„Kampf um Lebensraum“

Hitler und seinen Anhängern erschien in Anlehnung an den Darwinismus der **Kampf als das eigentliche Lebensprinzip** auch innerhalb der internationalen Staatenwelt. Alle Bemühungen der deutschen Außenpolitik sollten dabei auf die Revision des Versailler Friedens und die Wiederherstellung der deutschen Groß- und Weltmachtposition ausgerichtet werden. Neu an den nationalsozialistischen Plänen war aber die Ausrichtung nach Osten: Die Deutschen sollten sich auf den **Marsch nach Osten**, in das Gebiet der Sowjetunion, machen und dort „Lebensraum“ für das deutsche Volk gewinnen. Begründet wurde auch dies rassenideologisch: Die besten Anlagen habe die „germanische bzw. arische Rasse“. Die Slawen stempelte man zu einer „unterlegenen Rasse“, die in Gebieten lebten, die zum „natürlichen Lebensraum“ der deutschen Bevölkerung gehörten. Das Prinzip des Lebenskampfes wurde so zur Legitimation einer expansionistischen Kriegs- und Vernichtungspolitik herangezogen und mit dem Begriff „Lebensraumpolitik“ verharmlost.

Webcode:
KH645923-120

1 **Schaubild:** Arbeiten Sie die zentralen Merkmale der nationalsozialistischen „Volksgemeinschafts“-Ideologie heraus und stellen Sie sie in einem Schaubild dar.
2 Analysieren Sie die Begriffe „Rassenantisemitismus“ und „Antisemitismus der Tat“. Zeigen Sie dabei die Unterschiede zwischen dem traditionellen und dem NS-Antisemitismus auf.
3 **Lexikonartikel:** Erläutern Sie den Begriff „Lebensraumpolitik“ in Form eines Lexikonartikels.

M 3 Auszüge aus Hitlers Buch „Mein Kampf" (1925)

a) „Der Jude"

Siegt der Jude mithilfe seines marxistischen Glaubensbekenntnisses über die Völker dieser Welt, dann wird seine Krone der Totenkranz der Menschheit sein, dann wird dieser Planet wieder wie einst vor Jahrmillionen menschenleer durch den Äther ziehen.

Die ewige Natur rächt unerbittlich die Übertretung ihrer Gebote.

So glaube ich heute im Sinne des allmächtigen Schöpfers zu handeln: Indem ich mich des Juden erwehre, kämpfe ich für das Werk des Herrn.

b) „Volk und Rasse"

Schon die oberflächlichste Betrachtung zeigt als nahezu ehernes Grundgesetz all der unzähligen Ausdrucksformen des Lebenswillens der Natur ihre in sich begrenzte Form der Fortpflanzung und Vermehrung. Jedes Tier paart sich nur mit einem Genossen der gleichen Art. Meise geht zu Meise, Fink zu Fink, der Storch zur Störchin, Feldmaus zu Feldmaus, Hausmaus zu Hausmaus, der Wolf zur Wölfin usw. […]

Die Folge dieses in der Natur allgemein gültigen Triebes zur Rassereinheit ist nicht nur die scharfe Abgrenzung der einzelnen Rassen nach außen, sondern auch ihre gleichmäßige Wesensart in sich selber. […]

So wenig sie [= die Natur] aber schon eine Paarung von schwächeren Einzelwesen mit stärkeren wünscht, so viel weniger noch die Verschmelzung von höherer Rasse mit niederer, da ja andernfalls ihre ganze sonstige, vielleicht jahrhunderttausendelange Arbeit der Höherzüchtung mit einem Schlage wieder hinfällig wäre.

Die geschichtliche Erfahrung bietet hierfür zahllose Belege. Sie zeigt in erschreckender Deutlichkeit, dass bei jeder Blutsvermengung des Ariers mit niedrigeren Völkern als Ergebnis das Ende des Kulturträgers herauskam. […]

Den gewaltigsten Gegensatz zum Arier bildet der Jude.

c) „Antiparlamentarismus" und „Führerprinzip"

Die junge Bewegung ist ihrem Wesen und ihrer inneren Organisation nach antiparlamentarisch, d. h., sie lehnt im Allgemeinen wie in ihrem eigenen inneren Aufbau ein Prinzip der Majoritätsbestimmung ab, in dem der Führer nur zum Vollstrecker des Willens und der Meinung anderer degradiert wird. Die Bewegung vertritt im Kleinsten wie im Größten den Grundsatz der unbedingten Führerautorität, gepaart mit höchster Verantwortung.

Die praktischen Folgen dieses Grundsatzes in der Bewegung sind nachstehende:

Der erste Vorsitzende einer Ortsgruppe wird durch den nächsthöheren Führer eingesetzt, er ist der verantwortliche Leiter der Ortsgruppe. […]

Der völkische Staat hat, angefangen bei der Gemeinde bis hinauf zur Leitung des Reiches, keinen Vertretungskörper, der etwa durch Majorität beschließt, sondern nur Beratungskörper, die dem jeweilig gewählten Führer zur Seite stehen und von ihm in die Arbeit eingeteilt werden, um nach Bedarf selber auf gewissen Gebieten wieder unbedingte Verantwortung zu übernehmen, genau so wie sie im Größeren der Führer oder Vorsitzende der jeweiligen Korporation selbst besitzt.

Adolf Hitler, Mein Kampf, Franz Eher Nachfolger, München 1942, S. 69f., 311ff., 378, 501f.

1 Analysieren Sie das von Hitler entworfene Menschenbild.

2 Erklären Sie, was Hitler unter dem „Führerprinzip" versteht.

M 4 Die Historikerinnen Hilde Kammer und Elisabet Bartsch über den Begriff des „Untermenschen" in der NS-Propaganda (2002)

Die wissenschaftlich eindeutig widerlegte nationalsozialistische Rassenkunde, deren Auswirkungen für Millionen Menschen den Tod bedeuteten, stellte die Behauptung auf, es gebe eine höherstehende nordische Rasse, zu der in ihrer Mehrzahl die Deutschen gehörten, und andere minderwertige Rassen, zu denen unter anderen Slawen, Sinti und Roma und Juden gehörten. Auf der Grundlage der Rassenkunde wurden Juden und Slawen in Zeitungen, in Reden, Büchern, Filmen, auf Plakaten, auf Schulungsveranstaltungen der NSDAP, der SS, der Hitlerjugend und aller anderen Organisationen des Nationalsozialismus immer wieder und mit einhämmernden Wiederholungen diskriminiert, das heißt herabgewürdigt. In einer Schrift der SS von 1935 hieß es: „[...] Der Untermensch – jene biologisch scheinbar völlig gleichgeartete Naturschöpfung mit Händen, Füßen und einer Art von Gehirn, mit Augen und Mund, ist doch eine ganz andere, eine furchtbare Kreatur, ist nur ein Wurf zum Menschen hin, mit menschenähnlichen Gesichtszügen – geistig, seelisch jedoch tiefer stehend als jedes Tier [...]. Untermensch – sonst nichts [...]. Und diese Unterwelt der Untermenschen fand ihren Führer: – den ewigen Juden [...]."

In einer der Reichspressekonferenzen, durch die die gesamte Presse des Deutschen Reiches, gelenkt vom Propagandaministerium, ihre Anweisungen über Inhalt und Aufmachung ihrer Berichte erhielt, hieß es 1939, kurz nach Beginn des Zweiten Weltkrieges, 1939–1945: „[...] Dagegen muss erreicht werden, dass die gegenwärtige Abneigung gegen alles Polnische für Jahre aufrechterhalten wird [...]. Polen ist Untermenschentum. Polen, Juden, Zigeuner sind in einem Atemzug zu nennen [...]. Es muss auch der letzten Kuhmagd in Deutschland klargemacht werden, dass das Polentum gleichwertig ist mit Untermenschentum [...], bis jeder in Deutschland jeden Polen, gleichgültig ob Landarbeiter oder Intellektuellen, im Unterbewusstsein schon als Ungeziefer ansieht. Diese Anweisung wird ausdrücklich über das Propagandaministerium an alle Zeitungen gegeben."

Menschen, die nicht mehr als Menschen angesehen wurden, als Untermenschen, als Volksschädlinge „auszurotten", war der nächste Schritt. Die als Untermenschen und „Parasiten" bezeichneten Menschen wie Ungeziefer „auszumerzen", wurde als Absicht öffentlich verkündet. Auf einer Kundgebung der NSDAP 1933 sprach Hermann Göring es aus: „Volksgenossen! Meine Maßnahmen werden nicht angekränkelt sein durch irgendwelche juristischen Bedenken. Hier habe ich keine Gerechtigkeit zu üben, hier habe ich nur zu vernichten und auszurotten, weiter nichts."

Hilde Kammer, Elisabet Bartsch, Lexikon Nationalsozialismus. Begriffe, Organisationen und Institutionen, 6. Aufl., Rowohlt Taschenbuch Verlag, Reinbek bei Hamburg 2002, S. 253 f.

1 Arbeiten Sie mithilfe von M 4 die Hauptmerkmale der nationalsozialistischen Sicht des „Untermenschen" heraus.

2 Zeigen Sie am Beispiel der Polen die Folgen der NS-Propaganda, die die Polen als „Untermenschen" abwertete.

M 5 Adolf Hitler über die „Volksgemeinschaft" (1920)

In der programmatischen Rede „Warum sind wir Antisemiten?" vom 13. August 1920 auf einer NSDAP-Versammlung im Festsaal des Münchener Hofbräuhauses begründet Hitler zum ersten Mal umfassend die Ideologie der „Volksgemeinschaft".

Was heißt eigentlich Arbeit? [...] Zunächst der rein instinktmäßige Selbsterhaltungstrieb. Wir finden ihn nicht nur beim Menschen, sondern auch beim Tier, und erst dieser instinktmäßige Selbsterhaltungstrieb hat sich später ausgebaut zu einer weiteren Form von Arbeit, nämlich zur Arbeit aus purem Egoismus. Auch diese zweite Stufe der Arbeit wurde allmählich überwunden und es kam die dritte: die Arbeit aus sittlich-moralischem Pflichtgefühl, die der einzelne nicht macht vielleicht nur, weil er dazu gezwungen ist, sondern die wir heute auf Schritt und Tritt verfolgen können, die Millionen von Menschen ausüben, ohne vielleicht ununterbrochen dazu getrieben zu sein, die Tausende von Denkern Tag für Tag, Nächte hindurch an ihre Studierstube bindet, ohne dass sie vielleicht materiell gezwungen werden, diese Arbeit zu leisten, die hunderttausende deutscher Arbeiter nach ihrer Feierstunde wandern lässt in ihre Heimgärten, und wir können es erleben, dass heute Millionen Menschen heute überhaupt nicht sein können ohne irgendeine Beschäftigung. [...]

Diese drei Errungenschaften: das erkannte Prinzip der Arbeit als Pflicht, die Notwendigkeit, nicht nur für den einzelnen und aus Egoismus, sondern zum Bestande dieser ganzen, wenn auch oft nur ganz kleinen Masse von Menschen, dieser kleinen Sippen, zweitens die unbedingte körperliche Gesundheit und dadurch die geistige normale Gesundheit, und drittens das tief-innerliche Seelenleben hat diesen nordischen Rassen die Möglichkeit gegeben, staatenbildend über die übrige Welt zu ziehen. [...]

Warum hat nun der Arier diese Kraft zur Staatenbildung besessen? Sie liegt nahezu ausschließlich in seiner Auffassung des Begriffes Arbeit. Die Rassen, die zum erstenmal diese Tätigkeit nicht als Zwang ansahen, sondern als durch Jahrzehntausende notgeborene Notwendigkeit, mussten von vornherein den anderen überlegen sein, und endlich ist es die Arbeit überhaupt, die den Menschen zwang, zusammen zu kommen, die Teilung der Arbeit. Wir wissen, dass im Augenblick, wo Einzelbeschäftigung aufhörte, den einzelnen zu ernähren, eine Gruppe gezwungen war, einem besonders Fähigen eine bestimmte Arbeit zuzuweisen, und dass, wo Teilung der Arbeit erfolgt, der Zusammenschluss größerer Menschengruppen notwendig wurde. So ist in der Arbeit letzten Endes die Kraft zu suchen, die erst die Sippen, dann die Stämme zusammenband und die später endlich Staaten gründete.

Wenn wir als erste Notwendigkeit zur Staatenbildung die Auffassung der Arbeit als soziale Pflicht ansehen müssen, dann ist die zweite Notwendigkeit, die Voraussetzung hierzu: Rassen-Gesundheit und Rassenreinheit, und nichts kam diesen nordischen Eroberern so sehr zugute als ihre geläuterte Kraft gegenüber den morschen faulen Südrassen. [...]

Wie steht nun der Jude zur Staatenbildung? Besitzt auch der Jude die Kraft, Staaten zu bilden usw.? Da müssen wir erst unbedingt prüfen seine Stellung zur Arbeit [...]. [...]

Arbeit ist ihm [...] nicht die selbstverständliche sittliche Pflicht, sondern nur ein Mittel höchstens zur Erhaltung seines eigenen Ich. [...] Und wir wissen, dass diese Arbeit einst bestand im Ausplündern wandernder Karawanen und dass sie heute besteht im planmäßigen Ausplündern verschuldeter Bauern, Industrieller, Bürger usw. Und dass sich die Form wohl geändert hat, dass aber das Prinzip das gleiche ist. Wir nennen das nicht Arbeit, sondern Raub [...].

Wenn uns schon dieser erste grundlegende Begriff trennt, so trennt uns auch sofort ein zweiter. Ich erklärte Ihnen vorhin, dass diese große Periode im Norden die Rassen rein gezüchtet hat. Das ist so zu verstehen, dass alles Minderwertige, Schwächliche allmählich aus diesen Rassen abgestorben ist und dass nur die gesündesten Körper übrig blieben. Auch hier unterscheidet sich der Jude; denn er ist nicht rein gezüchtet [...].

Endlich fehlt dem Juden noch das dritte: das innerliche seelische Erleben. [...] Sie kennen ihn alle [...]. Jene ununterbrochene Unruhe, die ihm niemals die Möglichkeit gibt, sich innerlich zu sammeln, einer seelischen Stimmung sich hinzugeben! [...]

Wir sehen, dass hier schon in der Rasse zwei große Unterschiede liegen: Ariertum bedeutet sittliche Auffassung der Arbeit und dadurch das, was wir heute so oft im Munde führen: Sozialismus, Gemeinsinn, Gemeinnutz vor Eigennutz – Judentum bedeutet egoistische Auffassung der Arbeit und dadurch Mammonismus und Materialismus, das konträre Gegenteil des Sozialismus [...]. Und in dieser Eigenschaft [...] allein schon liegt die Notwendigkeit für den Juden, unbedingt staatenzerstörend auftreten zu müssen. Er kann nicht anders, ob er will oder nicht. [...]

Der Jude ist bemüht, all das zu beseitigen, von dem er weiß, dass es irgendwie krafterzeugend, muskelstärkend wirkt, und vor allem das zu beseitigen, von dem er weiß [...], dass es entschlossen ist, nationale Volksverbrecher, d. h. Schädlinge an der Volksgemeinschaft, nicht unter sich zu dulden.

Zit. nach: Eberhard Jäckel u. a. (Hg.), Hitler. Sämtliche Aufzeichnungen 1905–1924, DVA, Stuttgart 1980, Nr. 136, S. 184–195.

1 Untersuchen Sie, welche Merkmale Hitler „Ariern" zuschreibt und wie er Juden charakterisiert (M 5).

2 Erläutern und diskutieren Sie, von diesen Merkmalen ausgehend, die NS-„Volksgemeinschafts"-Ideologie.

M 6 „Deutsche Symphonie“, Ölgemälde von Hans Toepper, ca. 1938

1 Beschreiben Sie auf der Basis von M 6 das Gesellschaftsmodell der „Volksgemeinschaft“.
2 **Collage:** Suchen Sie weiteres Bildmaterial und fertigen Sie eine Collage zum Konzept der „Volksgemeinschaft“ an.

M 7 Friedrich Schmidt, Leiter des Hauptschulungsamtes der NSDAP, über „Volksgemeinschaft“ und Freiheit (1940)

Frei ist der deutsche Mensch in höchstem Maße dann, wenn er sich den Gebundenheiten einer göttlichen Ordnung zu unterwerfen bereit ist. So ist auch nicht der frei, welcher tun kann, was er tun will, sondern frei ist der, welcher das tut, was er tun soll. Somit ist der Mensch, der aus Erkenntnis der Gebundenheit seines Blutes an die Ewigkeit seiner Ahnen heute bereit ist, für diese ewige Gemeinschaft werktätig zu sein, im besten Sinne des Wortes ein freier Mensch. Der höchste Freiheitsbegriff des Mannes liegt in der Bereitwilligkeit, für die Ewigkeit der Nation in den Tod zu gehen. Der höchste Freiheitsbegriff für das Weib aber wird immer bestehen in der Bereitwilligkeit, für die Ewigkeit des Volkes als der göttlichen Welt- und Gemeinschaftsordnung, zu gebären.

Zit. nach: Michael Schneider, Unterm Hakenkreuz. Arbeiter und Arbeiterbewegung 1933 bis 1939, Verlag J. H. W. Dietz Nachf., Bonn 1999, S. 349 f.

1 Analysieren Sie am Beispiel des Begriffes „Freiheit“, welche Normen und Werte die Nationalsozialisten vertraten (M 7).
2 Zeigen Sie am Freiheitsbegriff, inwiefern die NS-Ideologie liberal-demokratischen Werten widersprach (M 7).

M8 Adolf Hitler in „Mein Kampf" über „Lebensraum im Osten" (1925)

Wollte man in Europa Grund und Boden, dann konnte dies im Großen und Ganzen nur auf Kosten Russlands geschehen, dann musste sich das neue Reich auf der Straße der einstigen Ordensritter in Marsch setzen, um mit dem deutschen Schwert dem deutschen Pflug die Scholle, der Nation aber das tägliche Brot zu geben. [...]

Wir Nationalsozialisten haben jedoch noch weiterzugehen. Das Recht auf Grund und Boden kann zur Pflicht werden, wenn ohne Bodenerweiterung ein großes Volk dem Untergang geweiht erscheint. Noch ganz besonders dann, wenn es sich dabei nicht um ein x-beliebiges Negervölkchen handelt, sondern um die germanische Mutter all des Lebens, das der heutigen Welt ihr kulturelles Bild gegeben hat. Deutschland wird entweder Weltmacht oder überhaupt nicht sein. Zur Weltmacht aber braucht es jene Größe, die ihm in der heutigen Zeit die notwendige Bedeutung und seinen Bürgern das Leben gibt.

Damit ziehen wir Nationalsozialisten einen Strich unter die außenpolitische Richtung unserer Vorkriegszeit. Wir setzen dort an, wo man vor sechs Jahrhunderten endete. Wir stoppen den ewigen Germanenzug nach dem Süden und Westen Europas und weisen den Blick nach dem Land im Osten. Wir schließen endlich ab die Kolonial- und Handelspolitik der Vorkriegszeit und gehen über zur Bodenpolitik der Zukunft.

Adolf Hitler, Mein Kampf, Franz Eher Nachfolger, München 1942, S. 154, 741 f.

M9 Adolf Hitler in seinem „Zweiten Buch" über „Lebensraum im Osten" (1928)

Das 1928 verfasste Manuskript blieb zunächst unveröffentlicht, galt später als verschollen und wurde erst 1958 wieder entdeckt und 1961 publiziert:

Je mehr aber ein Volk sich zu dem Glauben bekennt, dass es durch wirtschaftsfriedliche Betätigung allein sein Leben erhalten könne, umso mehr wird gerade seine Wirtschaft selbst dem Zusammenbruch ausgeliefert. Denn endgültig ist die Wirtschaft als eine rein sekundäre Angelegenheit im Völkerleben gebunden an die primäre Existenz des kraftvollen Staates. Vor dem Pflug hat das Schwert zu stehen und vor der Wirtschaft eine Armee. Indem man darauf in Deutschland verzichten zu können glaubt, muss die Ernährung des Volkes daran scheitern.

[...] Tatsächlich befindet sich Deutschland schon heute mitten in diesem Zustand. Auswanderung und Geburtenbeschränkung sind die von den Vertretern der pazifistischen Wirtschaftspolitik und der marxistischen Staatsauffassung angepriesenen Medizinen zur Rettung unseres Volkskörpers. Das Ergebnis der Befolgung dieser Ratschläge wird aber besonders für Deutschland von verhängnisvoller Bedeutung werden. Deutschland ist rassisch aus so ungleichwertigen Grundelementen zusammengesetzt, dass eine dauernde Auswanderung zwangsläufig die widerstandsfähigeren, kühneren und entschlosseneren Menschen aus unserem Volkskörper herauszieht. Es werden dies vor allem, wie die Wikinger von einst, die Träger des nordischen Blutes sein. Diese langsame Entnordung unseres Volkes führt zu einer Senkung unseres allgemeinen Rassenwertes und damit zu einer Schwächung unserer technischen, kulturellen und auch staatspolitischen, produktiven Kräfte. [...] Nur eine bewusst völkische Rassenpolitik könnte die europäischen Nationen davor bewahren, das Gesetz des Handelns an Amerika zu verlieren.

Hitlers „Zweites Buch". Ein Dokument aus dem Jahr 1928. Eingeleitet und kommentiert v. Gerhard L. Weinberg. Mit einem Geleitwort v. Hans Rothfels, Deutsche Verlagsanstalt, Stuttgart 1961, S. 124 f.

1 Charakterisieren Sie die Folgen der „Lebensraum"-Ideologie.

2 Nehmen Sie Stellung zu der These: Der NS-Rassismus war die ideologische Grundlage eines „Krieges nach innen", die Lebensraum-Doktrin diejenige eines „Krieges nach außen".

Erarbeiten Sie Präsentationen

Thema 1
Der schöne Schein der Diktatur – die Darstellung der NS-„Volksgemeinschaft“ in der Propaganda

Sammeln Sie Bildmaterial zur Darstellung der NS-„Volksgemeinschaft“. Beschreiben Sie die Mittel, mit denen die Nationalsozialisten diese inszeniert bzw. präsentiert haben. Erläutern Sie ihre Funktion.

Vergleichen Sie diese Darstellungen mit den Selbstinszenierungen moderner demokratischer Parteien (z. B. Wahlplakate, Parteitage).

Literaturtipp

Peter Reichel, Der schöne Schein des Dritten Reichs. Gewalt und Faszination des deutschen Faschismus, Ellert & Richter, Hamburg 2006.

Thema 2
Polnische Sicht auf Zwangsmigrationen

Polen war durch die Besetzung durch Deutschland und die Sowjetunion doppelt betroffen. Deportationen innerhalb des Deutschen Reiches (vor allem zur Zwangsarbeit), aus den annektierten Gebieten ins sogenannte „Generalgouvernement“ sowie aus Ostpolen in die Sowjetunion waren die Folge.

Recherchieren Sie Erinnerungen von polnischen Zeitzeugen und stellen Sie wesentliche Zitate in Form einer Collage zusammen.

Literaturtipps

Hans-Jürgen Bömelburg, Renate Stößinger, Robert Traba (Hg.), Vertreibung aus dem Osten. Deutsche und Polen erinnern sich, Borussia, Olsztyn 2000.

Gerhard Besier u. a. (Hg.), Deutsche und Polen während und nach dem Zweiten Weltkrieg, LIT Verlag, Berlin 2007 (auch mit vielen Erinnerungsberichten).

M 1 Reichsparteitag der NSDAP in Nürnberg, Fotografie, August/September 1933.
Adolf Hitler und SA-Stabschef Ernst Röhm nehmen in der Luitpoldarena auf dem Nürnberger Reichsparteitagsgelände die Totenehrung vor. Die Luitpoldarena war eine streng gegliederte Aufmarschfläche für bis zu 150 000 Menschen. Sie war 1933 an der Stelle einer Parkanlage errichtet worden. Das monumentale Grundkonzept für das gesamte Gelände, u. a. mit Kongresshalle, Ehrenhalle und Rednertribüne, stammte von dem Architekten Albert Speer.

Webcode:
KH645923-126

M 2 „Auf polizeiliche Anordnung hin müssen alle polnischen Fremdarbeiter ein Stoffabzeichen mit einem ‚P‘ auf ihrer Kleidung tragen“, Plakat, o. J.

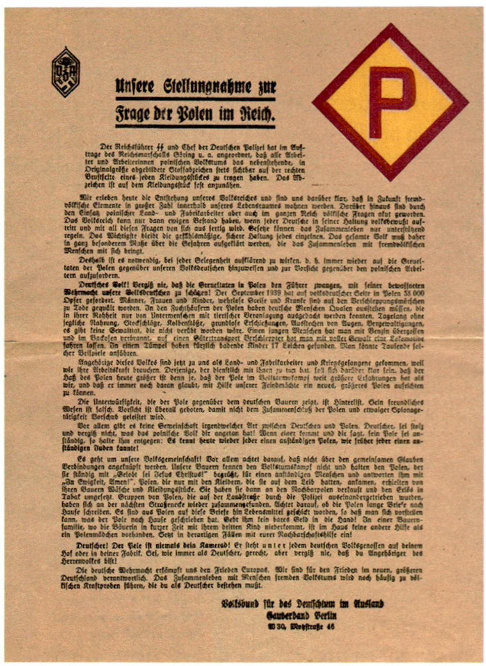

Unsere Stellungnahme zur Frage der Polen im Reich.

Der Reichsführer SS und Chef der Deutschen Polizei hat im Auftrage des Reichsmarschalls Göring u. a. angeordnet, daß alle Arbeiter und Arbeiterinnen polnischen Volkstums das nebenstehende, in Originalgröße abgebildete Stoffabzeichen stets sichtbar auf der rechten Brustseite eines jeden Kleidungsstückes zu tragen haben. Das Abzeichen ist auf dem Kleidungsstück fest anzunähen.

Wir erleben heute die Entstehung unseres Volksreiches und sind uns darüber klar, daß in Zukunft fremdvölkische Elemente in großer Zahl innerhalb unseres Lebensraumes wohnen werden. Darüber hinaus sind durch den Einsatz polnischer Land- und Fabrikarbeiter aber auch im ganzen Reich völkische Fragen akut geworden. Das Volksreich kann nur dann ewigen Bestand haben, wenn jeder Deutsche in seiner Haltung volksbewußt auftritt und mit all diesen Fragen von sich aus fertig wird. Gesetze können das Zusammenleben nur unterstützend regeln. Das Wichtigste bleibt die gefühlsmäßige, sichere Haltung jedes einzelnen. Das gesamte Volk muß daher in ganz besonderem Maße über die Gefahren aufgeklärt werden, die das Zusammenleben mit fremdvölkischen Menschen mit sich bringt.

Deshalb ist es notwendig, bei jeder Gelegenheit aufklärend zu wirken, d. h. immer wieder auf die Greueltaten der Polen gegenüber unseren Volksdeutschen hinzuweisen und zur Vorsicht gegenüber den polnischen Arbeitern aufzufordern.

Deutsches Volk! Vergiß nie, daß die Greueltaten in Polen den Führer zwangen, mit seiner bewaffneten Wehrmacht unsere Volksdeutschen zu schützen! Der September 1939 hat auf volksdeutscher Seite in Polen 58 000 Opfer gefordert. Männer, Frauen und Kinder, wehrlose Greise und Kranke sind auf den Verschleppungsmärschen zu Tode gequält worden. In den Zuchthäusern der Polen haben deutsche Menschen Qualen ausstehen müssen, die in ihrer Rohheit nur von Untermenschen mit tierischer Veranlagung ausgedacht werden konnten. Tagelang ohne jegliche Nahrung, Stockschläge, Kolbenstöße, grundlose Erschießungen, Ausstechen von Augen, Vergewaltigungen, es gibt keine Gewalttat, die nicht verübt worden wäre. Einen jungen Menschen hat man mit Benzin übergossen und im Backofen verbrannt, auf einen Gütertransport Verschleppter hat man mit voller Gewalt eine Lokomotive fahren lassen. In einem Tümpel haben kürzlich badende Kinder 17 Leichen gefunden. Man könnte Tausende solcher Beispiele anführen.

Angehörige dieses Volkes sind jetzt zu uns als Land- und Fabrikarbeiter und Kriegsgefangene gekommen, weil wir ihre Arbeitskraft brauchen. Derjenige, der dienstlich mit ihnen zu tun hat, soll sich darüber klar sein, daß der Haß des Polen heute größer ist denn je, daß der Pole im Volkstumskampf weit größere Erfahrungen hat als wir, und daß er immer noch daran glaubt, mit Hilfe unserer Feindmächte ein neues, größeres Polen aufrichten zu können.

Die Unterwürfigkeit, die der Pole gegenüber dem deutschen Bauern zeigt, ist Hinterlist. Sein freundliches Wesen ist falsch. Vorsicht ist überall geboten, damit nicht dem Zusammenschluß der Polen und etwaiger Spionagetätigkeit Vorschub geleistet wird.

Vor allem gibt es keine Gemeinschaft irgendwelcher Art zwischen Deutschen und Polen. Deutscher, sei stolz und vergiß nicht, was das polnische Volk dir angetan hat! Wenn einer kommt und dir sagt, sein Pole sei anständig, so halte ihm entgegen: **Es kennt heute wieder jeder einen anständigen Polen, wie früher jeder einen anständigen Juden kannte!**

Es geht um unsere Volksgemeinschaft! Vor allem achtet darauf, daß nicht über den gemeinsamen Glauben Verbindungen angeknüpft werden. Unsere Bauern kennen den Volkstumskampf nicht und halten den Polen, der sie ständig mit „Gelobt sei Jesus Christus!“ begrüßt, für einen anständigen Menschen und antworten ihm mit „In Ewigkeit, Amen!“. Polen, die nur mit den Kleidern, die sie auf dem Leib hatten, ankamen, erhielten von ihren Bauern Wäsche und Kleidungsstücke. Sie haben sie dann an den Nachbarpolen verkauft und den Erlös in Tabak umgesetzt. Gruppen von Polen, die auf der Landstraße durch die Polizei auseinandergetrieben wurden, haben sich an der nächsten Straßenecke wieder zusammengefunden. Achtet darauf, ob die Polen lange Briefe nach Hause schreiben. Es sind aus Polen auf diese Briefe hin Lebensmittel geschickt worden, so daß man sich vorstellen kann, was der Pole nach Hause geschrieben hat. Gebt ihm kein bares Geld in die Hand! In einer Bauernfamilie, wo die Bäuerin in kurzer Zeit mit ihrem dritten Kind niederkommt, ist im Haus keine andere Hilfe als ein Polenmädchen vorhanden. Setzt in derartigen Fällen mit eurer Nachbarschaftshilfe ein!

Deutscher! Der Pole ist niemals dein Kamerad! Er steht unter jedem deutschen Volksgenossen auf deinem Hof oder in deiner Fabrik. Sei, wie immer als Deutscher, gerecht, aber vergiß nie, daß du Angehöriger des Herrenvolkes bist!

Die deutsche Wehrmacht erkämpft uns den Frieden Europas. Wir sind für den Frieden im neuen, größeren Deutschland verantwortlich. Das Zusammenleben mit Menschen fremden Volkstums wird noch häufig zu völkischen Kraftproben führen, die du als Deutscher bestehen mußt.

Volksbund für das Deutschtum im Ausland
Gauverband Berlin
W 30, Motzstraße 46

Überprüfen Sie Ihre Kompetenzen

M 3 Karte aus dem Putzger-Schulatlas von 1930

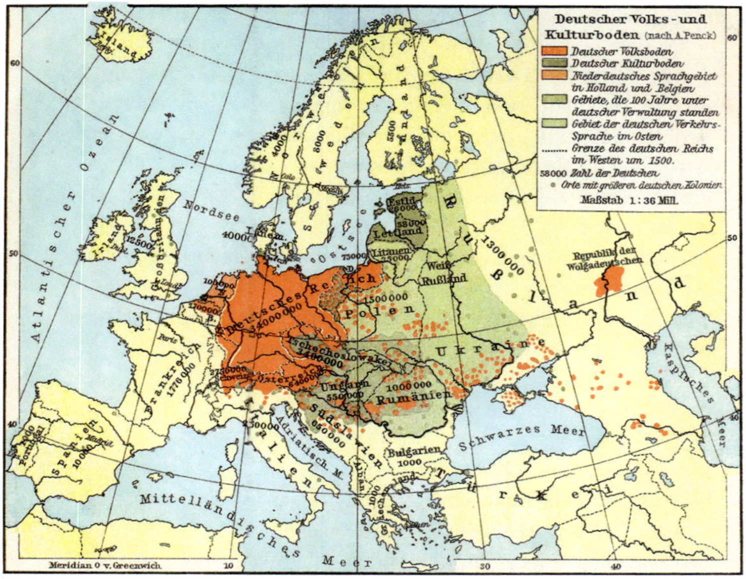

Sachkompetenz

1 Stellen Sie die wichtigsten Merkmale des nationalsozialistischen Radikalnationalismus dar und verdeutlichen Sie seine Wirkungen und Folgen.

2 Analysieren Sie die politisch-sozialen Folgen der Angriffe des nationalsozialistischen Deutschland auf Polen und die Sowjetunion.

3 Nennen Sie die zentralen Elemente der NS-Ideologie und charakterisieren Sie deren Konsequenzen für die Politik des NS-Staates.

Methodenkompetenz

4 Analysieren Sie die Karte M 3.

Urteilskompetenz

5 Im Jahre 1943 umriss Heinrich Himmler vor SS-Männern in Posen seine Vorstellungen vom „germanisch-deutschen Reich" mit den Worten: „Der Osten wird die Voraussetzung sein, dass das germanische Reich in der Welt in den kommenden Jahrhunderten fähig ist, die nächsten Stöße [...] zurückzuschlagen, um abermals dann in den kommenden Generationen die Volkstumsgrenzen hinauszuschieben, um letzten Endes nur das zurückzuholen, was Goten und Vandalen, was unsere germanischen Vorfahren einst als Reich und ihr Land besessen haben." Erörtern Sie die zentralen Inhalte dieser Reichsidee und ordnen Sie sie in die Geschichte des Nationalismus ein. Prüfen Sie dabei, ob sich diese Definition als Radikalnationalismus bezeichnen lässt.

Zentrale Begriffe

Antisemitismus
Blitzkrieg
Charismatische Herrschaft
„Fall Barbarossa"
„Generalgouvernement"
„Generalplan Ost"
Hitler-Stalin-Pakt
„Lebensraum"
Radikalnationalismus
Rassenpolitik
„Untermensch"-Propaganda
Völkermord
„Volksgemeinschafts"-Ideologie
Volkstumspolitik
Weltanschauungs- und Vernichtungskrieg
Zweiter Weltkrieg

7 Das deutsch-polnische Verhältnis nach 1945

Kompetenzen erwerben

Sachkompetenz:
- Flucht, Vertreibung und Zwangsumsiedlung der Deutschen und Polen im und nach dem Zweiten Weltkrieg voneinander abgrenzen
- den Wandel der deutsch-polnischen Beziehungen vom Zweiten Weltkrieg bis in die Gegenwart beschreiben
- die Bedeutung der Gewerkschaft Solidarność für den Widerstand gegen das kommunistische System erfassen
- die Kontroverse um das deutsche „Zentrum gegen Vertreibungen" erklären
- Ursachen und Folgen der gegenseitigen Wahrnehmung von Deutschen und Franzosen im 19. und 20. Jahrhundert analysieren

Methodenkompetenz:
- ein historisches Urteil entwickeln

Urteilskompetenz:
- die Auswirkungen politischer Entscheidungen auf die betroffenen Menschen in Polen und Deutschland beurteilen
- den Wandel des deutsch-polnischen Verhältnisses vom Zweiten Weltkrieg bis in die Gegenwart erklären und bewerten
- die Bedeutung individueller Beziehungen und kulturellen Austausches im deutsch-polnischen Verhältnis diskutieren
- die Rolle der Gewerkschaft Solidarność im Kampf gegen den Kommunismus bzw. für Demokratie beurteilen
- die historisch-politische Kontroverse über das „Zentrum gegen Vertreibungen" bewerten
- die Entwicklung des deutsch-französischen Verhältnisses im 19. und 20. Jahrhundert aus dem historischen Kontext erklären und beurteilen

Flucht, Vertreibung und Zwangsumsiedlung – Folgen des Zweiten Weltkrieges

Der von Deutschland entfesselte Zweite Weltkrieg bedeutete für Millionen Polen und Deutsche eine Zeit der Flucht und Vertreibung sowie der Zwangsumsiedlung. Mit dem Vordringen der Roten Armee im Osten, die im August 1944 in Ostpreußen die deutsche Grenze erreicht hatte und im Januar 1945 einen Zusammenbruch der deutschen Ostfront bewirkte, flüchteten zahlreiche Deutsche in den Westen. Entschieden die etwa vier Millionen **Flüchtlinge** noch größtenteils selbst über ihre Flucht, den Zeitpunkt oder den Weg – allerdings nicht immer aus freien Stücken –, begann im Frühjahr 1945 die Vertreibung der Deutschen aus den bisherigen Siedlungsgebieten in Polen. Dass bei diesen **„wilden Vertreibungen"**, die vielfach gewaltförmig verliefen, auf polnischer Seite Rache für das vom nationalsozialistischen Deutschland zugefügte Leid als Motiv für die Behandlung der Deutschen eine Rolle spielte, ist nicht zu leugnen.

Den **Zwangsumsiedlungen** der Deutschen lagen aber auch politische Vorstellungen über den wieder entstehenden polnischen Nationalstaat zugrunde, der ethnisch möglichst homogen sein sollte. Darüber waren sich die Alliierten seit 1943 prinzipiell einig.

Auf der **Potsdamer Konferenz** im Juli/August 1945 beschlossen die Siegermächte des Zweiten Weltkrieges u. a. die ausnahmslose Umsiedlung der verbliebenen Deutschen aus der Tschechoslowakei und Polen. Das sollte organisiert geschehen, da die Aufnahme von Millionen Menschen in den deutschen Besatzungszonen kaum noch zu bewältigen war. Alleine 1946 wurden so ca. drei Millionen Deutsche angesiedelt. Gewaltexzesse waren jetzt eher die Ausnahme. Allerdings forderten auch Mangelernährung, Seuchen, harte Winter und völlig unzureichende Transportbedingungen Opfer. Diese Lebensgrundlagen prägten die Existenz aller vertriebenen oder zwangsumgesiedelten Menschen.

M 1 Stalin, Truman und Churchill auf der Potsdamer Konferenz, Fotografie, August 1945

Das Ziel der Alliierten, einen homogenen polnischen Nationalstaat zu gründen, führte nicht nur zur Vertreibung der Deutschen. Im Jahre 1944, also noch während des Krieges, wurden durch die von Moskau eingesetzte polnische Führung **„Evakuierungsverträge"** mit den drei westlichen Sowjetrepubliken geschlossen, die eine gegenseitige Aussiedlung der jeweiligen nationalen Minderheiten (Ukrainer, Weißrussen, Litauer) vorsahen. Hintergrund dieser Umsiedlungen war die beabsichtigte **„Westverschiebung" Polens** – die Sowjetunion wollte die Gebiete, die ihr im Hitler-Stalin-Pakt zugefallen waren, nicht wieder hergeben, und die westlichen Alliierten akzeptierten diese massive Grenzverschiebung. Etwa 1,5 Millionen Polen verließen nun die an die Sowjetunion abgetretenen Provinzen und zogen in das neue polnische Staatsgebiet. Sie – wie auch Siedler aus dem zentralen Teil des Landes – fanden vor allem in den ehemals deutschen, jetzt polnischen Nord- und Westgebieten eine neue Heimat. Vertreibung und Ansiedlung gingen Hand in Hand, wobei die durch den Krieg und die deutsche Besatzung weitgehend zerstörten Aufnahmegebiete in Polen darauf überhaupt nicht vorbereitet waren.

Annäherung durch Anerkennung

Viele Flüchtlinge und Vertriebene im westlichen deutschen Teilstaat, der Bundesrepublik Deutschland, wollten und konnten das erlittene Leid nicht vergessen und hofften, eines Tages in ihre alte Heimat zurückkehren zu können. Bestärkt wurden sie durch die bundesrepublikanische Regierung, die sich weigerte, die neue polnische Westgrenze anzuerkennen. Die kommunistische DDR, der östliche deutsche Teilstaat, erkannte dagegen auf Bestreben der Sowjetunion bereits 1950 im sogenannten **Görlitzer Vertrag** die **Oder-Neiße-Linie** als polnische Westgrenze an. Die polnische Regierung reagierte auf die westdeutsche Nichtanerkennung der Oder-Neiße-Grenze, indem sie ihre Bevölkerung gegen eine angebliche revisionistische Bedrohung aus Westdeutschland zu mobilisieren versuchte.

Deutsche aus der Bundesrepublik und Polen besaßen in den 1950er-Jahren kaum Beziehungen miteinander. Erst in den 1960er-Jahren setzte ein allmählicher Wandel ein. Dieser wurde z. B. eingeleitet durch die von

Repräsentanten der evangelischen Kirche gegründete Vereinigung „Aktion Sühnezeichen", die Gedenkstättenfahrten nach Polen durchführte und erste Kontakte herstellte. Dann schalteten sich auch die **Kirchen** in den Dialog ein. Im November 1965 richtete die katholische Kirche Polens ein Versöhnungsschreiben an die Glaubensbrüder in der Bundesrepublik; es wurde zunächst nicht beantwortet. Anders erging es der Denkschrift des Rates der Evangelischen Kirchen in Deutschland vom Oktober 1965 über „Die Lage der Vertriebenen und das Verhältnis des deutschen Volkes zu seinen östlichen Nachbarn". Diese Schrift, in der ebenfalls zur Versöhnung und zur Anerkennung der polnischen Westgrenze aufgerufen wurde, fand in der Öffentlichkeit beider Länder ein großes Echo.

Die wachsende internationale **Entspannung** veranlasste auch die Regierung der Bundesrepublik Deutschland seit den 1960er-Jahren, ihr Verhältnis zu den kommunistischen Staaten neu zu gestalten. Die Große Koalition aus SPD und CDU unter Bundeskanzler Kurt Georg Kiesinger (1966–1969) fand sich dazu grundsätzlich bereit. Allerdings zögerte man noch, die Oder-Neiße-Grenze anzuerkennen. Das wiederum wurde von polnischer Seite aber als Voraussetzung angesehen. Die nachfolgende sozialliberale Koalitionsregierung unter Bundeskanzler Willy Brandt (1969–1974) wagte schließlich den entscheidenden Schritt. Bereits im Moskauer Vertrag vom August 1970 erklärte sie, dass sie keinerlei Gebietsansprüche habe, und bezeichnete zugleich die Grenze zwischen Polen und der DDR als „unverletzlich". Diese Erklärung bildete auch den Kern des **Warschauer Vertrages**, der im Dezember 1970 zwischen der Bundesrepublik und Polen abgeschlossen wurde. In diesem Vertrag ging es wie in allen Ostverträgen* u. a. um den Verzicht auf Gewalt oder Gewaltandrohung, die Förderung von Sicherheit und Entspannung sowie die Anerkennung der Grenzen in Europa. Vielleicht noch wichtiger als der Vertrag selbst war die spontane Geste von Willy Brandt unmittelbar vor der Vertragsunterzeichnung, der vor dem Denkmal, das an den Warschauer Getto-Aufstand von 1943 erinnert, niederkniete. **Brandts Kniefall** war der politische Durchbruch. Zwar gab es in der Bundesrepublik noch heftige Diskussionen über die Ratifizierung der Verträge von Moskau und Warschau, doch immer mehr Menschen im Westen erkannten, dass sie auf etwas verzichteten, was sie schon längst verloren hatten, und zwar als Folge eines Krieges, den Deutschland begonnen und im Osten mit beispielloser Brutalität geführt hatte. Dieses Umdenken erleichterte den Prozess der Versöhnung, der langsam und im Schatten der hohen Politik der Konferenzen und Verträge einsetzte.

Ostverträge
1970 Vertrag von Moskau mit der Sowjetunion
Vertrag von Warschau mit Polen
1971 Viermächteabkommen über Berlin
Transitabkommen mit der DDR
1972 Grundlagenvertrag mit der DDR
1973 Prager Vertrag mit der Tschechoslowakei

Seit der Unterzeichnung des Warschauer Vertrages und der Aufnahme diplomatischer Beziehungen 1972 begann sich das deutsch-polnische Verhältnis zu entspannen. Wirtschaftliche und finanzielle Hilfen der nachfolgenden Bundesregierungen unter Helmut Schmidt und Helmut Kohl trugen dazu ebenso bei wie das fortgesetzte Bemühen der Kirchen in beiden Ländern. Auf verschiedenen **Schulbuchkonferenzen** berieten zudem westdeutsche und polnische Historiker und Pädagogen über eine Veränderung und Anpassung der Schulbücher, während Schulklassen und Jugendgruppen vermehrt Gedenkstättenfahrten nach Polen durchführten.

Gesellschaftlicher Widerstand im Kommunismus: Kirche und Solidarność

Eine wichtige Rolle im gesellschaftlichen Widerstand gegen die von der Sowjetunion abhängige Kommunistische Partei Polens spielte die **katholische Kirche**, der bis heute 95 % aller Polen angehören. Die Wahl des Krakauer Erzbischofs Karol Wojtyła im Jahr 1978 zum Papst stärkte diese Stellung und wurde als Schwächung der kommunistischen Macht empfunden. Dies gilt in noch stärkerem Maße für die 1980 gegründete Gewerkschaft **Solidarność**, die erste unabhängige Arbeitervertretung im kommunistischen Machtbereich, die nach landesweiten Streiks und Protesten gegen Preiserhöhungen und die allgemeine Misswirtschaft ins Leben gerufen worden war. In kurzer Zeit schlossen sich mehr als zehn Millionen Menschen der Gewerkschaft mit dem charismatischen Arbeiterführer **Lech Wałesa** an der Spitze an. Als Reaktion stellte Parteichef General Wojciech Jaruzelski im Dezember 1981 das Land unter Kriegsrecht und verbot die Solidarność. Sie setzte ihren Kampf jedoch im Untergrund fort. Das Kriegsrecht führte zu einer Intensivierung der Beziehungen zur Bundesrepublik Deutschland. Als es in Polen zu einer großen Versorgungskrise kam, schickten viele Bürgerinnen und Bürger Pakete nach Polen. Außerdem erfuhr Lech Wałesa, der als Vorsitzender der Solidarność mit dem Friedensnobelpreis ausgezeichnet worden war, im Westen große Anerkennung. Im April 1989 gelang es Solidarność, wieder offiziell zugelassen zu werden und halbfreie Wahlen zu erzwingen. Im Juni endeten sie mit einem großen Erfolg der Solidarność, Polen befand sich auf dem Weg zur Demokratisierung.

Mit dem **Ende des Kommunismus 1989** veränderten sich die deutsch-polnischen Beziehungen grundlegend. Nach der Vereinigung der beiden deutschen Teilstaaten am 3. Oktober 1990 standen sich ein demokratisches Gesamtdeutschland und ein ebenfalls demokratisches Polen gegenüber. In dem gemeinsamen Abkommen vom November 1990 wurde die Oder-Neiße-Linie als Grenze festgelegt – dieses Mal endgültig. Polen ist jetzt ein ganz normaler Nachbar Deutschlands, seit 1999 gehört das Land der NATO, seit 2004 auch der Europäischen Union an.

M 2 Lech Wałesa spricht vor streikenden Werftmitarbeitern in Gdansk, Fotografie, Mai 1988

Deutsch-polnische Zusammenarbeit nach 1990

Am 17. Juni 1991 unterzeichneten die Bundesrepublik Deutschland und die Republik Polen den **„Vertrag über gute Nachbarschaft und freundschaftliche Zusammenarbeit“**. Er stellte die Zusammenarbeit zwischen beiden Staaten auf den Gebieten der Politik, der Wirtschaft, der Kultur und des Bildungswesens auf eine neue Grundlage.

Auch das 1991 gegründete **„Deutsch-Polnische Jugendwerk“** mit Sitz in Potsdam und Warschau vertiefte – ähnlich wie das seit 1963 bestehende „Deutsch-Französische Jugendwerk“ – die deutsch-polnischen Beziehungen. Seine Aufgabe bestand darin, den Jugend- und Schüleraustausch zu fördern sowie andere Initiativen zur Begegnung zu entwickeln. Bereits 2004 hatte über eine Million Jugendliche aus Deutschland und Polen am Jugendaustausch teilgenommen.

Kontroverse um das deutsche „Zentrum gegen Vertreibungen"

Seit den 1990er-Jahren wurden auch die Vertreibungen im Umfeld des Zweiten Weltkrieges verstärkt thematisiert. Das geschah nicht zuletzt unter dem Eindruck der „ethnischen Säuberungen" im jugoslawischen Bürgerkrieg. Erneut diskutierte die deutsche Öffentlichkeit darüber, dass bzw. ob die Deutschen im Zweiten Weltkrieg nicht nur Täter, sondern auch Opfer (vor allem des Bombenkriegs und der Vertreibungen) waren. Besonders kontrovers verlief die Debatte, als der deutsche Bund der Vertriebenen mit dem Projekt eines „Zentrums gegen Vertreibungen" auf den Plan trat. Auf seine Initiative hin wurde im Jahre 2000 eine Stiftung gegründet. Sie wollte in Berlin einen Ort schaffen, an dem des Schicksals der deutschen Vertriebenen nach 1945 vor dem Hintergrund der europäischen Geschichte des 20. Jahrhunderts in musealer Form gedacht werden sollte. Das Projekt wurde innerhalb Deutschlands kontrovers diskutiert und von polnischer Seite fast einhellig abgelehnt. Diese Debatte zeigt, dass die Erinnerung an die gemeinsame Geschichte der ersten Hälfte des 20. Jahrhunderts auch mehr als sechzig Jahre später noch von traumatischen Erfahrungen geprägt ist und daher besonderes Verantwortungsgefühl bei den handelnden Personen erfordert (s. Methodenseiten, S. 143 ff.).

Webcode:
KH645923-132

1 Gliedern Sie die deutsch-polnischen Beziehungen seit 1945 in zeitliche Phasen und charakterisieren Sie diese.
2 Analysieren Sie die Bedeutung der Gewerkschaft Solidarność für die Geschichte des kommunistischen Polens.
3 **Pro-und-Kontra-Diskussion:** Informieren Sie sich über die verschiedenen Positionen in der Debatte um das „Zentrum gegen Vertreibungen". Führen Sie eine Podiumsdiskussion mit Vertretern der Befürworter und der Gegner durch.

M 3 Ausstellung „Erinnerung bewahren, Sklaven- und Zwangsarbeiter des Dritten Reiches aus Polen 1939–1945", Fotografie, 2008

1 Bewerten Sie die Rolle von deutsch-polnischen Ausstellungen zu zeitgeschichtlichen Themen im Rahmen der Beziehungen der beiden Länder.

Hinweise zur Arbeit mit den Materialien

Das Kapitel befasst sich zunächst mit **Flucht, Vertreibung und Zwangsumsiedlung** vor allem von Deutschen und Polen zwischen 1944 und 1948. M 4 vermittelt einen Überblick über die Bevölkerungsverschiebungen in Polen zwischen 1939 und 1956. Aus vergleichender Perspektive verdeutlicht M 5 das Ausmaß von Flucht und Vertreibung von Deutschen und Polen zwischen 1944 und 1948. Mithilfe von M 6 lassen sich die Rahmenbedingungen für Flucht und Vertreibung der Deutschen nach 1945 untersuchen. Sodann geht es um die **Entwicklung des deutsch-polnischen Verhältnisses**. Zunächst gibt es ein Beispiel von nicht-staatlicher Versöhnungsarbeit (M 7). M 8 und M 9 sind der Entspannungspolitik unter der Kanzlerschaft Willy Brandts gewidmet, während M 10 das Verhältnis zwischen der DDR und Polen behandelt. Anhand von M 11 können die deutsch-polnischen Beziehungen nach der deutschen Wiedervereinigung betrachtet werden. Schließlich beschäftigen sich die Materialien M 12 und M 13 mit den Zielen der **Gewerkschaft Solidarność** sowie ihrem Beitrag zum Niedergang des Kommunismus und zur Demokratisierung Polens. Die Materialien werden abgeschlossen mit einem Text über die **deutsch-polnische Vergangenheitspolitik** (M 14), der eine eigenständige Auseinandersetzung erlauben soll.
Die **Methodenseiten**, S. 141 ff., ergänzen und vertiefen den Aspekt der Vergangenheitspolitik. Anhand einer Kontroverse über das „Zentrum gegen Vertreibungen" werden Methoden zur historischen Urteilsbildung vermittelt.
Das **Vertiefungskapitel** (S. 147 ff.) hat das deutsch-französische Verhältnis im 19. und 20. Jahrhundert zum Thema, das viele Parallelen, aber auch Unterschiede zum deutsch-polnischen aufweist.
Am Ende des Kapitels finden sich **weiterführende Arbeitsanregungen** und die Möglichkeit, die im Kapitel erworbenen **Kompetenzen zu überprüfen** (S. 156 f.).

M 4 Polen als Schauplatz von Bevölkerungsverschiebungen 1939–1956 (2005)

Polen in seinen Vor- und Nachkriegsgrenzen wurde Schauplatz der größten Bevölkerungsverschiebungen in der jüngeren Geschichte Europas. Viele Bevölkerungsgruppen mussten den Verlust der Heimat hinnehmen:
- Flucht von Polen u. a. der Regierung, der Armeeführung, des katholischen Primas, über Rumänien nach Westeuropa 1939
- Flucht von Polen (vor allem Juden) in die sowjetische Zone 1939/40
- Flucht von Polen aus der sowjetischen Zone in das Generalgouvernement 1939/40
- Verschleppung von Polen (darunter viele Juden) und Ukrainern nach Sibirien, in das russische Polargebiet und nach Kasachstan; Erschießung von mindestens 20 000 Angehörigen der polnischen Elite, die als Offiziere in sowjetische Gefangenschaft geraten waren, durch den Geheimdienst NKWD (u. a. bei Katyn) 1939–41
- Deportation von Juden in Gettos sowie Konzentrations- und Vernichtungslager, Massenerschießungen von Juden 1939–44
- Vertreibung von Polen aus den ans Reich angeschlossenen Gebieten ins Generalgouvernement 1939–43
- Deportation von Polen in Konzentrationslager der NS, Erschießung von Tausenden von Angehörigen der polnischen Elite durch die SS 1939–44
- Deportation von Polen zur Zwangsarbeit ins Reichsgebiet 1939–44
- Ansiedlung von Deutschen aus dem Baltikum, vom Balkan, aus der Sowjetunion im Warthegau und im Gebiet Zamość 1941–44
- Vertreibung von Polen aus dem Gebiet um Zamość 1942/43
- Flucht von Polen aus Wolhynien und Ostgalizien ins Generalgouvernement 1943/44
- Verschleppung von Polen und Ukrainern in die Tiefen der Sowjetunion 1944–47
- Verschleppung von Deutschen in die Sowjetunion 1945–48
- Flucht, Vertreibung und Zwangsaussied-

lung der Deutschen aus den Gebieten östlich von Oder und Neiße 1945–48

- Deportation von Deutschen in polnische Arbeitslager 1945/46
- Rückkehr von polnischen Soldaten, Emigranten, Zwangsarbeitern aus Deutschland und Westeuropa nach Polen 1945/46
- Ausreisewelle von polnischen Juden nach Palästina und in die USA 1945–48
- „Repatriierung“ von Polen aus Ostpolen 1945–49
- Deportation von antikommunistischen Polen und Ukrainern in polnische Arbeitslager 1945–54
- Zwangsumsiedlung von Ukrainern aus Südostpolen in die Sowjetunion oder in die Oder-Neiße-Gebiete 1946/47 (Aktion „Weichsel“)
- Spätaussiedler aus den Oder-Neiße-Gebieten in die Bundesrepublik und DDR (Familienzusammenführung) ab 1956
- Polnische Rückkehrer aus Sibirien und Kasachstan ab 1956

Thomas Urban, Der Verlust. Die Vertreibung der Deutschen und Polen im 20. Jahrhundert, Bundeszentrale für politische Bildung, Bonn 2005, S. 10 f.

1 Arbeiten Sie die Zusammenhänge der Bevölkerungsverschiebungen heraus (M 4).

2 Erörtern Sie die Auswirkungen dieser Bevölkerungsverschiebungen für das deutsch-polnische Verhältnis (M 4).

M 5 Flucht und Vertreibung von Deutschen und Polen zwischen 1944 und 1948

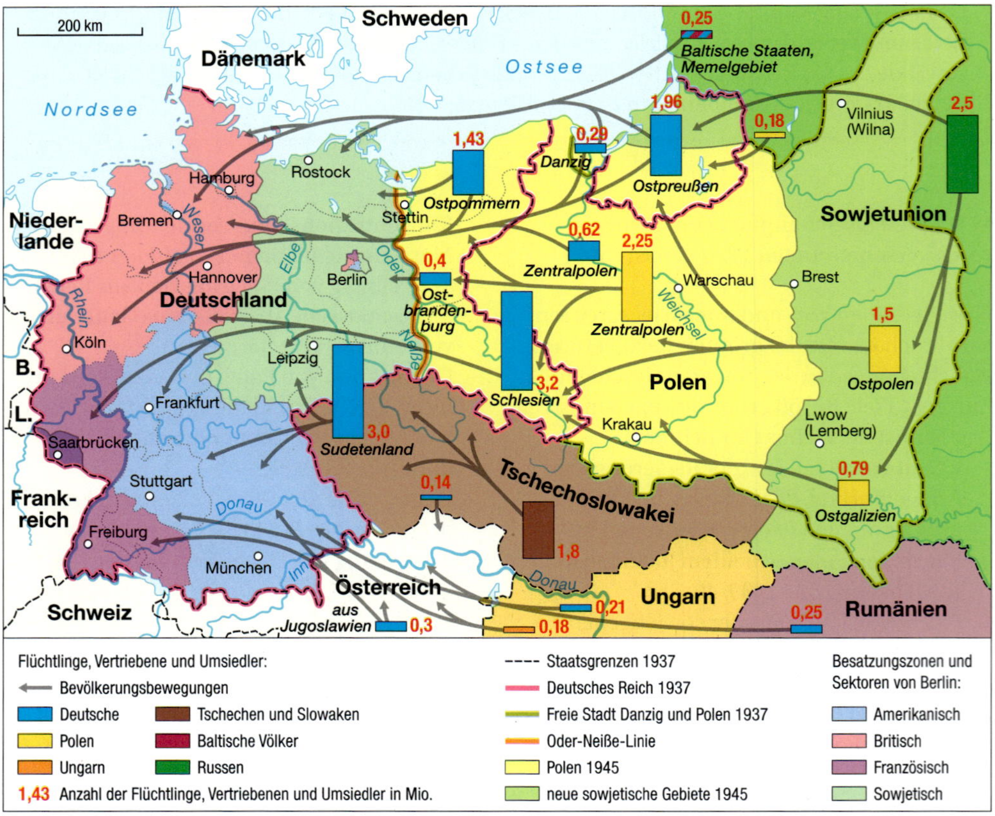

1 **Tabelle:** Werten Sie die Karte M 5 aus, indem Sie in einer Tabelle Gruppe, Zahl der Flüchtlinge, Herkunfts- und Zielgebiet aufführen. Recherchieren Sie die jeweiligen Zeiträume von Flucht und Vertreibung und tragen Sie diese in eine weitere Spalte der Tabelle ein.

M6 Ergebnisse der Potsdamer Konferenz, 2. August 1945

IX. Polen

[...] b) [...] Die Häupter der drei Regierungen [Sowjetunion, USA, Großbritannien] stimmen darin überein, dass bis zur endgültigen Festlegung der Westgrenze Polens, die früher deutschen Gebiete östlich der Linie, die von der Ostsee unmittelbar westlich von Swinemünde und von dort die Oder entlang bis zur Einmündung der westlichen Neiße und die westliche Neiße entlang bis zur tschechoslowakischen Grenze verläuft, einschließlich des Teiles Ostpreußens, der nicht unter die Verwaltung der Union der Sozialistischen Sowjetrepubliken in Übereinstimmung mit den auf dieser Konferenz erzielten Vereinbarungen gestellt wird, und einschließlich des Gebietes der früheren Freien Stadt Danzig, unter die Verwaltung des polnischen Staates kommen und in dieser Hinsicht nicht als Teil der sowjetischen Besatzungszone in Deutschland betrachtet werden sollen. [...]

XIII. Ordnungsmäßige Überführung deutscher Bevölkerungsteile

Die Konferenz erzielte folgendes Abkommen über die Ausweisung Deutscher aus Polen, der Tschechoslowakei und Ungarn:

Die drei Regierungen haben die Frage unter allen Gesichtspunkten beraten und erkennen

M7 Aktion Sühnezeichen in Majdanek, Fotografie, 1970.

Im Juli 1970 leisten 21 Jugendliche aus Hannover – organisiert von der Aktion Sühnezeichen – Dienst im ehemaligen deutschen Konzentrationslager Majdanek bei Lublin in Polen. Die Aktion Sühnezeichen wurde 1958 auf Anregung des Präses der evangelischen Kirche Lothar Kreyssig in Berlin gegründet und bot Jugendlichen die Möglichkeit zu gemeinnütziger Arbeit in Polen, Russland und Israel, um Zeichen der Versöhnung zu setzen.

1 Informieren Sie sich über die Geschichte und die aktuelle Arbeit der Aktion Sühnezeichen (*www.asf-ev.de*).
2 Diskutieren Sie die Rolle von privaten und nicht-staatlichen Initiativen im deutsch-polnischen Verhältnis.

an, dass die Überführung der deutschen Bevölkerung oder Bestandteile derselben, die in Polen, der Tschechoslowakei und Ungarn zurückgeblieben sind, nach Deutschland durchgeführt werden muss. Sie stimmen darin überein, dass jede derartige Überführung, die stattfinden wird, in ordnungsgemäßer und humaner Weise erfolgen soll. Da der Zustrom einer großen Zahl Deutscher nach Deutschland die Lasten vergrößern würde, die bereits auf den Besatzungsbehörden ruhen, halten sie es für wünschenswert, dass der Alliierte Kontrollrat in Deutschland zunächst das Problem unter besonderer Berücksichtigung der Frage einer gerechten Verteilung dieser Deutschen auf die einzelnen Besatzungszonen prüfen soll. Sie beauftragen demgemäß ihre jeweiligen Vertreter beim Kontrollrat, ihren Regierungen so bald wie möglich über den Umfang zu berichten, in dem derartige Personen schon aus Polen, der Tschechoslowakei und Ungarn nach Deutschland gekommen sind, und eine Schätzung über Zeitpunkt und Ausmaß vorzulegen, zu dem die weiteren Überführungen durchgeführt werden könnten, wobei die gegenwärtige Lage in Deutschland zu berücksichtigen ist. Die tschechoslowakische Regierung, die Polnische Provisorische Regierung und der Alliierte Kontrollrat in Ungarn werden gleichzeitig von obigem in Kenntnis gesetzt und ersucht werden, inzwischen weitere Ausweisungen der deutschen Bevölkerung einzustellen, bis die betroffenen Regierungen die Berichte ihrer Vertreter an den Kontrollausschuss geprüft haben.

Zit. nach: Dietrich Rauschning (Hg.), Rechtsstellung Deutschlands. Völkerrechtliche Verträge und andere rechtsgestaltende Akte, dtv, o. O. o. J. (München 1985), S. 32, 34.

1 Setzen Sie sich vor dem Hintergrund der Situation im Jahr 1945 mit der Absicht der Alliierten auseinander, die Umsiedlung der deutschen Bevölkerung „in ordnungsgemäßer und humaner Weise“ zu organisieren (M 6). Berücksichtigen Sie dabei die Versorgungslage, die Infrastruktur sowie die politische und mentale Situation.

M 8 Bundeskanzler Willy Brandt vor dem Mahnmal im ehemaligen Warschauer Getto, Fotografie, 1970

M 9 Willy Brandt in einer Rede zum Warschauer Vertrag (1970)

Anlässlich der Unterzeichnung des Warschauer Vertrages 1970, der die Unverletzlichkeit der bestehenden Grenze zwischen der Bundesrepublik Deutschland und Polen bekräftigte, hielt der damalige Bundeskanzler Willy Brandt folgende Rundfunk- und Fernsehansprache:

Die Zeit ist gekommen für einen Schlussstrich und für einen Neubeginn [...]. Das polnische Volk hat Unsagbares erleiden müssen. Der Krieg und seine Folgen haben beiden Völkern, auch uns Deutschen, unendlich viele Opfer abverlangt. Jetzt geht es um die friedliche Zukunft zwischen den beiden Ländern und Völkern.

Wer seine Angehörigen verloren hat, wem seine Heimat genommen wurde, der wird nur schwer vergessen können [...]. Trotzdem muss ich gerade in dieser Stunde die heimatvertriebenen Landsleute bitten, nicht in Bitterkeit zu verharren, sondern den Blick in die Zukunft zu richten. Der Vertrag bedeutet selbstverständlich nicht, dass Unrecht nachträglich legitimiert wird. Er bedeutet also auch keine Rechtfertigung der Vertreibung. Worum es geht, ist der ernste Versuch, ein Vierteljahrhundert nach dem Krieg der Kette des Unrechts politisch ein Ende zu setzen [...]. Unserem Volk wird nicht heute aus heiterem Himmel ein Opfer abverlangt. Dies hat längst gebracht werden müssen als Ergebnis der Verbrechen Hitlers.

Bulletin des Presse- und Informationsamtes der Bundesregierung, Nr. 161, Bonn 1970, S. 1693f.

1 Skizzieren Sie die Bedeutung der in M 8 und M 9 dargestellten Ereignisse und Entwicklungen für das Verhältnis zwischen Polen und der Bundesrepublik Deutschland.
2 Erörtern Sie, warum sich das Verhältnis der DDR zu Polen weniger problematisch gestaltete als das zur Bundesrepublik Deutschland.
3 Diskutieren Sie, was Brandt mit dem Satz ausdrücken wollte, der Kette des Unrechts solle „politisch" ein Ende gesetzt werden; die Vertreibung werde durch den Vertrag nicht „legitimiert" (M 9).

M 10 Der SPD-Politiker Manfred Stolpe über die Beziehungen der DDR zu Polen (1992)

Manfred Stolpe war seit 1981 Präsident des Berlin-Brandenburgischen Konsistoriums der Evangelischen Kirchen in der DDR und 1990 bis 2002 Ministerpräsident von Brandenburg. Er schreibt im historischen Rückblick über die Beziehungen zwischen der DDR und Polen:

Unter sowjetischer Vormundschaft haben die DDR und Polen schon 1950 die Oder und Neiße zur Friedensgrenze erklärt. Aber die kommunistischen Regime haben diese Chance nicht wahrgenommen. Es blieb eine weithin tote Grenze mit nur wenigen Übergängen, auch in den wenigen Jahren, als Polen und DDR-Bürger nur den Personalausweis vorlegen mussten, um ins Nachbarland zu kommen. Die sozialistische Mangelwirtschaft reagierte nervös auf einkaufende Nachbarn. Die Furcht, die polnische Unruhe könnte ansteckend wirken, ließ 1981 die SED die Grenze weithin unpassierbar machen und gezielt antipolnische Ressentiments schüren.

Manfred Stolpe, Schwieriger Aufbruch, Siedler, Berlin 1992, S. 34.

1 Skizzieren Sie, ausgehend von M 10, die Möglichkeiten und die Praxis der Beziehungen zwischen der DDR und Polen.
2 Vergleichen Sie mithilfe des Darstellungstextes, S. 131, und der Materialien M 9 und M 10 das Verhältnis der alten Bundesrepublik zu Polen mit dem der DDR zu Polen.

M 11 Auszüge aus dem deutsch-polnischen Vertrag (11. November 1990)

Die Bundesrepublik Deutschland und die Republik Polen –

- in dem Bestreben, ihre gegenseitigen Beziehungen in Übereinstimmung mit dem Völkerrecht [...] zu gestalten,
- entschlossen, gemeinsam einen Beitrag zum Aufbau einer europäischen Friedensordnung zu leisten, in der Grenzen nicht mehr trennen und die allen europäischen Völkern ein vertrauensvolles [...] Zusammenleben gewährleistet,
- in der tiefen Überzeugung, dass die Vereinigung Deutschlands als Staat mit endgültigen Grenzen ein bedeutsamer Beitrag zu der Friedensordnung in Europa ist [...],
- eingedenk dessen, dass seit Ende des Zweiten Weltkriegs 45 Jahre vergangen sind, und im Bewusstsein, dass das schwere Leid, das dieser Krieg mit sich gebracht hat, insbesondere auch der von zahlreichen Deutschen und Polen erlittene Verlust ihrer Heimat durch Vertreibung und Aussiedlung, eine Mahnung und Herausforderung zur Gestaltung friedlicher Beziehungen zwischen beiden Völkern und Staaten darstellen,
- in dem Wunsch, durch die Entwicklung ihrer Beziehungen feste Grundlagen für ein freundschaftliches Zusammenleben zu schaffen und die Politik der dauerhaften Verständigung und Versöhnung zwischen Deutschen und Polen fortzusetzen –

  sind wie folgt übereingekommen:

Art. 1: Die Vertragsparteien bestätigen die zwischen ihnen bestehenden Grenzen [...].
Art. 2: Die Vertragsparteien erklären, dass die zwischen ihnen bestehende Grenze jetzt und in Zukunft unverletzlich ist, und verpflichten

sich gegenseitig zur uneingeschränkten Achtung ihrer Souveränität und territorialen Integrität.
Art. 3: Die Vertragsparteien erklären, dass sie gegeneinander keinerlei Gebietsansprüche haben und solche auch in Zukunft nicht erheben.

Das neue Osteuropa von A–Z, hg. von Peter Rehder, Droemer Knaur, München 1992, S. 450 f.

1 Fassen Sie den Inhalt des Vertragswerkes (M 11) zusammen.
2 Analysieren Sie die Grundlagen und historischen Entwicklungen, auf die sich der Vertrag von 1990 beruft. Vergleichen Sie den Vertrag von 1990 mit dem Warschauer Vertrag von 1970 (s. Darstellungstext, S. 130, und M 9).
3 Erläutern Sie anhand der Materialien dieses Kapitels Stationen und Entwicklungen des Streites um die polnische Westgrenze.
4 **Essay:** Nehmen Sie Stellung zu der Frage: „Die deutsch-polnischen Beziehungen: eine Geschichte mit ‚Happyend'?".

M 12 Auszüge aus den Forderungen der Gewerkschaft Solidarność (August 1980)

1. Akzeptierung von der Partei und Arbeitgebern unabhängiger freier Gewerkschaften, die sich aus der von der Volksrepublik Polen ratifizierten Konvention Nummer 87 der Internationalen Arbeitsorganisation ergibt, die die Gewerkschaftsfreiheit betrifft
2. Garantie des Rechts auf Streik sowie der Sicherheit der Streikenden und der sie unterstützenden Personen
3. Einhaltung der von der Verfassung der Volksrepublik Polen garantierten Freiheit des Wortes, des Drucks und der Publikation. Somit dürfen auch die unabhängigen Zeitschriften nicht unterdrückt werden. Zugang der Vertreter aller Glaubensbekenntnisse zu den Massenmedien
4. a) Wiederherstellung der früheren Rechte für alle Menschen, die nach den Streiks von 1970 und 1976 entlassen, für alle Studenten, die wegen ihrer Überzeugung von den Hochschulen entfernt wurden,
b) Freilassung aller politischen Gefangenen [...],
c) Aufhebung aller Verfolgungen wegen Überzeugungen
5. Veröffentlichung der Information über die Gründung des Überbetrieblichen Streikkomitees und seine Forderungen in den Massenmedien
6. Reale Schritte zu unternehmen, um unser Land aus der Krisensituation herauszubringen durch:
a) öffentliche Bekanntgabe sämtlicher Informationen über die sozialökonomische Lage und
b) Ermöglichung der Teilnahme an der Diskussion zum Reformprogramm für alle Gesellschaftskreise und -schichten
7. Lohnweiterzahlung an alle Streikteilnehmer für die Zeit des Streiks wie für den Urlaub aus dem Urlaubsfonds des Zentralrates der Gewerkschaften
8. Anhebung des Grundlohns für jeden Arbeiter um 200 Złoty pro Monat als Ausgleich für den bisherigen Preisanstieg
9. Garantie eines automatischen Lohnanstiegs parallel zu den Preissteigerungen und zum Absinken des Geldwertes
10. Sicherstellung einer vollen Versorgung des Binnenmarktes mit Nahrungsgütern und nur ausschließlich die Überschüsse exportieren
11. Beseitigung der kommerziellen Preise und des Verkaufs gegen Devisen im sogenannten Inneren Export
12. Einführung von Auswahlkriterien für Leitungskader nach dem Qualifikationsprinzip und nicht nach ihrer Parteizugehörigkeit sowie Beseitigung der Privilegien für die Bürgermiliz, die Staatssicherheit und den Parteiapparat durch Angleichung der Familiengelder, Beseitigung von Sonderverkaufsstellen u. a.
13. Einführung von Lebensmittelkarten für Fleisch und Fleischprodukte (bis die Lage auf dem Markt gemeistert ist)
14. Herabsetzung des Rentenalters für Frauen auf 50 Jahre und für Männer auf 55 Jahre oder eine Arbeitsdauer in der VRP von 30 Jahren für Frauen und 35 Jahren für Männer ungeachtet des Alters

15. Die Alters- und sonstigen Renten, die nach alter Grundlage berechnet worden sind, sind dem Niveau der gegenwärtig gezahlten anzugleichen

16. Verbesserung der Arbeitsbedingungen des Gesundheitswesens, was eine volle medizinische Fürsorge für die arbeitenden Menschen gewährleisten wird

17. Sicherstellung einer entsprechenden Anzahl an Krippen- und Kindergartenplätzen für Kinder von berufstätigen Frauen

18. Einführung eines bezahlten Mutterschaftsurlaubs für die Zeitdauer von 3 Jahren für die Erziehung der Kinder

19. Verkürzung der Wartezeit auf Wohnungen

20. Anhebung der Tagegelder von 40 auf 100 Złoty und Trennungszuschläge

21. Einführung aller Samstage als arbeitsfrei. Den Arbeitern in durchgehend arbeitenden Betrieben oder im Vierschichtsystem sind die fehlenden freien Samstage durch längere Jahresurlaube oder andere bezahlte freie Tage auszugleichen.

Solidarność. Die polnische Gewerkschaft „Solidarität" in Dokumenten, Diskussionen und Beiträgen 1980 bis 1982, hg. v. Barbara Büscher, Ruth-Ursel Henning, Bund-Verlag, Köln 1983, S. 36–43.

M 13 Die Sozialwissenschaftlerin Beata Wloch-Ortwein über die Gewerkschaft Solidarność und den Systemwechsel in Polen (2000)

[Die Gewerkschaft Solidarność], die das ganze Spektrum der sozialen Schichten vertrat und eine Massenorganisation mit zuletzt etwa 10 Millionen Mitgliedern gewesen ist, war durchaus berechtigt, sich als Vertretung der polnischen Gesellschaft verstanden zu wissen. Dieses Gefühl war auch nach sieben Jahren des Verbots bzw. der Untergrundtätigkeit der „Solidarność" nicht verschwunden. Als Beweis hierfür gilt die Ansprache des „Solidarność"-Vorsitzenden Lech Wałesa im Jahr 1990 vor dem amerikanischen Kongress, die mit den Worten begann: „Wir, das Volk", was unter den Zuhörern Jubel ausgelöst hat.

Die gesellschaftliche Bewegung „Solidarność" hat in den 16 Monaten ihrer legalen Tätigkeit so viele freiheitliche und demokratische Gefühle in der polnischen Nation geweckt, dass die Massenstreiks im Sommer 1988, durch die sich der „Anfang vom Ende" des Kommunismus in Polen abzeichnete, unter dem Motto standen: „Es gibt keine Freiheit ohne die Solidarność". Infolgedessen wurde 1988 nicht nur die „Solidarność" wieder zugelassen, sondern es kam auch zu ersten Gesprächen an einem sogenannten Runden Tisch in Ostmitteleuropa zwischen Vertretern einer legalisierten Opposition und einer Regierung. Durch diese Gespräche wurde der Übergang von einem undemokratischen zu einem demokratischen System mit der „friedlichen Revolution" eingeleitet.

Beata Wloch-Ortwein, Die „Solidarność" in Breslau. Die Entstehung einer oppositionellen gesellschaftlichen Bewegung in der Systemkrise 1980/81 und ihre Bedeutung für den Systemwechsel in Polen 1989, Logos, Berlin 2000, S. 11 f.

1 Analysieren Sie, welche Rückschlüsse die Forderungen der Gewerkschaft auf die Situation der Arbeiter in Polen Anfang der 1980er-Jahre zulassen (M 12).

2 Erörtern Sie, inwieweit die Verwirklichung dieser Forderungen das kommunistische System gefährdeten.

3 Untersuchen Sie mithilfe von M 13 den Beitrag der Gewerkschaft Solidarność zum Systemwechsel in Polen vom Kommunismus zur Demokratie.

M 14 Der polnische Publizist Adam Krzemiński (*1945) über „die schwierige deutsch-polnische Vergangenheitspolitik" (2003)

Deine Deutschen – hörte ich nach meiner Besprechung von Jörg Friedrichs „Der Brand" [ein Buch von 2002, das den Bombenkrieg und seine deutschen Opfer behandelt] – bilden sich ein, das Geschichtsgedächtnis funktioniere wie ein Fußballspiel: Die Nationalmannschaften schießen gegeneinander Tore auf dem Rasen der kollektiven Erinnerung. Dann gehen sie friedlich unter die Dusche, und später streiten sie sich beim Bier, wer gewonnen hat. Vom ganzen Zweiten Weltkrieg haben sie die Einmaligkeit der deutschen Schuld für den Holocaust verinnerlicht. Der symbolische Kirkut[1] in der Nähe des einstigen Hitler-Bunkers ist eine Erinnerung an die jüdischen Opfer deutschen Wahns, ein in Stein gehauener Beleg für die absolute moralische Niederlage. Doch Deutsche sind verbissene Fußballer. Mit einer Walhalla der Vertriebenen wollen sie nachträglich einen moralischen Ausgleich erreichen. Danach folgt vielleicht ein Mahnmal für die Opfer der alliierten „Terrorluftangriffe". Und schließlich wird sich – gewissermaßen in der Verlängerung, 60 Jahre nach Kriegsende – erweisen, dass die Deutschen die „Weltauswahl", also die Anti-Hitler-Koalition, moralisch doch noch 2 : 1 geschlagen haben.

Die Sportmetapher ist schnoddrig und gehässig, doch sie spiegelt unverblümt die Verärgerung über einen Geschichtsrevisionismus wider, den viele Polen im neuen deutschen Umgang mit der Vergangenheit auszumachen glauben. [...]

Nun droht Deutschen und Polen ein regelrechter „Museumskrieg". Einer der Wegbereiter der deutsch-polnischen Verständigung, Władysław Bartoszewski, der Häftling unter Hitler und unter Stalin war und 1995 als Außenminister Polens in einer großen Rede im Deutschen Bundestag auch das Leid der deutschen Vertriebenen beklagte, forderte in scharfem Ton eine dezidierte Reaktion auf ein „Zentrum gegen Vertreibungen" in Berlin. Polen solle in Posen ein Museum der deutschen Germanisierungspolitik von der ersten Teilung Polens 1772 bis zum Ende des Krieges 1945 errichten. Sind also Deutsche und Polen wieder zurück im nationalen Zeitalter, ähnlich wie 1910, als man im zwischen Preußen, Österreich und Russland geteilten Polen einen Grunwald-Kult schuf, eine Erinnerung an 1410, als polnisch-litauische Heere die Hegemonie des deutschen Ordensstaates brachen?

Noch nicht. Der Stein des Anstoßes ist in Polen weniger die Erinnerung an die geflüchteten, vertriebenen und ausgesiedelten Deutschen. Ihr tragisches Schicksal und ihr kulturelles Erbe sind in Polen seit Jahren ein Thema der Publizistik, der wissenschaftlichen Forschung und vieler literarischer Werke. Wenn das „Zentrum gegen Vertreibungen" Emotionen erweckt, dann liegt das weniger am Gedenken als vielmehr am Urheber und Träger des Zentrums, der Lobby der Vertriebenen, die – aus polnischer Sicht – ihre Position gegenüber Polen nie aufgearbeitet hat. Jahrzehntelang von der polnischen Propaganda als Schreckgespenst aufgebaut, hat der BdV nach 1989, auch unter der Präsidentschaft von Erika Steinbach, die Positionen eines nationalen Egoismus nicht verlassen. Die Funktionäre des BdV waren noch 1990 gegen die Anerkennung der Oder-Neiße-Grenze. Dann traten sie immer wieder mit rechtlichen, materiellen und moralischen Forderungen an Tschechien und Polen auf. Sie wetterten gegen die „Beneš-" und „Bierut-"[2], nie aber gegen die „Stalin-Dekrete". Als Gralshüter der europäischen Erinnerung an die Vertreibungen im 20. Jahrhundert sind sie wenig glaubwürdig. [...]

Man nimmt sich das Recht, die Opfer der deutschen Aggression mit allen Schwächen, Kollaborationen und Rachegelüsten zu entblößen und zugleich die „eigenen" Opfer zu verklären und in einem Mahnmal zu universalisieren. Das ist es, was man in Polen gelegentlich als moralische Usurpation, nationale Egozentrik, fehlende Empathie oder einfach als Maßlosigkeit empfindet.

Adam Krzemiński, Die schwierige deutsch-polnische Vergangenheitspolitik, in: Aus Politik und Zeitgeschichte B 40–41, 2003, S. 3–5.

---

1 Kirkut: jüdischer Friedhof

2 Bierut: Führer der polnischen Arbeiterpartei und ab 1947 Staatspräsident

---

1 Fassen Sie die Argumentation Krzemińskis zusammen (M 14).
2 Erläutern Sie Aussagen und Mittel der Argumentation Krzemińskis (M 14).
3 Erklären Sie, warum die Debatte über die deutsch-polnische Vergangenheit so emotional aufgeladen ist.
4 Vergleichen Sie die polnische Reaktion auf das „Zentrum gegen Vertreibungen" mit deutschen Haltungen (s. S. 132 und S. 143 f.).

Ein historisches Urteil entwickeln

Urteilskompetenz

Zu den zentralen Fähigkeiten im Geschichtsunterricht gehört die Urteilskompetenz. In nahezu jeder Stunde wird verlangt, historische Ereignisse, Prozesse oder Konflikte zu beurteilen. Wie jedoch gelangt man zu einem qualifizierten Urteil? **Urteilen** bedeutet die Fähigkeit, eine eigenständige, begründete und nachvollziehbare Stellungnahme zu einer Fragestellung zu formulieren. **Kriterien** eines gelungenen Urteils sind
- sachliche Angemessenheit,
- logische Gedankenführung und
- differenzierte Argumentation.

Um einen historischen Gegenstand angemessen beurteilen zu können, ist es sinnvoll, ihn aus unterschiedlicher Sicht zu untersuchen:
- aus der Perspektive historischer Zeitgenossen (Prinzip der **Multiperspektivität**)
- und/oder aus der Perspektive von Nachgeborenen, z. B. Historikern (Prinzip der **Kontroversität**).

Auf einer dritten Ebene erfolgt im Rahmen des Unterrichts, z. B. in der Gruppe oder im Plenum, die Auseinandersetzung mit den Wahrnehmungen der Zeitgenossen und den Deutungen der Nachgeborenen (Prinzip der **Pluralität**). Dies ist die Grundlage für eine selbstständige Stellungnahme zum historischen Gegenstand.

Bei der Urteilsbildung wird zwischen Sach- und Werturteil unterschieden: Während das **Sachurteil** ein Urteil auf der Ebene des historischen Gegenstandes ist, werden bei einem **Werturteil** gegenwärtige gesellschaftliche Normen auf historische Sachverhalte bezogen und eigene Wertmaßstäbe reflektiert.

Prozess der Urteilsbildung

Das **Urteilsmodell** M 1 zeigt einen idealtypischen Prozess der Urteilsbildung, der auch variiert werden kann. So lässt sich eine Stellungnahme auf der Basis a) von Quellen, b) von Sekundärtexten, in der Regel Deutungen von Historikern, oder c) von Quellen und Sekundärtexten formulieren.

Zunächst erfordert die Fähigkeit, ein Urteil zu bilden, sowohl Kenntnisse über den zu untersuchenden historischen Sachverhalt (**Sachkompetenz**) als auch methodische Verfahren, sich solche Kenntnisse anzueignen, diese mit vorhandenem Wissen zu vernetzen und auf neue Zusammenhänge anzuwenden (**Methodenkompetenz**). Mit methodischen Verfahren ist in erster Linie der Vergleich von Quellen und Darstellungen anhand von Vergleichsaspekten gemeint. Der Prozess der Urteilsbildung verläuft in mehreren Phasen:

1. **Entwicklung einer Leitfrage:** Für die Untersuchung des historischen Gegenstandes wird eine Fragestellung entwickelt, die im Prozess der Urteilsbildung beantwortet werden soll.

2. **Erwerb von Kenntnissen**: Als Voraussetzung für die Beschäftigung mit dem historischen Sachverhalt ist die Beschaffung von Informationen (Grundwissen) notwendig, die sich aus Gesamtdarstellungen, Schulbuchtexten, Lexika sowie aus Quellen gewinnen lassen.
3. **Auseinandersetzung mit dem historischen Gegenstand** aus verschiedenen Perspektiven: Vergleich anhand geeigneter Aspekte
   a) von mindestens zwei Quellen oder bzw. und
   b) von mindestens zwei Sekundärtexten oder
   c) von mindestens zwei schriftlichen Produkten oder mündlichen Äußerungen einzelner Schüler bzw. Gruppen.
4. **Formulierung eines Sachurteils:** Urteilsbildung auf der Ebene des historischen Gegenstands.
5. **Formulierung eines Werturteils:** Urteilsbildung auf der Grundlage gegenwärtiger gesellschaftlicher und subjektiver Normen und Werte.

Webcode:
KH645923-142

M 1 **Modell der Urteilsbildung**

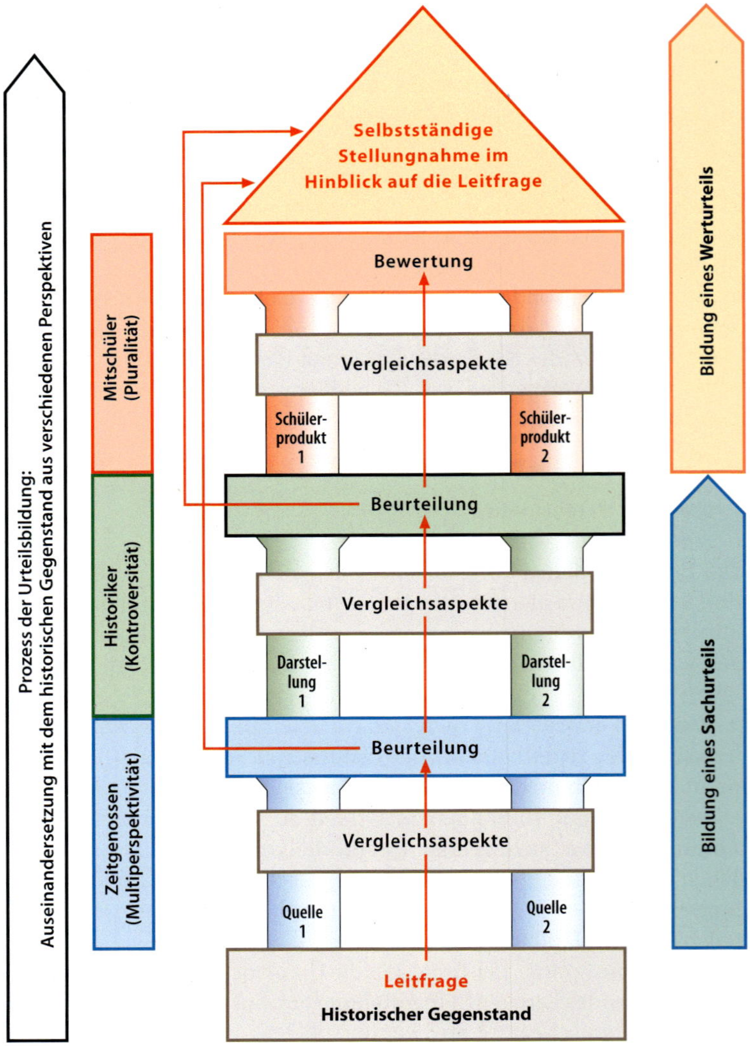

Übungsbeispiel: Der Erinnerungskonflikt um das „Zentrum gegen Vertreibungen"

M 2 Der in Eger/Cheb geborene SPD-Politiker Peter Glotz (1939–2005) zu dem Projekt eines Zentrums gegen Vertreibungen (2004)

1999 beschloss das Präsidium des „Bundes der Vertriebenen" die Errichtung eines „Zentrums gegen Vertreibungen". 2001 wurde hierfür eine Stiftung gegründet, unter Vorsitz von Erika Steinbach (BdV) und Peter Glotz.

Der Plural war Programm. Es gilt aus den Vertreibungen des zwanzigsten Jahrhunderts – von Armeniern, Griechen, Türken, Wolgadeutschen, Krimtataren, Sudetendeutschen, Ostpreußen, Schlesiern, Kraina-Serben oder Kosovo-Albanern – etwas fürs 21. Jahrhundert zu lernen. Gedacht ist an eine unlösliche Verbindung von Vergangenheit und Gegenwart. [...]

Ein solches Zentrum wäre kein Affront gegenüber unseren östlichen Nachbarn. Es soll ein Affront gegen alle Vertreiber werden. Die Türken, die die Armenier vertrieben haben, müssen sich genauso gemeint fühlen wie die Deutschen, die unter Hitler gewaltige Völkerverschiebungen geplant und teilweise auch praktiziert haben. Aber auch Stalin hat Millionen von Menschen [...] kühl verschoben. Als der große Stratege der Vertreibung der Sudetendeutschen, der tschechische Exilpräsident Edvard Beneš, von der sowjetischen Führung die Vertreibung der Deutschen aus Böhmen und Mähren verlangte [...], sagte Molotow kühl: „Das ist nichts, das ist leicht." [...]

Natürlich muss jede Diskussion von Vertreibung [...] in den politischen Kontext gestellt werden. Man kann über die Vertreibung der Deutschen aus Pommern, Schlesien, Böhmen oder Mähren nicht reden, ohne über die Verbrechen Hitlers zu reden, die vorher stattgefunden haben. [...]

Dass Polen, Tschechen, Slowaken und andere Völker, die Opfer der hitlerschen Aggression waren, fürchten, die Deutschen könnten plötzlich den Spieß umdrehen und sie als die Schuldigen darstellen, muss man verstehen. Man muss allerdings nicht jede nationalistische Instrumentalisierung dieser Angst akzeptieren. Irgendwann müssen die Deutschen den Mut finden, auch Nachbarn wie den Polen oder den Tschechen, die viel unter Deutschen gelitten haben, zu sagen: Unsere Geschichte können wir nur selbst schreiben. Natürlich ist diese Geschichte an Empirie gebunden; man darf keine falschen Geschichten schreiben. Auch sollten die Deutschen (und alle anderen) niemals den Versuch machen, Geschichte gegen die Nachbarn zu instrumentalisieren. Man muss aber intellektuell ehrlich bleiben. [...]

Das „Zentrum gegen Vertreibungen" soll in diesem Sinn Menschen auf den Zahn fühlen, ihnen Lernschmerz bereiten: Vertreibern, die Vertreibungsverbrechen schlicht leugnen (wie die Türken), Vertreibern, die die Vertreibung legalistisch interpretieren (die Großmächte hatten die Vertreibung im Potsdamer Abkommen doch abgesegnet) und sie immer noch für richtig halten (viele Tschechen und Polen), aber auch Vertriebenen, die die internationalen Beziehungen durch Entschädigungsforderungen in Unordnung bringen könnten (darunter viele Deutsche). Das „Zentrum" soll kein Mahnmal, keine Gedenkrotunde[1], kein Aufrechnungs-Tempel werden, sondern ein Dokumentationszentrum, das sich mit Vertreibungsverbrechen auseinandersetzt. Dazu gehört auch, selbstverständlich, eine historische Dimension.

Peter Glotz, Der Kampf gegen das Verbrechen der Vertreibung, in: Die Politische Meinung 417, 2004, S. 15–18.

1 Im Gespräch war u. a. die Schaffung einer „Rotunde", die der Andacht und dem Gedenken dienen sollte.

M 3 Aufruf gegen das Zentrum gegen Vertreibungen (2003)

Kaum eines Themas wurde in der Geschichte der Bundesrepublik so umfassend erinnert und gedacht wie der Flucht und Vertreibung der Deutschen nach dem Zweiten Weltkrieg. In fast jeder deutschen Stadt steht ein Gedenkstein, fast überall erinnern lokale Mahnmale an diesen Teil der deutschen Geschichte. Die wissenschaftliche Forschung zum Thema war von Beginn an umfangreich, wie auch die literarische Verarbeitung und die öffentliche Auseinandersetzung.

Ungeachtet dessen steht das Thema Flucht und Vertreibung heute wieder auf der politischen Agenda. Ein „Zentrum gegen Vertreibungen" soll entstehen, in dem Erinnern und Gedenken ihren Platz bekommen sollen.

Die Erinnerung der Vertreibung hat ihren legitimen Ort im individuellen Gedenken der Menschen, fest verwurzelt in einer pluralen und kontroversen Erinnerungslandschaft der Bundesrepublik. Bei der aktuellen Forderung geht es aber um etwas anderes: Hier soll ein zentrales Mahnmal entstehen, mitgetragen aus öffentlichen Mitteln und abgesichert durch staatliche Weihen. Ein Zentrum, das ein einheitliches Geschichtsbild etablieren und durchsetzen soll. Die große Gefahr [...] besteht in einer staatlich sanktionierten Umdeutung der Vergangenheit, ja einer Revision der Geschichte und der Torpedierung eines auf europäischen Dialog angelegten gesellschaftlichen und politischen Diskurses.

Wir sagen es mit aller Deutlichkeit: Ein „Zentrum gegen Vertreibungen" würde der kritischen Aufarbeitung der Vergangenheit nicht nutzen, könnte aber stattdessen die unterschiedlichen Erfahrungen der europäischen Nationen infrage stellen und damit die europäische Integration behindern. Mehr noch: Aller mühsam erarbeiteter Fortschritt beim Bau eines gemeinsamen Hauses Europa könnte gefährdet werden. Dabei sehen wir vor allem zwei Gefahren in historischer und politischer Dimension. Historisch betrachtet droht eine Entkontextualisierung der Vergangenheit, die Negation des ursächlichen Zusammenhangs von NS-Volkstums- und Vernichtungspolitik auf der einen und Flucht und Vertreibung der Deutschen auf der anderen Seite. Die politische Gefahr besteht insbesondere in der Ethnisierung von gesellschaftlichen Konflikten, also der Umdeutung von politischen und sozialen Kontroversen in ethnische – und damit der Zementierung eines völkischen Verständnisses von Vergangenheit, Gegenwart und Zukunft.

http://www.bohemistik.de/zentrum.html (Download vom 15. Dezember 2015).

Lösungshinweise

1. Leitfrage

Welche Aufgaben und welche Bedeutung würde das geplante „Zentrum gegen Vertreibungen" im Rahmen der deutschen Vergangenheitspolitik nach seiner Realisierung übernehmen?

2. (Grund-)Kenntnisse über den historischen Gegenstand

Das Ende des Sowjetimperiums und der dadurch ausgelöste Wandel im östlichen Europa sowie die Vereinigung der beiden deutschen Teilstaaten im Jahre 1990 brachten neue Chancen für die Erinnerungsarbeit: Der Wegfall politischer Vorschriften erleichterte in Polen eine vielfältige Meinungsbildung, in der nun auch unterdrückte Themen (z. B. Verbrechen der Sowjetunion, Vertreibung der Ostpolen) ermöglicht wurden. Aber auch im Westen veränderten sich individuelle und kollektive Erinnerungen: Besonders die Anerkennung der Oder-Neiße-Grenze als Ostgrenze des vereinigten Deutschlands 1990 entspannte die deutsch-polnische Erinnerungspolitik deutlich; Rückkehrforderungen, wie sie in Deutschland nur noch wenige vertraten, waren endgültig verworfen worden. Gleichzeitig verstärkte die Öffnung der Grenzen auch eine zunehmende individuelle Kontaktpflege zwischen den einstigen Kriegsgegnern Polen und Deutschland. Zwar wurden seit den späten 1990er-Jahren die Vertreibungen wieder intensiver erörtert. Weil aber mehr als sechzig Jahre nach dem Ende des Zweiten Weltkrieges die Erinnerung an die gemeinsame Geschichte in der ersten Hälfte des 20. Jahrhunderts noch von traumatischen Erfahrungen geprägt ist und besonderes Verantwortungsgefühl bei den handelnden Menschen erfordert, werden Debatten über die Vertreibung häufig emotional und kontrovers geführt.

Historischer Kontext

Wer sich mit Kontroversen über Flucht, Vertreibung oder Zwangsumsiedlung beschäftigt, sollte sich folgender Differenzierungen bewusst sein:

– Hinter den Begriffen „Flüchtlinge" und

„Vertriebene“ verbergen sich unterschiedliche Ursachen und menschliche Schicksale; sie beziehen sich nicht nur auf die Deutschen im Osten, die im und nach dem Zweiten Weltkrieg ihre Heimat verloren.

- Zwangsumsiedlung betraf nicht nur die Deutschen, wenngleich sie zahlenmäßig die größte Gruppe waren, sondern auch viele andere Bevölkerungsgruppen (vor allem Polen, Ukrainer und Ungarn).
- Flucht und Vertreibung sind einschneidende Ereignisse, die nicht nur Menschen ihr ganzes Leben lang begleiten, sondern auch ganze Gesellschaften prägen. Das gilt ebenfalls für Zwangsumsiedlungen.
- Die Erinnerungen an Flucht, Vertreibung und Zwangsumsiedlung werden nicht allein durch die Ereignisse und Vorgänge selbst bestimmt, sondern auch durch unterschiedliche Erinnerungsmilieus (z. B. individuelle Erinnerung einzelner Menschen und Familien, Erinnerung innerhalb von Organisationen wie den Vertriebenenverbänden, Erinnerungen auf staatlichen Gedenkveranstaltungen).

3. Vergleichsaspekte

Peter Glotz (M 2) war Mitglied der SPD und Vorstandsmitglied der das Zentrum befürwortenden Stiftung. Er war zudem 1939 in Eger/Cheb im heutigen Tschechien geboren worden und hatte eine eigene „Flucht- bzw. Vertreibungsgeschichte“. Er liefert Argumente für ein „Zentrum gegen Vertreibungen“.

Die Autorengruppe des Aufrufs gegen das Zentrum (M 3) besteht vor allem aus Wissenschaftlern deutscher Universitäten und Forschungseinrichtungen. Initiatoren sind Hans Henning Hahn, Eva Hahn, Alexandra Kurth, Samuel Salzborn und Tobias Weger. Sie argumentieren gegen ein „Zentrum gegen Vertreibungen“.

Argumente für das Zentrum (M 2)	Argumente gegen das Zentrum (M 3)
Das Zentrum bietet die Chance, aus den Vertreibungen des 20. Jahrhunderts etwas für das 21. Jahrhundert zu lernen.	Das Thema „Flucht und Vertreibung“ wurde in der Vergangenheit bereits ausreichend gewürdigt und dokumentiert.
Das Zentrum soll ein Ort sein, der all jenen „Lernschmerzen“ bereitet, die Vertreibungen leugnen, legitimieren oder instrumentalisieren.	Die Erinnerung an Flucht und Vertreibung hat ihren Ort im individuellen Gedenken der Menschen und der pluralen Erinnerungslandschaft der Bundesrepublik Deutschland.
Das Zentrum soll die Vielfalt der Vertreibungen im 20. Jahrhundert dokumentieren und analysieren.	Mit dem Zentrum soll ein einheitliches Geschichtsbild durchgesetzt und etabliert werden.
Das Zentrum soll kein Mahnmal sein, sondern ein Dokumentationszentrum, das sich mit Vertreibungsverbrechen auseinandersetzt.	Das Zentrum fungiert als zentrales Mahnmal und ist zudem noch staatlich sanktioniert.
Das Zentrum soll kein Affront gegenüber den östlichen Nachbarn sein, sondern gegen alle Vertreiber.	Das Zentrum könnte die unterschiedlichen Erfahrungen der europäischen Nationen infrage stellen und die europäische Integration behindern.
Der politische Kontext zwischen der Vertreibung der Deutschen und den Verbrechen der Nationalsozialisten soll dokumentiert werden.	Es besteht die Gefahr der Verneinung des Zusammenhangs von NS-Vernichtungspolitik und Flucht und Vertreibung.
Eine nationale Geschichtsschreibung ist notwendig, sie soll aber nicht gegen die Nachbarn instrumentalisiert werden.	Es besteht die Gefahr der Ethnisierung von gesellschaftlichen Konflikten und eines völkischen Verständnisses von Vergangenheit.

4. Sachurteil

Die Autoren der Texte setzen bei der Analyse der Aufgaben und Bedeutung des Zentrums unterschiedliche Akzente:

Für Glotz (M 2) ist das Zentrum vor allem ein Ort, der Lernprozesse in Gang setzen soll. Dagegen betrachtet der Aufruf (M 3) das Zentrum als Einrichtung, Flucht und Vertreibung zu würdigen und zu dokumentieren.

Während Glotz die politischen Funktionen des Zentrums (gegen Leugnung, Legitimierung und Instrumentalisierung) betont, hebt der Aufruf das individuelle und damit auch das pluralistische Erinnern und Gedenken hervor.

Betrachtet Glotz das Zentrum in erster Linie als Dokumentationseinrichtung, beschwört der Aufruf die Gefahr, dass das Zentrum ein einheitliches Geschichtsbild hervorbringen wolle. Das sei in einer liberaldemokratischen Gesellschaft unstatthaft.

Glotz will von Anfang an möglichen Widerständen gegen das Zentrum mit dem Argument den Wind aus den Segeln nehmen, es richte sich gegen alle Vertreibungen. Der Aufruf zeigt sich dagegen skeptisch, dass das Zentrum alle unterschiedlichen Erfahrungen der europäischen Nationen in den Blick nehmen wird. Wenn es sich auf einzelne Vorgänge und Ereignisse konzentriere, könne es die europäische Integration behindern.

Während Glotz den politischen Zusammenhang zwischen Vertreibung und NS-Politik aufzeigen will, sieht der Aufruf die Gefahr, dass das nicht getan bzw. in den Hintergrund gedrängt werde.

Bevorzugt Glotz eine nationalgeschichtliche Aufarbeitung und Dokumentation der Vertreibungen, warnt der Aufruf vor einer solchen Betrachtungsweise. Die nationalgeschichtliche Sicht berge die Gefahr eines völkischen Verständnisses, weil sie die Konflikte aus einer ethnischen Perspektive beleuchte.

5. Werturteil

Glotz vertritt einen nationalgeschichtlichen Standpunkt. Er will eine Geschichtsschreibung aus deutscher Perspektive, die auch dem „Zentrum gegen Vertreibungen" zugrunde liegen soll. Aus diesem Grund verteidigt er das Zentrumsprojekt von vornherein gegen mögliche Kritik von den östlichen Nachbarn. Das Zentrum biete keinen deutschen Geschichtsrevisionismus und richte sich nicht gegen die Nachbarn im Osten, sondern gegen alle Vertreiber. Zu diskutieren wäre dabei, ob eine Nationalgeschichtsschreibung im Zeitalter der Globalisierung noch sinnvoll ist oder durch andere die Forschung leitende Werte abgelöst werden soll. Flucht, Vertreibung und Zwangsumsiedlung könnten auch mithilfe einer übernationalen oder globalen Geschichtsschreibung erforscht und dargestellt werden. Die nationalgeschichtliche Perspektive, die die nationalen historischen Erfahrungen und Ereignisse in den Blick nimmt, wäre dann eine wichtige und ergänzungsbedürftige Voraussetzung für übernationale oder globale Geschichtsprojekte. Eine derartige, verschiedene nationale Entwicklungen analysierende, dokumentierende und darstellende Geschichtsbetrachtung würde wesentliche Kritikpunkte des Aufrufs erfüllen (kein einheitliches Geschichtsbild, Berücksichtigung unterschiedlicher nationaler Erfahrungen, kein völkisches Vergangenheitsverständnis), der eine nationalgeschichtliche Sicht ablehnt bzw. eine internationale Betrachtungsweise bevorzugt. Hier liegt auch der entscheidende Grund für die Gegnerschaft zum Zentrum.

Das deutsch-französische Verhältnis im 19. und 20. Jahrhundert

Deutsche und Franzosen – wechselvolle Beziehungen

Dass Frankreich und Deutschland einmal Kriege gegeneinander geführt haben, erscheint heute kaum noch vorstellbar. Das liegt daran, dass die enge Zusammenarbeit zwischen der alten Bundesrepublik Deutschland bzw. dem wiedervereinigten Deutschland mit Frankreich – das gilt nicht für die DDR – in Europa ohne Vergleich ist. Das Auswärtige Amt spricht sogar von einem **deutsch-französischen Sonderverhältnis**, das in seiner Funktion als „Motor der europäischen Einigung" nicht zu ersetzen sei und weiterhin einzigartig bleibe. Auch in Frankreich ist die Pflege der Beziehungen zum östlichen Nachbarn unumstritten. Beide Regierungen treffen sich regelmäßig zu Konsultationen und stimmen in verschiedenen Organisationen ihre Politik miteinander ab.

Vorbei sind damit die Zeiten einer angeblichen **deutsch-französischen „Erbfeindschaft"**. Zentrale These dieser Deutung war, dass beide Völker über Jahrhunderte in Rivalität und Furcht voreinander gelebt hätten. Besonders im 19. und beginnenden 20. Jahrhundert waren die deutsch-französischen Beziehungen durch nationale Vorurteile und Feindbilder geprägt, die das Verhältnis zwischen beiden Nachbarn vergifteten und erst in einem langen Prozess gegenseitiger Aussöhnung nach 1945 überwunden wurden.

Deutsch-französische „Erbfeindschaft"

Konflikte zwischen Deutschland und Frankreich gab es in der neuzeitlichen Geschichte bereits vor dem 19. Jahrhundert. So verleibte sich Frankreich 1679 unter Ludwig XIV. Teile des Elsass ein, 1674 und 1689 verwüsteten französische Truppen die Pfalz. Diese Auseinandersetzungen, in denen europäische Staaten in wechselnden Konstellationen um die Vorherrschaft rangen, blieben weitgehend eine Angelegenheit der herrschenden Dynastien, Kabinette und Armeen. Erst nach der Französischen Revolution, vor allem aber mit dem anschwellenden Nationalismus im 19. Jahrhundert wühlten Kriege die gesamte Nation auf. Es entstanden nationale Stereotype*, die sich zu wirkungsmächtigen Feindbildern entwickelten. Seit den **Befreiungskriegen von 1813–15**, die Preußen und die anderen deutschen Staaten gegen Napoleon führten, und dem **Deutsch-Französischen Krieg** bzw. der **Reichsgründung 1870/71** bildete sich die Legende von der deutsch-französischen „Erbfeindschaft" heraus. Auf deutscher Seite begünstigte der militärische Sieg, die Annexion von Elsass-Lothringen und die Kaiserkrönung Wilhelms I. in Versailles die Entstehung von Überheblichkeitsgefühlen. In Frankreich kamen dagegen nach der militärischen Niederlage Revanchegedanken auf, die durch die hohen deutschen Reparationsforderungen verstärkt wurden.

Nationale Stereotype
Stereotype sind schematisierte Selbst- und Fremdbilder, die in ungerechtfertigt vereinfachender und verallgemeinernder Weise und mit emotional wertender Tendenz einer Gruppe von Personen bestimmte Eigenschaften oder Verhaltensweisen zu- oder absprechen. Stereotype werden nicht aufgrund eigener Erfahrung erworben, sondern über Erziehung, Sozialisation und öffentliche Meinung vermittelt.

M 1 Gustav Stresemann, deutscher Politiker (1878–1929), Fotografie, o. J.

M 2 Aristide Briand, französischer Politiker (1862–1932), Fotografie, o. J.

In den Bevölkerungen auf beiden Seiten des Rheins entwickelte sich während des **Ersten Weltkrieges 1914–1918** großer Hass auf den jeweiligen Nachbarn. Während die Franzosen ihre Zivilisation gegen die deutschen „Barbaren" verteidigen zu müssen glaubten, verstanden viele Deutsche den Krieg als Verteidigungskampf „deutscher Kultur" gegen „französische Zivilisation". Deutsche Professoren, Schriftsteller und Intellektuelle formulierten die **„Ideen von 1914"**, die sie gegen die **Ideen von 1789** stellten, d. h. die Ideen der Französischen Revolution („Freiheit, Gleichheit, Brüderlichkeit"). Anders als bei den Franzosen, so argumentierte man, ständen in Deutschland nicht die Gesellschaft, sondern der Staat, nicht das Individuum, sondern das Volk im Mittelpunkt. Der Erste Weltkrieg endete für das Deutsche Reich mit einer Niederlage, während Frankreich zu den Siegermächten gehörte. Diese schränkten auf Betreiben der französischen Regierung im Versailler Friedensvertrag 1919 die Macht Deutschlands maßgeblich ein. Deswegen machten sich nun in Deutschland Revanchegefühle breit. Außerdem schürten die französische Besatzungspolitik und die Wirtschaftsauflagen an Ruhr, Rhein und Saar antifranzösische Ressentiments. Die Aussöhnungspolitik von Gustav Stresemann und Aristide Briand Mitte der 1920er-Jahre konnte daran wenig ändern.

Während des Zweiten Weltkrieges verstärkte die deutsche Besatzung in Frankreich von 1940 bis 1944 die deutsch-französischen Hassgefühle. Die aggressive Außenpolitik des nationalsozialistischen Deutschland, das die „Schmach von Versailles" rächen wollte, aber auch andere strategische Ziele verfolgte, führte **1940 zum Krieg gegen Frankreich**. Nach dem überraschend schnellen Sieg der deutschen Truppen wurden der Norden und Westen besetzt und die Behörden angewiesen, mit den Besatzern „zusammenzuarbeiten" (*collaborer*). Das übrige Frankreich („Vichy"-Frankreich) blieb formal selbstständig. Allerdings musste sich die dort herrschende Regierung unter Marschall Philippe Pétain verpflichten, Emigranten, die nach Frankreich geflüchtet waren, auf Verlangen an deutsche Behörden auszuliefern. Außerdem sollten 1,5 Millionen französische Kriegsgefangene bis zum Abschluss eines Friedensvertrages nach Deutschland gebracht werden.

Deutsch-französische Aussöhnung

Nach der bedingungslosen Kapitulation Deutschlands 1945 erhielt Frankreich als einer der vier Alliierten eine eigene **Besatzungszone in Südwestdeutschland**. Nach der Gründung der beiden deutschen Staaten 1949 trieben die Regierungen der Bundesrepublik Deutschland und Frankreichs zwar erste europäische Integrationsprojekte voran. Meinungsumfragen ließen jedoch deutlich erkennen, dass in der Bevölkerung während der 1950er-Jahre die alten Feindbilder fortbestanden.

In dem Maße, wie sich seit 1947 der Ost-West-Gegensatz verschärfte, musste Frankreich seine Forderung aufgeben, Deutschland entscheidend zu schwächen. Die westliche Führungsmacht USA strebte im Kalten Krieg vielmehr ein stabiles, wirtschaftlich selbstständiges, mit ihnen weltpolitisch und weltwirtschaftlich zusammenarbeitendes Westeuropa an. Ohne das politische Hauptziel, das Überleben Frankreichs als Großmacht, aufzugeben, änderte die französische Regierung seit den 1950er-Jahren die Methoden ihrer Politik. Sie ging über zur Kooperation mit der Bundesrepublik Deutschland im Rahmen der nun beginnenden europäischen Einigung. Die Annäherung gipfelte 1962 in gegenseitigen Staatsbesuchen der Regierungschefs und im Vertrag über die deutsch-französische Zusammenarbeit, dem **Élysée-Vertrag von 1963**. Das Abkommen sah regelmäßige deutsch-französische Konsultationen und Absprachen vor und legte als besonders wichtige Bereiche die europäische Zusammenarbeit, die Ost-West-Beziehungen, die NATO, den Jugendaustausch und die Kulturbeziehungen fest.

M 3 Mitterrand und Kohl an den Gräber von Verdun, Fotografie, 22. September 1984

Die deutsch-französische Partnerschaft hat sich seitdem weiterentwickelt und vertieft. Allerdings herrschte in Paris nach dem Fall der Berliner Mauer zunächst große Unsicherheit und Sorge über die Zukunft Deutschlands. Staatspräsident François Mitterrand (Präs. 1981–1995) lehnte zunächst ein wiedervereinigtes Deutschland ab. Als neutrale bzw. „eigenständige Macht, unkontrolliert“ erschien es ihm unerträglich für Europa. Seine Bemühungen, in Gesprächen mit dem sowjetischen Präsidenten Gorbatschow die deutsche Vereinigung zu verhindern, blieben jedoch erfolglos. Ausschlaggebend dafür, dass er seinen Widerstand aufgab, war die feste Einbindung Deutschlands in westliche Institutionen. Da Bundeskanzler Helmut Kohl ebenfalls von der Notwendigkeit einer gesicherten Westintegration deutscher Politik überzeugt war, entstand kein Konflikt zwischen beiden Staaten. Mitterrand wie Kohl arbeiteten folgerichtig auf eine „Europäische Union“ und eine gemeinsame europäische Währung hin. Deutsch-französische Absprachen beschleunigten die Verabschiedung des Vertrages von Maastricht am 7. Februar 1992 und die Einführung des Euro zum 1. Januar 1999. Diese konsequente proeuropäische Position der deutschen Regierung erleichterte Frankreich seine Zustimmung zur Wiedervereinigung.

Webcode:
KH645923-149

1. **Blitzumfrage**: Sammeln Sie in Ihrem Kurs nationale Stereotypen von Deutschen und Franzosen, die Ihrer Meinung nach noch aktuell sind.
2. Erläutern Sie Entstehung, Bedeutung und Verschwinden der deutsch-französischen „Erbfeindschaft“.
3. **Mindmap:** Erstellen Sie eine Mindmap zu den Schritten der deutsch-französischen Aussöhnung seit 1945 und ihren Folgen.
4. Ordnen Sie das Bild (M 3) in die Geschichte der deutsch-französischen Beziehungen ein. Deuten Sie Gesten und Symbolik des Bildes.

M 4 Der Politikwissenschaftler Gilbert Ziebura über die Entstehung nationaler Vorurteile zwischen Franzosen und Deutschen (1997)

Es war kein Zufall, dass sich auf deutscher Seite erste antifranzösische Ressentiments in dem Augenblick bildeten, als Lessing gegen die „kulturelle Überfremdung" anzukämpfen begann, was ohne die Formierung eines nationalen Bewusstseins in ersten Ansätzen nicht möglich gewesen wäre. In „Minna von Barnhelm", einem Stück, das der Verherrlichung der preußischen Armee und vaterländischer Tugenden diente, erscheint der Franzose als alberner, leichtfertiger, frivoler Glücksritter, während die Deutschen das genaue Gegenbild darstellen: solide, treu, ernst und fromm. Diese Klischees erwiesen sich als zählebig; ganzen Generationen von Primanern wurden sie anlässlich eines ihrer ersten Bildungserlebnisse eingeträufelt. Aber Klischees gibt es zwischen allen Völkern; sie müssen nicht zur Erbfeindschaft führen. Immerhin war es nicht unbedenklich, dass das sich bildende deutsche Nationalbewusstsein anscheinend eines negativen französischen Gegenbildes bedurfte, um zu sich selbst zu finden und seine Minderwertigkeitskomplexe gegenüber dem geistig führenden und mächtigen Nachbarn loszuwerden.

Revolution und Befreiungskriege haben den damit angelegten Trend sicher verstärkt. Jeder der beiden Nationalismen findet jetzt seine spezifische, deutlich unterscheidbare Form, deren (noch verborgener) Kern die Tendenz zur „Nationalisierung der Feindschaft" ist, die bewirkt, dass sich nicht mehr Fürsten, sondern Völker gegenüberstehen: An der Dialektik von Bildern und Gegenbildern lässt sich die Entstehung „kollektiver politischer Mentalitäten" studieren. Während der jakobinische Messianismus versucht, die Prinzipien der Revolution zu universalisieren, während er die Hauptkampffront horizontal quer durch die Nationen zwischen Fortschritt und Reaktion zieht, gewinnt der deutsche Nationalismus eine Stoßkraft einmal aus dem Gefühl, einer auserwählten Kulturnation anzugehören, zum anderen aus einem im Feuer des Kampfes gegen Napoleon gehärteten Frankreichhass. Die Entstehung des französischen Nationalismus hat zunächst nichts mit einer antideutschen Frontstellung zu tun; er lebt ganz aus einer neuen Vision des Verhältnisses von Individuum, Gesellschaft und Staat – eine Vision, die natürlich auch, direkt und indirekt, in den Dienst sehr konkreter nationaler Interessen gestellt wird. Aber der Expansionismus wird ideologisch damit gerechtfertigt, dass die französische Nation nun Träger eines Menschheitsideals ist. [...]

Aber selbst die Niederlagen Napoleons führten keineswegs zu einer deutschfeindlichen Reaktion. Im Grunde hatten sie Frankreichs nationales Selbstgefühl nicht so erschüttert, dass eine Art Kompensation nötig gewesen wäre. Man wusste, dass die Hegemonialpolitik wegen der fehlenden Ressourcen auf Dauer ohnehin unhaltbar war. Wenn Frankreich auch die Revision des Friedens von 1815 anstrebte, so fühlte es sich nichtsdestoweniger bald als vollgültiges und selbstbewusstes Mitglied des europäischen Konzerts.

Gilbert Ziebura, Die deutsch-französischen Beziehungen seit 1945. Mythen und Realitäten, Verlag Günter Neske, Klett-Cotta, Stuttgart 1997, S. 18–21.

1 Charakterisieren Sie die wichtigsten Vorurteile und Klischees, die Deutsche und Franzosen über den jeweiligen Nachbarn im 18. und 19. Jahrhundert hegten (M 4).

2 **Zeitungsartikel:** Informieren Sie sich über den aktuellen Stand der Beziehungen zwischen Deutschen und Franzosen und verfassen Sie einen Zeitungsartikel. Beziehen Sie dabei historische Aspekte mit ein.

M 5 Der preußische Ministerpräsident Otto von Bismarck (1815–1898) in einem Erlass an den preußischen Botschafter in London (21. August 1870)

Wir stehn heute im Felde gegen den 12. oder 15. Überfall und Eroberungskrieg, den Frankreich seit 200 Jahren gegen Deutschland ausführt. 1814 und 1815 suchte man Bürgschaften gegen Wiederholung dieser Friedensstörungen in der schonenden Behandlung Frankreichs. Die Gefahr liegt aber in der unheilbaren Herrschsucht und Anmaßung, welche dem französischen Volkscharakter eigen ist und sich von jedem Herrscher des Landes zum Angriff auf friedliche Nachbarstaaten missbrauchen lässt. Gegen dieses Übel liegt unser Schutz nicht in dem unfruchtbaren Versuche, die Empfindlichkeit der Franzosen momentan abzuschwächen, sondern in der Gewinnung gut befestigter Grenzen für uns. Wir müssen dem Druck ein Ende machen, den Frankreich seit zwei Jahrhunderten auf das ihm schutzlos preisgegebene Süddeutschland ausübt und der ein wesentlicher Hebel für die Zerrüttung der deutschen Verhältnisse geworden ist. Frankreich hat sich durch die konsequent fortgesetzte Aneignung deutschen Landes und aller natürlichen Schutzwehren desselben in den Stand gesetzt, zu jeder Zeit mit einer verhältnismäßig kleinen Armee in das Herz von Süddeutschland vorzudringen, ehe eine bereite Hilfe da sein kann.

Zit. nach: Otto von Bismarck, Die gesammelten Werke, Bd. 6 b, Otto Stollberg, Berlin 1931, S. 454 f.

M 6 Der französische Essayist Paul de Saint-Victor über Preußen (4. Juli 1871)

Seit sechzig Jahren lebte es [Frankreich] an der Seite Deutschlands, ohne zu ahnen, dass es von ihm verabscheut wurde. Eine ganze Nation plante seine heimliche Ermordung, plante seinen Ruin, bereitete Schritt für Schritt die Invasion vor: Frankreich hörte und sah nichts. Eines Tages schließlich, des Wutgeschreis überdrüssig, [...] vergaß [es] die Sache. Die Barbaren waren da, am anderen Ufer des Flusses, stießen Drohungen aus, schlugen an ihre Schilde: es schleuderte ihnen diese Pfeile gewichtslos wie Bienenstachel entgegen und glaubte, sie entwaffnet zu haben.

Dieser Hass auf Frankreich [...] war am anderen Ufer des Rheins eine ständige Regung. Er brannte in unermesslicher Tiefe, genährt durch die alten Urkunden längst gebrochener Verträge, durch den Pfälzischen Krieg wie durch die Kanonen von Jena. Denn Deutschland weiß nichts von Verjährung der Rache; Turenne und Napoleon sind vor seiner Rachsucht Zeitgenossen. Niemals wird es sich als zufriedengestellt erklären; Leipzig und Waterloo waren für Deutschland lediglich eine erste Revanche, Vorschuss auf eine nie zu tilgende Schuld, aus der es blutigen Wucherzins zog. Dieser Erb-Hass wurde in seinen Schulen gelehrt, an seinen Universitäten verkündet, seine Dichter feuerten in ihren Kriegsgesängen dazu an [...]. [...]

Es ist nur recht, wenn wir den hassen, der uns so hasst. Dieser Krieg ist keines dieser höfischen Duelle, bei dem der Besiegte seinem Gegner die Hand reicht; es ist ein unversöhnlicher Kampf, den die Niederlage zwar unterbrechen, nie jedoch beenden kann. [...] Frankreich braucht jedoch nicht an seiner Niederlage zu verzweifeln. Früher oder später wird es, bei Strafe des Untergangs, die verlorenen Provinzen zurückgewinnen.

Doch noch einmal sei es gesagt: um unseren Feind zu besiegen, brauchen wir den Hass. Preußen zu verabscheuen heißt, Frankreich zu lieben.

Zit. nach: Michael Jeismann u. Henning Ritter (Hg.), Grenzfälle. Über neuen und alten Nationalismus, Reclam Verlag, Leipzig 1993, S. 311–317.

M 7 Der Politikwissenschaftler Gilbert Ziebura über die Ideologie der deutsch-französischen „Erbfeindschaft" (1997)

Dabei kann kein Zweifel herrschen, dass das Geschichtsbild der deutsch-französischen „Erbfeindschaft" tatsächlich nicht mehr als eine Ideologie im primitivsten Sinne des Wortes war, nämlich falsches Bewusstsein, das überdies noch künstlich erzeugt werden musste. Die Wirklichkeit sah ganz anders aus. Eine unbefangene Betrachtung ergibt, dass der Antagonismus als konstanter, die Beziehungen zwischen Deutschland und Frankreich beherrschender struktureller Faktor erst ab 1870/71 existiert hat, ja vorher gar nicht existieren konnte, weil es seine wichtigste Voraussetzung nicht gab: den Aufeinanderprall zweier Nationalitäten, die dadurch gekennzeichnet waren, dass jede sich weitgehend nur als Negation der anderen zu begreifen vermochte.

Wie immer in der Geschichte kam auch dieses Ergebnis nicht aus heiterem Himmel. Es gab vorher unterschiedliche Interessen, abweichende Denkformen und kriegerische Konflikte. Entscheidend war aber, dass die Situation offenblieb, dass nichts, was immer geschehen mochte, geeignet war, eine definitive Verkrampfung hervorzurufen. Vor 1870/71 gab es für die Herausbildung einer Ideologie der „Erbfeindschaft" vielleicht dieses oder jenes Indiz, aber sie war weder das Leitmotiv der herrschenden Klassen, noch hatte sie die breiten Massen diesseits wie jenseits des Rheins durchdrungen. Erst nachdem das Kind in den Brunnen gefallen war, tat man alles, um es darin zu lassen. Dazu gehörte das Bemühen, dieses Ereignis nun als zwangsläufig, als unvermeidbar, als Folge säkularer Konstellationen, als Preis der deutschen Einigung zu interpretieren. So kam es, dass die Ideologie der „Erbfeindschaft" post festum[1] zu dem Zweck konstruiert wurde, sie zum integralen Bestandteil politischen Denkens und Handelns zu machen, wobei die weniger gefestigte deutsche Nationalität sie nötiger brauchte und damit schärfer artikulierte als die französische. Zwischen dem sich nun zum ersten Mal herauskristallisierenden objektiven Interessenkonflikt und seiner Überhöhung durch die Ideologie der „Erbfeindschaft" bestand ein unentwirrbarer dialektischer Zusammenhang, indem das eine das andere beeinflusste. Das Ergebnis jedenfalls war klar: die deutsch-französischen Beziehungen als Freund-Feind-Verhältnis, das [...] im besten Fall eine prekäre Koexistenz erlaubt.

Gilbert Ziebura, Die deutsch-französischen Beziehungen seit 1945. Mythen und Realitäten, Verlag Günter Neske, Klett-Cotta, Stuttgart 1997, S. 16 f.

1 post festum: lat. „Nach dem Fest", hinterher, zu spät

1 Untersuchen Sie den Erlass Bismarcks (M 5) und den Essay von Saint-Victor (M 6) auf Feindbilder und nationale Stereotypen. Ziehen Sie dafür auch die Definition, S. 147, mit heran.
2 Erläutern Sie die These, dass die Behauptung von der deutsch-französischen „Erbfeindschaft" eine Ideologie sei (M 7).

M 8 Germania auf der Wacht am Rhein, Ölgemälde von Lorenz Clasen, 1860

1 Interpretieren Sie das Gemälde (M 8).
2 **Referat:** Untersuchen Sie, welche nationale Bedeutung dem Rhein von Deutschland und Frankreich zugesprochen wird. Ziehen Sie als Quellen auch Gedichte, Lieder, Bilder und Karikaturen hinzu.

M 9 Ein Franzose über die Deutschen als Barbaren (1915)

Frankreich empfindet Abscheu gegenüber diesen Barbaren, es hat für sie den Namen *Boches* gefunden. [...] Die Barbarei der Teutonen ist nicht von gewöhnlicher Art: sie ist ein Wunder an Stärke und Wissenschaft. [...] *Boche* ist ein volkstümliches Wort. Es hat die Kraft des Volkes, das es geschmiedet hat. [...] In *Boche*, das zuerst als *Alboche* existierte, steckt *„caboche"* („Dickschädel"[...]) [...]. Sie nur Barbaren zu nennen, genügte nicht. Es galt, das Bild der neuen Barbarei festzulegen, die selbst den Namen „Koultour" trägt. Hier ist sie: viereckiger Kopf mit Brille; Rohling – mit Erfinderpatenten; Doktor der Mordkunst, der Lüge, Doktor in der Kunst der Verleumdung, des Feuerlegens; menschgewordene Anmaßung; Zerstörungswut, die im Namen Gottes handelt; die blinde Seele der Rasse und der ganzen Wissenschaft. Der Barbar mit dem Kopf eines Deutschen, das ist der *Boche* […]. *Boche* steht für Menschenfresser und Possenreißer […]. Solange sie nicht mit den anderen Menschen Frieden geschlossen haben werden, gibt es in Europa keine Deutschen mehr: es gibt nur noch *Boches.*

Zit. nach: Rainer Bölling, Deutschland und Frankreich. Vom „Erbfeind" zum Partner, Klett, Stuttgart 1996, S. 44 f.

M 10 Der Theologe Adolf von Harnack (1851–1930) über die „Ideen von 1914" (1915)

Ferner aber, seit etwa zwei Jahrhunderten und etwas mehr schweben drei große Worte als Ziele politisch-sozialen Lebens über der westeuropäischen Menschheit, nämlich die Worte: Freiheit, Gleichheit, Brüderlichkeit. […] Wir wissen: diese drei Worte sind entweder gar nichts, ein oberflächliches Gerede, ein leerer Schall und eine schwere Irreführung, oder aber, wenn sie im tiefsten Sinn erfasst und auf ihre wahren Wurzeln zurückgeführt werden, sind sie in der Tat die großen Ziele, zu denen sich zu entwickeln eines Volks und der Menschheit würdig ist.

Wie steht es heute unter uns mit ihnen? Freiheit! […] Nicht Willkür, ungebundene Zügellosigkeit und Sinnenfreude ist Freiheit. Sie bringen schließlich nur Überdruss und Ekel und innerliche Selbstauflösung. Dagegen wo die wahre Freiheit braust, in der Sollen und Wollen unter einem großen Gedanken eins sind, da blüht und glüht das Leben, und je größere Gefahren einen solchen Mann umstürmen, umso sicherer gilt von ihm: „Recht wie ein Palmenbaum über sich steigt, je mehr ihn Regen und Wetter anfeucht." […] Weder Knechte des Auslandes, noch Knechte im Innern wollen wir sein […]! Der Gott, der Eisen wachsen ließ, der wollte freie Leute. Der Krieg hat sie erweckt! Aber wir müssen durchhalten und wir werden durchhalten! Glauben Sie mir – „allein schon durch den Willen sind wir von den Banden frei". Dieser Wille, unsre Freiheit zu halten, hat sich schon als unwiderstehlich gezeigt und wird sich nicht niederwerfen lassen.

Zweitens, Gleichheit! Wir haben einen großen Gleichmacher, das ist der Tod. Traurig aber ist es, wenn es in der Gesellschaft, im Volke keinen andren Gleichmacher gibt als den Tod. Aber jetzt ist ein andrer Gleichmacher aufgestanden: der Krieg. Ja, auch der Krieg ist ein großer Gleichmacher. Warum ist er es? Weil es in dem Kriege hervortritt für alle gleich: du musst unverbrüchlich gehorchen und du bist berufen – heute, morgen, in den nächsten Stunden kann's geschehen – zu befehlen. […]

Und damit bin schon zum dritten gekommen: Brüderlichkeit und Einheit! Mit wie andern Augen sieht jetzt jeder seinen Landsmann an! Zieht einer hinaus – es wird vielleicht bald von ihm gelten: Er starb für dich, und mit Ehrfurcht sieht man ihn hinausziehen. Dort sieht man eine Mutter – vielleicht wird schon morgen von ihr gelten: Sie hat das Opfer ihres Sohnes dem Vaterlande gebracht, und so geht es fort, Hunderte, Tausende! Das große Opfer schafft die große Brüderlichkeit, und wir verstehen wieder etwas von den hohen Ideen, die in matten Zeiten unverstanden und kraftlos am Boden liegen, ja wohl sogar verspottet werden: Opfer, Genugtuung, Stellvertretung. Sie treten jetzt wieder hervor, werden jedem von uns vor die Augen gerückt und begründen unter uns eine neue Blutsverwandtschaft und Brüderlichkeit.

Adolf von Harnack, Was wir schon gewonnen haben und was wir noch gewinnen müssen, in: Klaus Böhme (Hg.), Aufrufe und Reden deutscher Professoren im Ersten Weltkrieg, Reclam, Stuttgart 1975, S. 94–97.

1 Erschließen Sie aus M 9 das französische Selbstbild.

2 Erläutern Sie, wie der Theologe Harnack die Begriffe Freiheit, Gleichheit, Brüderlichkeit definiert und gegen welche Interpretation er sich absetzt (M 10).

3 Beschreiben Sie die Gesellschaft, die bei der Verwirklichung der Vorstellungen Harnacks entstanden wäre, und formulieren Sie eine Kritik an dieser Gesellschaft.

M 11 Deutschland und Frankreich im Ersten und Zweiten Weltkrieg, Zeichnung und Fotografie, 1918 und 1940.

Am 11. November 1918 legt Marschall Ferdinand Foch (stehend hinter dem Tisch) in einem Eisenbahnwagen bei Compiègne/Frankreich dem deutschen Zentrumsabgeordneten Matthias Erzberger (vor dem Tisch) die Waffenstillstandsbedingungen der Alliierten zur Unterzeichnung vor. Erzberger wird begleitet von den Militärs General von Winterfeldt und Kapitän Vanselow sowie Graf Oberndorff vom Auswärtigen Amt.

Am 22. Juni 1940 verliest Generaloberst Wilhelm Keitel (stehend links, neben ihm sitzend Adolf Hitler) in demselben Salonwagen in Compiègne den französischen Vertretern, u. a. General Charles Huntziger, die Präambel der deutschen Bedingungen für einen Waffenstillstand.

1 Essay: Verfassen Sie, ausgehend von einem Vergleich der beiden Bildmaterialien, einen Essay zu dem Thema „Die Macht der Symbole".

M 12 Der Historiker Hagen Schulze über die politische Bedeutung des Élysée-Vertrages von 1963 (1998)

Der französische Staatschef General Charles de Gaulle [...] setzte auf die enge und dauerhafte Bindung zwischen Frankreich und Deutschland, wobei er Frankreich die Führungsrolle in Europa, Deutschland die Rolle des Juniorpartners zudachte, und war sich darin mit dem deutschen Bundeskanzler Konrad Adenauer einig, der schon als Erster Bürgermeister der Stadt Köln zu Zeiten der Weimarer Republik das Schwanken der deutschen Außenpolitik zwischen Ost und West kritisiert und ein enges Bündnis Deutschlands mit Frankreich gefordert hatte. Wie tief die Welt sich verändert hatte, wurde sichtbar, als Adenauer und de Gaulle nach dem Abschluss des Vertrags über die deutsch-französische Zusammenarbeit vom 22. Januar 1963 auf den Feldern der Champagne, die vom Blut so vieler deutsch-französischer Schlachten getränkt waren, eine gemeinsame Parade französischer und deutscher Truppen abnahmen. Von der Erbfeindschaft binnen weniger Jahre zur Schicksalsgemeinschaft – nach Jahrhunderten heilloser deutsch-französischer Verstrickungen war das eine tiefe Zäsur der europäischen Geschichte. [...]

Der deutsch-französische Vertrag schien auf eine Alternative hinauszulaufen. De Gaulle hegte ein tiefes Misstrauen gegen die Ideen der atlantischen und europäischen Integration, die ihm wirklichkeitsfremd und unhistorisch vorkamen. „Welch tiefer Illusion und Voreingenommenheit", schrieb er in seinen Memoiren, „muss man verfallen, um glauben zu können, europäische Nationen, die der Hammer ungezählter Mühen und zahlloser Leiden auf dem Amboss der Jahrhunderte schmiedete, deren jede ihre eigene Geografie, ihre Geschichte, ihre Sprache, ihre besonderen Traditionen und Institutionen hat, könnten ihr Eigenleben ablegen und nur noch ein einziges Volk bilden? Welche Kurzsichtigkeit verrät der oft von naiven Gemütern vorgebrachte Vergleich dessen, was Europa tun sollte, mit dem, was die Vereinigten Staaten getan haben, die doch von Wellen um Wellen entwurzelter Siedler, ausgehend vom Nichts, auf jungfräulichem Boden geschaffen wurden?"

De Gaulles Vision eines künftigen Europas beruhte auf der Realität der Nationen; er glaubte an eine umfassende, immer engere Zusammenarbeit zwischen den bestehenden europäischen Staaten, nicht an supranationale Einrichtungen, und der deutsch-französische Vertrag sollte den Anfang für ein „Europa der Vaterländer" machen – unter Ausschluss Großbritanniens, das sich allerdings einstweilen selbst außerhalb der europäischen Einigung eingerichtet hatte. Auch dieser Vorstoß scheiterte – diesmal war es der Deutsche Bundestag, der ein deutsch-französisches Ziel zu Fall brachte, indem er den Vertrag mit einer Präambel versah, die die fortdauernde atlantische Bindung Westdeutschlands betonte und damit den eigentlichen Vertrag in den Augen de Gaulles entwertete.

Hagen Schulze, Phoenix Europa. Die Moderne. Von 1740 bis heute, Siedler, Berlin 1998, S. 464 f.

1 Erörtern Sie mithilfe von M 12 die politische Bedeutung des Élysée-Vertrages von 1963 für das deutsch-französische Verhältnis. Analysieren Sie dabei auch die Absichten von de Gaulle und Adenauer.

M 13 Das Brandenburger Tor nach den Terroranschlägen von Paris in den Farben der Trikolore, Fotografie, 14. November 2015

1 Diskutieren Sie die Funktion von nationalen Symbolen wie Flaggen, Wappen, Hymnen in der heutigen Zeit. Tragen Sie Beispiele für ihre Nutzung zusammen.

Erarbeiten Sie Präsentationen

Thema 1
Flucht und Vertreibung in der Literatur

Literarische Texte haben eigene Möglichkeiten, sich mit den individuellen Erfahrungen von Flucht und Vertreibung auseinanderzusetzen. In der deutschen Literatur seit 1945 spielte das Thema eine wichtige Rolle – so z. B. bei Siegfried Lenz, Peter Härtling, Horst Bienek, Christine Brückner und Günter Grass. Aber auch in der DDR sowie in Polen und der Tschechoslowakei war dies der Fall.

Wählen Sie jeweils ein Werk aus und stellen Sie die Darstellung von Flucht und Vertreibung in einem Referat vor. Berücksichtigen Sie dabei den biografischen Hintergrund des Autors/der Autorin.

Literaturtipp
Sascha Feuchert (Hg.), Flucht und Vertreibung in der deutschen Literatur. Beiträge, Peter Lang Verlag, Frankfurt/M. 2001.

M 1 **Deutsche Flüchtlinge aus dem Osten in Berlin, Fotografie, April 1945**

Webcode:
KH645923-156

Thema 2
Rückgabe von Eigentum in den ehemaligen deutschen Ostgebieten?

Das Ende des Ost-West-Konflikts und die Aufnahme Polens in die Europäische Union haben in Polen Ängste geschürt, Deutsche könnten im Zuge des Europäisierungsprozesses Ansprüche auf eine Rückerstattung ihres früheren Eigentums geltend machen. Eine der Organisationen, die dies betreiben, ist die „Preußische Treuhand", die allerdings 2008 mit einer Klage vor dem Europäischen Gerichtshof für Menschenrechte unterlag.

Informieren Sie sich über die Begründung der Eigentumsansprüche sowie über das Gerichtsurteil von 2008. Stellen Sie beides in einem zweigeteilten Plakat gegenüber.

Literaturtipp
Eike Arnold, Die „Preußische Treuhand": Hintergründe und Auswirkungen, GRIN Verlag, München 2013 (36-seitige Studienarbeit).

M 2 **Screenshot von der Homepage der „Preußischen Treuhand"**

Überprüfen Sie Ihre Kompetenzen

M 3 Bundespräsident Johannes Rau besucht zum 60. Jahrestag des Beginns des Zweiten Weltkriegs das Kriegsdenkmal auf der Westerplatte in Gdansk (Danzig), Fotografie, 3. September 1999

Sachkompetenz

1 Beschreiben Sie Flucht, Vertreibung und Zwangsumsiedlung der polnischen und deutschen Bevölkerung gegen Ende und nach dem Zweiten Weltkrieg.

2 Skizzieren Sie, ausgehend von der Formulierung „Annäherung durch Anerkennung", die Entwicklung der deutsch-polnischen Beziehungen zwischen 1945 und der Gegenwart.

3 Erörtern Sie die Bedeutung des deutschen „Zentrums gegen Vertreibungen".

Methodenkompetenz

4 Erörtern Sie, ausgehend von M 3, welche politisch-historischen Entwicklungen die deutsch-polnischen Beziehungen prägten. Formulieren Sie Vorschläge, wie die Beziehungen beider Länder weiter verbessert werden können.

Urteilskompetenz

5 Hilde S., Jahrgang 1932, Vertriebene, vertritt die folgende Auffassung: „Lange habe ich gesagt: ‚So oft wird im Fernsehen über den Holocaust berichtet. Aber was mit uns gemacht wurde, will niemand wissen.' Dann hat mein Mann immer geantwortet: ‚Wir haben den Krieg verloren, da musst du zufrieden sein mit dem, wie es uns geht.'" Diskutieren und beurteilen Sie diese These aus deutscher und polnischer Sicht. Formulieren Sie ggf. eine Gegenthese.

Zentrale Begriffe

Brandts Kniefall
Deutsch-Polnisches Jugendwerk
Entspannung, internationale
Erinnerung
Flucht
Görlitzer Vertrag
Kriegsrecht
Oder-Neiße-Grenze
Potsdamer Konferenz
Schulbuchkonferenzen
Solidarność
Vertreibung
Warschauer Vertrag
„Westverschiebung" Polens
Zentrum gegen Vertreibungen
Zwangsumsiedlung

„Wiedergeben, einordnen, beurteilen“ – Arbeitsaufträge in der Abiturklausur

Anforderungsbereich I – Wiedergeben von Sachverhalten aus einem abgegrenzten Gebiet und im gelernten Zusammenhang unter rein reproduktivem Benutzen geübter Arbeitstechniken, z. B.:

nennen, aufzählen: zielgerichtet Informationen zusammentragen, ohne sie zu kommentieren;

bezeichnen, schildern, skizzieren: historische Sachverhalte, Probleme oder Aussagen erkennen und zutreffend formulieren;

aufzeigen, beschreiben, zusammenfassen, wiedergeben: historische Sachverhalte unter Beibehaltung des Sinnes auf Wesentliches reduzieren.

Anforderungsbereich II – selbstständiges Erklären, Bearbeiten, Ordnen bekannter Inhalte und das angemessene Anwenden gelernter Inhalte und Methoden auf andere Sachverhalte, z. B.:

analysieren, untersuchen: Materialien oder historische Sachverhalte kriterienorientiert bzw. aspektgeleitet erschließen;

begründen, nachweisen: Aussagen (z. B. Urteil, These, Wertung) durch Argumente stützen, die auf historischen Beispielen und anderen Belegen gründen;

charakterisieren: historische Sachverhalte in ihren Eigenarten beschreiben und diese dann unter einem bestimmten Gesichtspunkt zusammenfassen;

einordnen: historische Sachverhalte in einen historischen Zusammenhang stellen;

erklären: historische Sachverhalte durch Wissen und Einsichten in einen Zusammenhang (Theorie, Modell, Regel, Gesetz, Funktionszusammenhang) einordnen und begründen;

erläutern: wie „erklären“, aber durch zusätzliche Informationen und Beispiele verdeutlichen;

herausarbeiten: aus Materialien bestimmte historische Sachverhalte herausfinden, die nicht explizit genannt werden, und Zusammenhänge zwischen ihnen herstellen;

gegenüberstellen: wie „skizzieren“, aber zusätzlich argumentierend gewichten;

widerlegen: Argumente dafür anführen, dass eine Behauptung zu Unrecht aufgestellt wird.

Anforderungsbereich III – reflexiver Umgang mit neuen Problemstellungen, den eingesetzten Methoden und gewonnenen Erkenntnissen, um zu eigenständigen Begründungen, Folgerungen, Deutungen und Wertungen zu gelangen, z. B.:

beurteilen: den Stellenwert historischer Sachverhalte in einem Zusammenhang bestimmen, um ohne persönlichen Wertebezug zu einem begründeten Sachurteil zu gelangen;

bewerten, Stellung nehmen: wie „beurteilen", aber zusätzlich mit Offenlegen und Begründen eigener Wertmaßstäbe, die Pluralität einschließen und zu einem Werturteil führen, das auf den Wertvorstellungen des Grundgesetzes basiert;

entwickeln: Analyseergebnisse synthetisieren, um zu einer eigenen Deutung zu gelangen;

sich auseinandersetzen, diskutieren: zu einer historischen Problemstellung oder These eine Argumentation entwickeln, die zu einer begründeten Bewertung führt;

prüfen, überprüfen: Aussagen (Hypothesen, Behauptungen, Urteile) an historischen Sachverhalten auf ihre Angemessenheit hin untersuchen;

vergleichen: auf der Grundlage von Kriterien historische Sachverhalte problembezogen gegenüberstellen, um Gemeinsamkeiten, Unterschiede, Teilidentitäten, Ähnlichkeiten, Abweichungen oder Gegensätze zu beurteilen.

Die folgenden Arbeitsaufträge verlangen Leistungen aus den **Anforderungsbereichen I, II und III:**

interpretieren: Sinnzusammenhänge aus Quellen erschließen und eine begründete Stellungnahme abgeben, die auf einer Analyse, Erläuterung und Bewertung beruht;

erörtern: Argumente auf ihren Wert und ihre Stichhaltigkeit hin abwägend prüfen und auf dieser Grundlage eine eigene Stellungnahme entwickeln; die Erörterung setzt eine Analyse voraus;

darstellen: historische Entwicklungszusammenhänge und Zustände mithilfe von Quellenkenntnissen und Deutungen beschreiben, erklären und beurteilen.

Einige Bundesländer arbeiten mit landesspezifischen Operatoren.
Sie finden diese Landesoperatoren im Internet:
Webcode: KH645923-159

Formulierungshilfen für die Bearbeitung von Textquellen und Sekundärtexten

Arbeitsschritte	Strukturierungsfunktion	Formulierungsmöglichkeiten	Beispiel
Analyse formale Aspekte	Einleitung	– Der Verfasser thematisiert/behandelt/greift (auf) … – Er beschäftigt sich/setzt sich auseinander mit der Frage/mit dem Thema … – Die Autorin legt dar/führt aus/äußert sich zu … – Das zentrale Problem/Die zentrale Frage des Textes/Briefes/der Rede ist …	Der SPD-Politiker Philipp Scheidemann thematisiert in seiner Rede vor der Weimarer Nationalversammlung am 12. Mai 1919 den Versailler Vertrag.
inhaltliche Aspekte	Wiedergabe der Position/Kernaussage	– Die Autorin vertritt die These/Position/Meinung/Auffassung … – Er behauptet …	Der Historiker Detlev Peukert vertritt die These, der Untergang der Weimarer Republik sei auf „vier zerstörerische Prozesse" zurückzuführen (Z. xx).
	Wiedergabe der Begründung/Argumentation/wesentlichen Aussagen	– Sie belegt ihre These … – Als Begründung/Beleg seiner These/Behauptung führt der Autor an … – Der Reichskanzler legt dar/führt aus … – Die Historikerin argumentiert/kritisiert/bemängelt … – Der Verfasser weist darauf hin/betont/unterstreicht/hebt hervor/berücksichtigt … – Weiterhin/Außerdem/Darüber hinaus/Zudem argumentiert er …	Kennan betont, dass die Amerikaner in Deutschland Konkurrenten der Russen seien und daher in „wirklich wichtigen Dingen" keine Zugeständnisse machen dürften (Z. xx).
	Abschließende Ausführungen	– Am Ende unterstreicht/betont der Autor noch einmal … – Der Autor schließt seine Ausführungen mit … – Sie kommt am Ende ihrer Argumentation zu dem Schluss, dass … – Zum Abschluss seiner Rede … – Abschließend/Zusammenfassend führt die Abgeordnete aus …	Am Ende seines Briefes betont Bismarck noch einmal die Notwendigkeit eines Bündnisses mit Österreich (Z. xx).
Vergleich von Texten	Übereinstimmung	– Der Historiker ist derselben Meinung/Auffassung/Position … – Sie teilt dieselbe Meinung/Auffassung/Position … – Die Autoren stimmen darin überein …	Brandt und Grass stimmen darin überein, dass die Bildung einer Großen Koalition mit Risiken verbunden sei (vgl. M 1, Z. xx; M 2, Z. xx).
	Gegensatz	– Im Gegensatz zu … – Die Positionen widersprechen sich/weichen voneinander ab/sind unvereinbar/konträr …	Die Positionen der beiden anonymen Verfasser sind hinsichtlich ihrer Haltung zum Terror der Jakobiner unvereinbar.

Arbeitsschritte	Strukturierungsfunktion	Formulierungsmöglichkeiten	Beispiel
Historischer Kontext		– Die Quelle(n) lassen sich/sind in ... ein(zu)-ordnen. – Die Texte sind im Zusammenhang mit ... zu sehen. – Die Rede stammt aus der Zeit des/der ...	Veröffentlicht wurden beide Zeitungsartikel in der Zeit der Jakobinerherrschaft, die von 1793 bis 1994 andauerte und auch als „Schreckens- und Gewaltherrschaft" bezeichnet wird.
Urteil Sachurteil	Intention des Autors	– Der Autor beabsichtigt/intendiert/will/strebt an/fordert/plädiert für ... – Die Politikerin verfolgt die Absicht/das Ziel ... – Der Außenminister appelliert/ruft auf ...	Der Ministerpräsident will mit seiner Rede die Abgeordneten von der Notwendigkeit wirtschaftlicher Reformen überzeugen.
	Beurteilung des Textes	– Die Argumentation ist (nicht) nachvollziehbar/überzeugend/stichhaltig/schlüssig ... – Der Verfasser argumentiert einseitig/widersprüchlich ... – In seiner Darstellung beschränkt sich der Historiker nur auf ...	Der britische Historiker Peter Heather begründet seine These in drei stichhaltigen Argumentationssträngen.
Werturteil	Bewertung des Textes	– Aus heutiger Sicht/Perspektive kann gesagt werden/lässt sich sagen ... – Der Position/Meinung/Auffassung/Ansicht des Autors stimme ich (nicht) zu ... – Ich stimme der Position/ ... des Autors (nicht) zu ... – Die Position/ ... der Verfasserin teile ich (nicht) ... – Ich teile die Position/ ... des Historikers (nicht) ... – Meiner Meinung/Auffassung/Ansicht zufolge/nach ...	– Ich stimme der Kritik von Francisco de Vitoria am Vorgehen der Spanier in der Neuen Welt zu, weil ... – Die Position des anonymen Verfassers des ersten Zeitungsartikels (M 1) teile ich nicht, da heute in unserer freiheitlichen Grundordnung Terror zur Durchsetzung politischer Ziele abgelehnt wird.

Tipps zur Vorbereitung auf die Abiturthemen

Übung 1: Inhalte der Lehrplanthemen wiederholen

Das Thema „Nationalstaatsbildung im Vergleich: Deutschland und Polen" wird im vorliegenden Schulbuch in sieben Teilthemen gegliedert. Jedes Teilthema ist in Form eines Kapitels aufbereitet.

1 Ein kurzer Darstellungstext führt zu Beginn jedes Kapitels in das Teilthema ein. Daran schließt sich ein umfangreicher Materialienteil mit entsprechenden Aufgaben an. Lesen Sie die Darstellungstexte wiederholend und fertigen Sie eine Zusammenfassung an. Die Zwischenüberschriften und Fettdrucke können Ihnen hierbei Hilfestellung geben.
2 Suchen Sie sich aus jedem Kapitel drei bis vier Materialien aus und bearbeiten Sie die dazugehörigen Aufgaben.
3 Halten Sie Ihre Ergebnisse auf Karteikarten fest (s. unten).

Übung 2: Wichtige Daten merken und anwenden

Auf S. 167 f. finden Sie eine Zeittafel. Auf drei Arten können Sie damit für das Abitur üben:

1 Geben Sie jeden Eintrag der Zeittafel mit eigenen Worten wieder.
2 Schreiben Sie auf die Vorderseite einer Karteikarte ein Ereignis, auf die Rückseite das Datum (s. unten).
3 Vertiefen Sie Ihre Kenntnisse über zentrale Daten, indem Sie noch einmal die dazugehörigen Darstellungen und Materialien aus dem Kapitel durcharbeiten. Schreiben Sie auf Ihre Karteikarten,
   a) welche Ursachen zu einem Ereignis geführt haben,
   b) wie es abgelaufen ist,
   c) welche Folgen es gehabt hat.

Übung 3: Zentrale Begriffe verstehen und erklären

Zentrale Begriffe sind u. a. auf der Seite „Kompetenzen überprüfen" aufgeführt. Erläuterungen dazu finden Sie im entsprechenden Kapitel und im Begriffslexikon auf S. 170 f.

1 Lesen Sie zu jedem Begriff die Erläuterung.
2 Klären Sie Fremdwörter.
3 Erläutern Sie den Inhalt jedes Begriffs anhand von historischen Beispielen. Halten Sie Ihre Ergebnisse auf Karteikarten fest (s. unten).

Ergebnisse sichern – Arbeitskartei anlegen

1 Halten Sie die Ergebnisse der Übungen bis 3 auf Karteikarten fest:
   Notieren Sie auf der Vorderseite eine Frage, einen Begriff oder ein Datum, schreiben Sie auf die Rückseite Ihre Erläuterungen.
2 Wiederholen Sie mithilfe Ihrer Arbeitskartei die Inhalte, Daten und Begriffe der Schwerpunktthemen – alleine, in Partnerarbeit oder in Gruppen.

Übung 4: Methodentraining – Interpretation schriftlicher Quellen

Die Interpretation schriftlicher Quellen ist eine der zentralen Anforderungen im Abitur:

1 Prägen Sie sich die systematischen Arbeitsschritte zur Interpretation einer schriftlichen Quelle von S. 56 ein.
2 Merken Sie sich die „Faustregel" zur Analyse der formalen Merkmale schriftlicher Quellen und üben Sie die Beantwortung der „W-Fragen" anhand von fünf selbst ausgewählten schriftlichen Quellen des Schülerbuches.

„Faustregel" für die Analyse der formalen Merkmale schriftlicher Quellen:
WER sagt WO, WANN, WAS, WARUM, zu WEM und WIE?

Probeklausur mit Lösungshinweisen

M 1 Prophezeiung, Gedicht von Georg Herwegh (1871)

Georg Herwegh (1817–1875) war ein sozialistisch-revolutionärer Dichter; er kämpfte in der Märzrevolution 1848 aufseiten der radikaldemokratischen Kräfte in Baden. Im Februar 1871 veröffentlichte er nachstehendes Gedicht, das in unterschiedlichen Versionen erhalten ist.

Germania, der Sieg ist dein!
Die Fahnen wehn, die Glocken klingen,
Elsass ist dein und Lotharingen:
Du sprichst: „Jetzt muss der Bau gelingen,
bald holen wir den letzten Stein."

Gestützt auf deines Schwertes Knauf,
lobst du in frommen Telegrammen
den Herrn[1], von dem die Herren stammen[2],
und aus Zerstörung, Tod und Flammen
steigt heiß dein Dank zum Himmel auf.

Nach vierundzwanzig Schlachten liegt
Der Feind am Boden überwunden;
Bis in die Stadt voll Blut und Wunden[3],
die keinen Retterarm gefunden,
brichst du dir Bahn: du hast gesiegt!

Schwarz, weiß und rot! Um ein Rapier[4]
Vereinigt stehen Süd und Norden;
Du bist im ruhmgekrönten Morden
Das erste Land der Welt geworden:
Germania, mir graut vor dir!

Mir graut vor dir, ich glaube fast,
dass du, in argen Wahn versunken,
mit falscher Größe suchst du prunken
und dass du, gottesgnadentrunken,
das Menschenrecht vergessen hast.

Zit. nach: Joachim Rohlfes (Hg.), Staat und Nation im 19. Jahrhundert, Klett, Stuttgart 1990, S. 123.

1 Anspielung auf das Kirchenlied „Lobet den Herren"
2 Gemeint ist das von den Herrschern („Herren") beanspruchte Konzept des Gottesgnadentums.
3 Paris
4 Degen

M 2 Deutschland – August 1914, Ölgemälde von Friedrich August von Kaulbach, 1914.

Bei der auf dem Bild erkennbaren Krone handelt es sich um die mittelalterliche deutsche Kaiserkrone.

1 Arbeiten Sie nach einer quellenkritischen Einführung aus M 1 die Einstellung des Autors zur deutschen Nationalstaatsgründung heraus.
2 Beschreiben Sie M 2 und analysieren Sie das Bild im Hinblick auf seine Aussage.
3 Vergleichen Sie das jeweilige deutsche Selbstverständnis in M 1 und M 2.
4 Erörtern Sie unter Einbeziehung von M 2, inwieweit sich Herweghs „Prophezeiung" (M 1) in der Zeit nach 1871 bewahrheitet hat.

Lösungshinweise

Aufgabe 1

Vorbemerkung

Die Aufgabenstellung fordert Sie auf, die dem Gedicht zugrunde liegende „Einstellung des Autors zur deutschen Nationalstaatsgründung" herauszuarbeiten. Das bedeutet für Sie, dass Sie sich die wesentlichen Aussagen des Gedichtes zu erarbeiten haben und dabei auf Zusammenhänge, auch solche, die nicht explizit aus dem Gedicht hervorgehen, zu achten haben. Eine vollständige Analyse des Gedichtes fordert der Operator „herausarbeiten" nicht.

Formale Aspekte

Autor: Georg Herwegh (1817–1875), Dichter, Gegner der Monarchie und Vertreter eines demokratisch-republikanischen Nationalstaats
Textsorte: Quelle: politisches Gedicht
Adressaten: Gleichgesinnte, die vom Charakter der Reichsgründung enttäuscht waren, aber auch die deutsche Bevölkerung insgesamt
Historischer Kontext: unmittelbar nach der Proklamation des deutschen Kaiserreichs am 18. Januar 1871 im Spiegelsaal von Versailles
Intention: Warnung vor dem durch Gewalt und Krieg gegründeten Kaiserreich

Inhaltliche Aspekte

Das Gedicht „Prophezeiung" ist zeitnah zur Reichsgründung erschienen. Herwegh äußert sich in diesem Gedicht ablehnend gegenüber der deutschen Nationalstaatsgründung infolge des Deutsch-Französischen Krieges. Die (kleindeutsche) Einigung sei zwar zu Ende geführt, aber auf militärischem Wege (Z. 16 f.: „Um ein Rapier vereinigt stehen Süd und Norden"). Die Öffentlichkeit sei in einem patriotischen Rausch, die Einigung werde feierlich begangen (Z. 2: „Die Fahnen wehn, die Glocken klingen"). Die Reichsfarben des neuen Reiches sind die Farben des von Preußen dominierten Norddeutschen Bundes. Im Ausruf „Schwarz, weiß und rot!" (Z. 16) klingen sie wie ein empörter Aufschrei. Die politische Einstellung des Autors gegen die konstitutionelle Monarchie, gegen preußischen Militarismus und für die Ideale der Revolution von 1848/49 ist zu spüren. Das Deutsche Reich taucht personifiziert in Gestalt der bewaffneten „Germania" auf (Z. 6: „Gestützt auf deines Schwertes Knauf"). Diese „Germania" habe zwar gesiegt (Z. 1: „Germania, der Sieg ist dein!" Z. 15: „du hast gesiegt!") und sei „das erste Land der Welt geworden" (Z. 19). Für Herwegh ist diese Gründung aber mit Krieg, Tod und Gewalt verbunden (Z. 9 f.). Das Vorgehen der Armeen des Norddeutschen Bundes und der süddeutschen Staaten gegen Frankreich wird als „Morden" (Z. 18) bezeichnet, das von der Bevölkerung mit Ruhm überhäuft werde (Z. 18 „ruhmgekrönt"), und sogar als Verstoß gegen das „Menschenrecht" (Z. 25). Gespeist und legitimiert werde die Gewalt durch das Gottesgnadentum (Z. 24 „gottesgnadentrunken"). Als Akt der Barbarei werden die Kämpfe in Paris (Z. 13 ff. „Bis in die Stadt voll Blut und Wunden ...") dargestellt. In der ersten Strophe spricht Herwegh die Eroberung von Elsass-Lothringen im August 1870 und dessen Angliederung an das Deutsche Reich an. Der Abscheu Herweghs gipfelt in dem warnenden Ausruf „Germania, mir graut vor dir!". Seine „Germania" ist gekennzeichnet von einem „argen Wahn" (Z. 22), von „falscher Größe" (Z. 23) und trügerischem Blendwerk (Z. 23 „prunken"). Folglich sei vom Deutschen Kaiserreich nichts Gutes zu erwarten. Auch der Titel „Prophezeiung" kündigt weiteres Unheil an.

Aufgabe 2

Vorbemerkung

Wie im vorliegenden Fall wird bei einer bildlichen Quelle oft sowohl eine Beschreibung als auch eine Analyse bzw. ein Erschließen der Aussage verlangt. Die beiden Aufgabenteile bauen aufeinander auf.

Inhaltliche Aspekte

Das Gemälde „Deutschland – August 1914" von Friedrich August von Kaulbach ist aufgrund seiner Entstehungszeit als unmittelbare Reaktion auf den Beginn des Ersten Weltkriegs anzusehen. Das Zentrum des Bildes wird dominiert durch eine mit Brustpanzer, Schwert und Schild ausgestattete Frauen-

gestalt. Sie trägt einen schwarzen, knöchellangen Rock und Stiefel. Das Schild zeigt den Reichsadler, und auf dem Kopf trägt die Gestalt die mittelalterliche deutsche Kaiserkrone, wodurch sie eindeutig als Germania, d. h. die Personifizierung Deutschlands, gekennzeichnet ist. Germania ist mit finster-entschlossenem Gesichtsausdruck dargestellt. Dies wird durch den vorwärts gerichteten Ausfallschritt und das wehende blonde Haar noch unterstrichen. Im Hintergrund ist ein dunkler, im unteren Teil hinter Wolken auch blutig-rot gefärbter Himmel zu erkennen. Direkt hinter der Gestalt ist ein gelb-rot gefärbter Streifen erkennbar, der am ehesten als ein von den Himmelsfarben geprägter Flusslauf interpretierbar ist.
Das Gemälde stellt – in der Gestalt der bewaffneten Germania – Deutschland für den gerade ausgebrochenen Krieg als kampfbereit dar. Jedem Feind tritt sie furchtlos entgegen, um das Land zu verteidigen. Wenn Ihnen das Gedicht „Die Wacht am Rhein“ bekannt ist, können Sie hier darauf verweisen: Deutschland steht immer wachsam bereit, sich gegen einen Angriff des Feindes Frankreich von jenseits des Rheins zu verteidigen. Auf diesen Mythos greift das Bild zurück, ignoriert dabei allerdings die eigentlichen Zusammenhänge des Kriegsausbruchs im August 1914, bei dem das Deutsche Reich zur Unterstützung Österreich-Ungarns im Konflikt mit Serbien dessen Verbündetem Russland den Krieg erklärte, dieser Kriegserklärung aber sogleich auch eine solche gegen Russlands Bündnispartner Frankreich folgen ließ. Der sich unmittelbar anschließende Einmarsch deutscher Truppen in Belgien zeigt die deutsche Stoßrichtung (auch) auf Frankreich. Vor diesem Hintergrund ist das Gemälde zu verstehen. Es zeigt zugleich, wie sehr das deutsche Streben nach Weltmacht, die militärische Aufrüstung und die allgemeine Wertschätzung alles Militärischen unter Kaiser Wilhelm II. die kriegerische Einstellung in Deutschland befördert hatte, ohne die die Bereitschaft des Reiches, sich auf den Ersten Weltkrieg einzulassen, kaum zu verstehen ist.

Aufgabe 3

Vorbemerkung

Bei einem Vergleich sollten Sie immer darauf achten, dass nicht nur Gemeinsamkeiten, sondern auch Unterschiede der zu vergleichenden Sachverhalte dargelegt werden müssen.

Inhaltliche Aspekte

Die beiden Materialien haben gemeinsam, dass ihre Urheber eine dezidiert deutsche Sicht vertreten, sich also als Deutsche verstehen und davon ausgehen, dass es eine deutsche Nation mit dem Anspruch auf einen Nationalstaat gibt. Ansonsten aber stehen sie im Kontrast zueinander. Herwegh entwickelt in M 1 die in M 2 zum Ausdruck kommenden Aspekte in gewisser Weise als eine negative Folie für seine eigenen Vorstellungen von Deutschland. Die beiden Materialien sind somit den beiden großen Strömungen des deutschen Nationalbewusstseins im 19. Jahrhundert zuzuordnen.
Herwegh steht in der Tradition der demokratischen Nationalbewegung, die sich in der Auseinandersetzung mit der Französischen Revolution geformt hatte und in dem Staatsgründungsversuch von 1848/49 ihren Höhepunkt, aber durch dessen Scheitern auch ihre große Niederlage erlitten hatte. In der Folge löste sich die Hoffnung auf einen deutschen Nationalstaat immer klarer von liberal-demokratischen Gedanken und fand in nationalistischem Denken ihre Heimat, sodass viele der Gründung des deutschen Nationalstaats als autoritären Obrigkeitsstaat in der Folge des Krieges von 1870/71 zustimmten. Diesem Denken gibt Herwegh in kritischer Absicht Ausdruck, wenn er Germania angesichts der Reichsgründung 1871 die Worte in den Mund legt: „Jetzt muss der Bau gelingen“ (Z. 4).
Das neugegründete Reich verfolgte solche Gedanken weiter und verknüpfte sie unter Wilhelm II. mit militaristischem Denken und aggressivem Weltmachtstreben. Genau diese Einstellung spiegelt Kaulbachs Gemälde wider; es zeigt zudem, wie sich in der mittelalterlichen Symbolik von Reichskrone und ritterlicher Rüstung der Germania manifestiert, dass sich dieses deutsche Selbstverständnis auch

in der Tradition des mittelalterlichen Reiches sah (von Herwegh als „gottesgnadentrunken" kritisiert, Z. 24). Die militaristische Einstellung, die (vgl. Aufg. 2) das Gemälde prägt, barg Gefahren, auf die Herwegh in seinem Gedicht sehr deutlich hinweist: Krieg bringt „Zerstörung, Tod und Flammen" (Z. 9) und führt zu „ruhmgekrönte[m] Morden" (Z. 18).
Mit dem Hinweis auf „das Menschenrecht" (Z. 25), das das militaristisch-obrigkeitsstaatliche Deutschland vergesse, gibt Herwegh seinem Selbstverständnis Ausdruck: Für ihn verbindet sich in der Tradition der Französischen Revolution und der Revolution von 1848 nationalstaatliches Denken mit demokratischen und liberalen Werten, deren Fehlen er im gesamten Gedicht kritisiert.
Herwegh schreibt 1871 in unmittelbarer Reaktion auf die Reichsgründung. Die Zeile „Germania, mir graut vor dir!" (Z. 20) macht deutlich, dass er sich das vereinigte Deutschland in dieser Form nicht gewünscht hat. Demgegenüber gibt Kaulbach in seinem Gemälde klar zu verstehen, dass er hinter dem wilhelminischen Deutschland und seinem militaristischen Selbstverständnis steht.

Aufgabe 4
Vorbemerkung
Der Arbeitsauftrag verlangt eine das Für und Wider abwägende Auseinandersetzung hinsichtlich der Frage, ob sich die Aussagen Herweghs nach 1871 bewahrheitet haben. Im Rahmen Ihrer Bearbeitung fällen Sie ein begründetes Sach- und/oder Werturteil.

Inhaltliche Aspekte
Das vorliegende Gedicht Herweghs wird häufig als Hinweis auf wilhelminischen Chauvinismus bzw. sogar als Ankündigung des Ersten Weltkriegs verstanden. Einige Stellen lesen sich in der Tat wie Vorausdeutungen künftigen Unheils (Z. 5 „Bald holen wir den letzten Stein", Z. 18 f. „Du bist im ruhmgekrönten Morden das erste Land der Welt geworden", die Wiederholung „Germania, mir graut vor dir! (Z. 20)/Mir graut vor dir" (Z. 21). Die Personifikation der wehrhaften Germania Kaulbachs scheint die Befürchtungen Herweghs ikonografisch umzusetzen. Unterstützt wird diese Interpretationsrichtung durch den Titel „Prophezeiung" und die letzte Strophe der vorliegenden Fassung. Aussagen wie „in argen Wahn versunken" (Z. 22), „mit falscher Größe suchst du prunken" (Z. 23) oder „und dass du, gottesgnadentrunken, das Menschenrecht vergessen hast" (Z. 24 f.) können wie Anspielungen auf das in Ihrem Kursheft behandelte Weltmachtstreben Wilhelms II. und die Radikalisierung des Nationalismus verstanden werden. Als Belege für die Kritik Herweghs können Sie z. B. die Schwäche der Volksvertretung in der Verfassung vom April 1871 sowie den Umgang mit „Reichsfeinden" zum Zweck der „nationalen Einheit" anführen. Gegen ein Reich aus „Eisen und Blut" spricht nach Langewiesche (Kursheft, S. 45) der Begriff der „Revolution von oben". Einerseits markiere diese Bezeichnung die Grenzen der Parlamentarisierungs- und Demokratisierungschancen der deutschen Nationalstaatsgründung, andererseits schränke sie aber auch den individuellen Anteil Bismarcks und des Krieges ein, da ihr ein Prozess der inneren Nationsbildung vorausgegangen sei. So können Sie z. B. herausstellen, dass die Verse Herweghs nachträglich – also nach dem Ersten Weltkrieg, der an Grausamkeit und Zerstörung alle bisher gemachten Erfahrungen überstieg – als Kassandrarufe gedeutet worden sind. Herwegh selber bezieht sich in seinem Gedicht ausschließlich auf den Deutsch-Französischen Krieg, der von ihm als Unrecht gebrandmarkt wird. Die Außenpolitik Bismarcks nach 1871 war weitgehend defensiv ausgerichtet. Erst unter Wilhelm II., dessen Amtsantritt 1888 in die Phase des Hochimperialismus fiel, betrieb das Deutsche Reich Weltpolitik. In weiten Teilen des Bürgertums sowie in nationalistischen und imperialistischen Vereinen traf diese Politik auf große Zustimmung und führte letztlich zur selbst verschuldeten Isolation des Reiches.
Für ein Werturteil können Sie auf die Wirkung seines Gedichtes eingehen. Herweghs pathetische Sprache und seine ablehnende Haltung gegenüber der Reichsgründung haben möglicherweise die von Bismarck angestrebte „nationale Einheit" behindert und einen radikalen Nationalismus befördert.

Zeittafel

1772	1. Teilung Polens zwischen Russland, Preußen und Österreich
1791	3. Mai: Verabschiedung der ersten schriftlichen Verfassung Europas in Polen
1793	2. Teilung Polens
1795	3. Teilung, Abdankung des Königs, Ende der Staatlichkeit Polens
1806	Auflösung des Heiligen Römischen Reiches deutscher Nation
1807	Bildung des halbsouveränen Großherzogtums Warschau durch Napoleon
1813–1815	Befreiungskriege der deutschen Staaten gegen die napoleonische Herrschaft
1814/15	Wiener Kongress: Neuordnung der europäischen Staatenwelt, Gründung des Deutschen Bundes, Festhalten an den Teilungen Polens: Das Großherzogtum wird zum Königreich Polen (Kongresspolen) unter russischer Herrschaft umgewandelt, Galizien wird Österreich und das Großherzogtum Posen Preußen zugeschlagen.
1830/31	Novemberaufstand im Königreich Polen; Niederschlagung durch Russland; Beginn der „Großen Emigration“
1832	Hambacher Fest
1834	Entstehung eines Binnenmarktes durch den Deutschen Zollverein
1846	Aufstand und Bauernunruhen in Galizien
1848/49	Revolutionen in Europa
1863/64	Januaraufstand im russischen Teilgebiet wird niedergeschlagen; Königreich Polen wird russische Provinz.
1864	Deutsch-Dänischer Krieg um Schleswig und Holstein
1866	Deutscher Krieg zwischen Preußen und Österreich
1866/67	Gründung des Norddeutschen Bundes
1867	Polnische Selbstverwaltung in Galizien
1869	Gründung der deutschen „Sozialdemokratischen Arbeiterpartei“
1870/71	Deutsch-Französischer Krieg
1871	Gründung des Deutschen Kaiserreiches
1871–1880	„Kulturkampf“ Bismarcks gegen die katholische Kirche
1878–1890	Unterdrückung der deutschen Sozialdemokratie durch das Sozialistengesetz
1886	Ansiedlungskommission für Westpreußen und Posen verfolgt das Ziel, durch Landkauf und Ansiedlung den Anteil der Deutschen gegenüber den Polen zu vergrößern.
ab 1890	Weltmachtpolitik Wilhelms II.
1914–1918	Erster Weltkrieg
1916	5. November: Proklamation des „Königreichs Polen“ durch die Mittelmächte
1917	Oktoberrevolution in Russland
1918	11. November: Waffenstillstand, Wiederbegründung des polnischen Staates und Beginn der Zweiten Republik; Staatsform und Grenzen sind noch nicht festgelegt.
1918/19	Siegreicher polnischer Aufstand in Posen; Kampf um den Verlauf der polnischen Westgrenze, die 1919 im Versailler Vertrag festgelegt wird; Teile von Posen und Westpreußen kommen zu Polen.
1919–21	Krieg zwischen Polen und Sowjetrussland: Polen besetzt Gebiete, die vor den Teilungen zur polnisch-litauischen Adelsrepublik gehörten (Teile der Ukraine, Weißrusslands und Litauens). Am 13. August 1920 schlägt Polen die Offensive der Roten Armee vor Warschau zurück. Drei polnische Aufstände in Oberschlesien und Volksabstimmung über die staatliche Zugehörigkeit (40 % für Polen, 59,6 % für das Deutsche Reich). Nach einer Entscheidung der alliierten Botschafterkonferenz wird Oberschlesien geteilt, ein Viertel des Abstimmungsgebietes mit 42,5 % der Bevölkerung und den wichtigsten Bodenschätzen kommt zu Polen.

1921	17. März: Verabschiedung der Verfassung der Zweiten Polnischen Republik 18. März: Festlegung der polnisch-sowjetischen Grenze im Friedensvertrag von Riga
1933–45	Die Nationalsozialisten beherrschen Deutschland und errichten eine Diktatur.
1939	Mit dem Überfall auf und der Besetzung des besiegten Polen beginnt der Zweite Weltkrieg. Nach dem geheimen Zusatzprotoll des Hitler-Stalin-Pakts (23. August) wird Polen aufgeteilt: Die westlichen Gebiete erhält Deutschland, die östlichen gehen an die Sowjetunion, die restlichen Gebiete werden zum „Generalgouvernement“ unter deutscher Besatzung.
1941	Mit dem Überfall auf die Sowjetunion beginnt das Deutsche Reich einen Weltanschauungs- und Vernichtungskrieg gegen die „slawischen Untermenschen“.
1942	Wannsee-Konferenz (20. Jan.): Beschluss, die Juden in ganz Europa zunächst als Arbeitskräfte auszubeuten und dann zu ermorden; Koordinierung der Bürokratie
1943	Der Aufstand im Warschauer Getto (19. April–16. Mai) wird von den Deutschen niedergeschlagen.
1944	Nach der blutigen Niederschlagung des Warschauer Aufstandes zerstören die deutschen Besatzer die Stadt fast vollständig.
1945	Mit der bedingungslosen Kapitulation Deutschlands (8. Mai) endet der Zweite Weltkrieg in Europa. Westverschiebung Polens: Deutschland verliert die Gebiete östlich von Oder und Lausitzer Neiße, der östliche Teil Polens fällt an die Sowjetunion.
1945–48	Vertreibung und Zwangsumsiedlung von Millionen Deutschen, Polen und Ukrainern
1948	Ausschaltung jeglicher Opposition, politische Unterdrückung und Etablierung einer kommunistischen Herrschaft stalinistischer Prägung in Polen
1949	Gründung der Bundesrepublik Deutschland und der DDR, Teilung Deutschlands
1950	Görlitzer Vertrag zwischen der DDR und Polen (gegenseitige Anerkennung der Grenze)
1963	Élysée-Vertrag zwischen Deutschland und Frankreich, der die Aussöhnung zwischen beiden Ländern fördert
1965	Ostdenkschrift der Evangelischen Kirche in Deutschland (EKD) und Briefwechsel der katholischen Bischöfe Polens und Deutschlands
1970	Unterzeichnung des Warschauer Vertrages zur Normalisierung der Beziehungen zwischen Polen und der Bundesrepublik Deutschland
1980	Landesweite Streikbewegung führt im August in Polen zur Entstehung der Solidarność, der ersten unabhängigen Gewerkschaft in einem kommunistischen Land.
1981	In Polen wird das Kriegsrecht verhängt und die Solidarność verboten.
1989/90	Das kommunistische System bricht in Polen zusammen; Polen erhält eine nichtkommunistische Regierung.
1990	3. Okt.: Wiedervereinigung Deutschlands durch den Beitritt der fünf ostdeutschen Länder zum Geltungsbereich des Grundgesetzes nach Artikel 23
1990	14. Nov.: Im deutsch-polnischen Grenzbestätigungsvertrag erkennt das vereinigte Deutschland endgültig die Oder-Neiße-Linie als polnische Westgrenze an.
1991	17. Juni: Unterzeichnung des deutsch-polnischen „Vertrages über gute Nachbarschaft und freundschaftliche Zusammenarbeit“
1999	Aufnahme Polens in die NATO
2004	Beitritt Polens zur Europäischen Union (1. Mai)

Fachliteratur

Methodentraining Geschichte

Kolossa, Bernd, Methodentrainer Gesellschaftswissenschaften. Sekundarstufe II, Berlin 2000.

Rauh, Robert, Methodentrainer Geschichte Oberstufe. Quellenarbeit – Arbeitstechniken – Klausurentraining, Berlin 2010.

Nation, Nationalismus, Nationalstaatsbildung

Alter, Peter, Nationalismus, Frankfurt/M. 1985.

Jansen, Christian/Borggräfe, Henning, Nation – Nationalität – Nationalismus, Frankfurt/M. 2007.

Juneja, Monica/Wenzlhuemer, Roland, Die Neuzeit 1789–1914, Konstanz 2013.

Kocka, Jürgen, Das lange 19. Jahrhundert. Arbeit, Nation und bürgerliche Gesellschaft, Stuttgart 2001.

Schulze, Hagen, Staat und Nation in der europäischen Geschichte, München 1994.

Wehler, Hans-Ulrich, Nationalismus: Geschichte – Formen – Folgen, München 2001.

Deutsche Reichsgründung

Althammer, Beate, Das Bismarckreich 1871–1890, Paderborn 2009.

Berghahn, Volker R., Das Kaiserreich 1871–1914. Industriegesellschaft, Bürgerliche Kultur und autoritärer Staat, Stuttgart 2006.

Fisch, Jörg, Europa zwischen Wachstum und Gleichheit 1850–1914, Stuttgart 2002.

Hahn, Hans-Werner/Berding, Helmut, Reformen, Restauration und Revolution, Stuttgart 2010.

Schulze, Hagen, Der Weg zum Nationalstaat. Die deutsche Nationalbewegung vom 18. Jahrhundert bis zur Reichsgründung, München 1985.

Ullmann, Hans-Peter, Politik im Deutschen Kaiserreich 1871–1918, München 1999.

Wehler, Hans-Ulrich, Deutsche Gesellschaftsgeschichte, Bd. 3: Von der „Deutschen Doppelrevolution" bis zum Beginn des Ersten Weltkrieges 1849–1914, München 1995.

Die Zeit, Welt- und Kulturgeschichte. Epochen, Fakten, Hintergründe in 20 Bdn., Bd. 12: Zeitalter des Nationalismus, Hamburg 2006.

Nation ohne Staat: Polen

Alexander, Manfred, Kleine Geschichte Polens, Stuttgart 2008.

Broszat, Martin, Zweihundert Jahre deutsche Polenpolitik, Frankfurt/M. 1972.

Heyde, Jürgen, Geschichte Polens, 3. Aufl., München 2011.

Jaworski, Rudolf/Lübke, Christian/Müller, Michael G., Eine kleine Geschichte Polens, Frankfurt/M. 2000.

Kneip, Matthias/Mack, Manfred/Deutsches Polen-Institut Darmstadt, Polnische Geschichte und deutsch-polnische Beziehungen, 2. Aufl., Berlin 2009.

Imperialismus und Erster Weltkrieg

Berghahn, Volker, Der Erste Weltkrieg, 2. Aufl., München 2004.

Epkenhans, Michael, Der Erste Weltkrieg, Paderborn 2015.

Leonhard, Jörn, Die Büchse der Pandora. Geschichte des Ersten Weltkriegs, München 2014.

Osterhammel, Jürgen, Kolonialismus. Geschichte – Formen – Folgen, 3. Aufl., München 2006.

Nationalsozialismus und Zweiter Weltkrieg

Benz, Wolfgang, u. a. (Hg.), Enzyklopädie des Nationalsozialismus, 5. Aufl., München 2007.

Borodziej, Wlodzimierz, Geschichte Polens im 20. Jahrhundert, München 2010.

Hehl, Ulrich von, Nationalsozialistische Herrschaft, München 1996.

Herbert, Ulrich, Geschichte Deutschlands im 20. Jahrhundert, München 2014.

Müller, Rolf-Dieter, Der letzte deutsche Krieg 1939–1945, Stuttgart 2005.

Stargardt, Nicholas, Der deutsche Krieg 1939–1945, Frankfurt/M. 2015.

Wehler, Hans-Ulrich, Der Nationalsozialismus. Bewegung, Führerschaft, Verbrechen 1919–1945, München 2009.

Deutsch-polnisches Verhältnis nach 1945

Bingen, Dieter/Ruchniewicz, Krzysztof (Hg.), Länderbericht Polen. Geschichte, Politik, Wirtschaft, Gesellschaft, Kultur, Bonn 2009.

Borodziej, Wlodzimierz/Ziemer, Klaus (Hg.), Deutsch-polnische Beziehungen 1939 – 1945 – 1949. Eine Einführung, Bonn 2000.

Lawaty, Andreas/Orlowski, Hubert (Hg.), Deutsche und Polen. Geschichte, Kultur, Politik, München 2003.

Deutsch-französische Beziehungen im 19. und 20. Jahrhundert

Beaupré, Nicolas, Deutsch-französische Geschichte: Das Trauma des großen Krieges 1918–1932/33, Darmstadt 2009.

Defrance, Corine/Pfeil, Ulrich, Deutsch-französische Geschichte: Eine Nachkriegsgeschichte in Europa 1945 bis 1963, Darmstadt 2011.

Miard-Delacroix, Hélène, Deutsch-französische Geschichte: Im Zeichen der europäischen Einigung 1963 bis in die Gegenwart, Darmstadt 2011.

Ziebura, Gilbert, Die deutsch-französischen Beziehungen seit 1945, Stuttgart 1997.

Begriffslexikon

Antisemitismus: Ablehnung oder Bekämpfung von Juden aus rassischen, religiösen oder sozialen Gründen. Der Begriff „Antisemitismus" wurde im Jahre 1879 als pseudowissenschaftlicher Begriff geprägt, um sich von der religiös motivierten Judenfeindschaft früherer Epochen, dem Antijudaismus, abzugrenzen. Er bezeichnet Ablehnung und Feindschaft gegenüber den Semiten, einer historischen Sprachfamilie, die neben hebräischen auch afrikanische und arabische Völker umfasst. Der Begriff ist daher nicht trennscharf. Judenfeindschaft gab es schon in der Antike und im Mittelalter. In der zweiten Hälfte des 19. Jh. entwickelte sich ein rassisch begründeter Antisemitismus, mit dem gesellschaftliche Konflikte auf die Juden als Feindbild übertragen wurden.

„Arier": Der Begriff „Arier" bezeichnete ursprünglich die indogermanischen Völker bzw. Sprachfamilien. Die „Rassenlehre" des 19. Jahrhunderts gab dem Begriff neue Inhalte, die durch keinerlei wissenschaftliche Erkenntnisse gestützt waren. Gemeint waren nun die Angehörigen der weißen „Rasse" mit den Germanen als Krönung. Die NS-Ideologie benutzte den Begriff zur Ausgrenzung der Juden und anderer Gruppen von „Untermenschen".

Blitzkrieg: Nationalsozialistischer Begriff für die schon in der Endphase des Ersten Weltkrieges geprägte Strategie, den Gegner durch einen überraschenden Angriff mit massiven Panzerkräften und Luftunterstützung in kürzester Zeit militärisch zu besiegen.

Imperialismus: Im neuzeitlichen Verständnis bedeutet Imperialismus zunächst die Ausdehnung der Herrschaft eines Staates über andere Länder durch Eroberung, Annexion und Durchdringung; eine seiner Formen ist der Kolonialismus. Seit der Hochindustrialisierung bedeutet Imperialismus ein ausgeprägtes, in verschiedenen Formen auftretendes, zugleich wirtschaftliches und politisches Ausnutzungs- und Abhängigkeitsverhältnis zwischen industriell weit fortgeschrittenen und wirtschaftlich wenig entwickelten Staaten und Regionen (besonders in Afrika und Asien). Vor allem die Zeit zwischen 1880 und 1918 gilt als Epoche des Imperialismus.

Kongresspolen: Bezeichnung für das russisch besetzte Königreich Polen, das auf dem Wiener Kongress 1815 aus Teilen des früheren Großherzogtums Warschau geschaffen und in Personalunion mit Russland verbunden wurde.

Kriegsverbrechen: Handlungen von Angehörigen eines Krieg führenden Staates, die gegen Strafvorschriften des Staates oder internationale Strafbestimmungen verstoßen, z. B. Angriffskrieg, Mord, Grausamkeiten gegen die Zivilbevölkerung, systematischer Terror, Misshandlung und Tötung von Gefangenen, Zwangsarbeit fremder Staatsangehöriger und Völkermord (Genozid).

Liberalismus: Politische Bewegung seit dem 18. Jahrhundert; betont die Freiheit des Individuums gegenüber kollektiven Ansprüchen von Staat und Kirche. Merkmale: Glaubens- und Meinungsfreiheit, Sicherung von Grundrechten des Bürgers gegen staatliche Eingriffe, Unabhängigkeit der Rechtsprechung (Gewaltenteilung), Teilnahme an politischen Entscheidungen; der wirtschaftliche Liberalismus fordert die uneingeschränkte Freiheit aller wirtschaftlichen Betätigungen.

Maiverfassung: Die vom Vierjährigen Sejm am 3. Mai 1791 beschlossene Maiverfassung ist die erste schriftliche Verfassung in Europa. Sie entstand aus dem Geiste der Aufklärung heraus und unter maßgeblichem Einfluss der Ideen Rousseaus infolge der Bemühungen zur Reformierung und Rettung des 1772 erstmals von seinen Nachbarn geteilten Königreichs Polen-Litauen. Die Exekutive wurde ebenso gestärkt wie die Rolle der Regierung, der Einfluss von Senat und Landtagen dagegen geschwächt. Eine Erbmonarchie sollte auch den König mächtiger machen. Die bewaffnete Intervention Russlands sowie die beiden folgenden Teilungen des Landes 1793 und 1795 verhinderten die Einführung der Verfassung.

Militarismus (lat. *militaris* = soldatisch, kriegerisch): Vorherrschen militärischer Werte, Normen, Ziele und Einrichtungen im politischen, gesellschaftlichen und wirtschaftlichen Leben eines Landes. Zeichen dafür können sein:
- ungerechtfertigte Einmischung des Militärs in die Innen- und Außenpolitik,
- gesteigerte Rüstung,
- militärische Erziehungsansprüche gegenüber der Bevölkerung (z. B. Missbrauch der Autorität).

Nationalismus: Als wissenschaftlicher Begriff meint er die auf die moderne Nation und den Nationalstaat bezogene politische Ideologie zur Integration von Großgruppen durch Abgrenzung von anderen Großgruppen. Der demokratische Nationalismus entstand in der Französischen Revolution und war verbunden mit den Ideen der Menschen- und Bürgerrechte, des Selbstbestimmungsrechts und der Volkssouveränität. Der integrale Nationalismus entstand im letzten Drittel des 19. Jh. und setzte die Nation als absoluten, allem anderen übergeordneten Wert.

Nationalstaat: Bezeichnung für die annähernde Übereinstimmung von Staat und Nation durch staatliche Konstituierung einer gegebenen Nation; der Nationalstaat löste im 19. Jh. den frühneuzeitlichen Territorialstaat ab.

Nationalsozialismus: Bezeichnung für die nach dem Ersten Weltkrieg in Deutschland aufkommende rechtsradikale Bewegung, die auf einem extremen Nationalismus, Rassismus und Expansionismus beruhte und die deutsche Ausprägung des Faschismus darstellte. Der Nationalsozialismus bekämpfte wie andere faschistische Bewegungen (z. B. in Italien unter Benito Mussolini 1922–1943) alle individuellen und demokratischen Freiheiten, die seit der Französischen Revolution erkämpft worden waren. Die besondere ideologische Bedeutung der expansionistischen „Lebensraumpolitik" und der „Rassenlehre" mit der Übersteigerung des „germanischen Herrenmenschen", der Antisemitismus und der Aufbau eines umfassenden Propaganda- und Vernichtungsapparates heben ihn von anderen faschistischen Bewegungen ab.

Obrigkeitsstaat: Autoritäre Herrschaft, in der die Regierung und die Beamten dazu neigen, die Bürger wie Untertanen zu verwalten, zu versorgen und zu reglementieren.

Piastische und Jagiellonische Idee: Bezeichnungen für die beiden Grundkonzepte der geografisch-politischen Entwicklung des polnischen Staates in der Vergangenheit. Die piastische Idee stützt sich auf die gedachten oder realen mittelalterlichen Grenzen Polens, die sich auf westliche Gebiete an Oder, Warthe und Weichsel konzentrierten. Sie wurde Ende des 19. Jahrhunderts von den Nationaldemokraten wieder aufgegriffen und von den Kommunisten nach 1945 übernommen. Die jagiellonische Idee dagegen orientierte sich, maßgeblich propagiert unter anderem von Józef Piłsudski, an den Grenzen des polnisch-litauischen Staates, der weite Teile der heutigen Staaten Litauen, Weißrussland und Ukraine umfasste.

Polnischer Korridor: Ein 30 bis 90 km breiter Landstreifen, der zwischen Erstem und Zweiten Weltkrieg Ostpreußen vom deutschen Kernland abtrennte und zu Polen gehörte.

„Rassenlehre": Der Begriff bezeichnet die pseudo-wissenschaftliche Anwendung der biologischen Unterscheidung von menschlichen Gruppen ähnlicher erblicher Merkmale (z. B. der Hautfarbe) auf das gesellschaftlich-politische Leben; dabei wird die Höher- bzw. Minderwertigkeit verschiedener „Rassen" unterstellt. Der auf das 19. Jh. zurückgehende Rassismus (Sozialdarwinismus) erfuhr im nationalsozialistischen Antisemitismus mit der systematischen Verfolgung und Vernichtung der Juden seine bisher fürchterlichste Konsequenz.

Sejm: Der Sejm ist das polnische Parlament. Er entstand Ende des 15. Jh. aus regionalen Versammlungen, besteht aus zwei Kammern, dem Abgeordnetenhaus und dem Senat, und trat zunächst alle zwei Jahre zusammen. Daneben waren auch außerplanmäßige Reichstage möglich. Der letzte Sejm im alten polnisch-litauischen Staat fand 1793 statt. 1919 knüpfte man an die alte Tradition an.

Verfassung: Grundgesetz eines Staates, das Vorrang vor allen anderen Gesetzen oder Verordnungen besitzt; legt die politisch-staatliche Grundordnung fest, regelt also die Herrschaftsausübung sowie die Rechte und Pflichten der Bürger.

Versailler Vertrag: Der Vertrag wurde im Juni 1919 von Außenminister Hermann Müller in Versailles (bei Paris) unterzeichnet (1920 in Kraft): Inhalt: Alle Kolonien, Elsass-Lothringen, Danzig, das Memelland, der polnische „Korridor" sind abzutreten, nach Abstimmungen auch Eupen-Malmedy, Nordschleswig, Teile Oberschlesiens; Saargebiet wird besetzt; Reparationen (Höhe noch offen); Heeresgröße auf 100 000 Mann festgelegt (Marine 15 000); Verbot, Österreich als Teil des Reiches zu integrieren; Festschreibung der Kriegsschuld Deutschlands. Folgen: In Deutschland muss die Demokratie für die Folgen des gescheiterten Kaiserreiches eintreten.

Völkermord (Genozid): Der Begriff bezeichnet Handlungen, die in der Absicht begangen werden, eine nationale, ethnische, „rassische" oder religiöse Gruppe ganz oder teilweise zu zerstören.

„Völkisch": Das seit dem späten 19. Jh. gebrauchte Schlagwort bedeutete zunächst „volkstümlich", wurde dann aber rassistisch aufgeladen und bekam eine fremdenfeindliche Ausrichtung; es war mit dem Antisemitismus und einer Eroberungspolitik verbunden.

„Volksgemeinschaft": Nach der Ideologie des Nationalsozialismus bestimmten nicht Interessen- oder Klassengegensätze Staat und Gesellschaft, sondern die Gemeinschaft, die sich dem Willen eines Führers unterordnet; die „Volksgemeinschaft" wurde als die einzige „natürliche" Lebensordnung im Staat ausgegeben. Das Prinzip der Volksgemeinschaft diente einerseits der Rechtfertigung des Verbots von Interessenorganisationen, beispielsweise von Gewerkschaften, und aller Parteien außer der NSDAP. Andererseits diente es der Verfolgung von politischen Gegnern und Minderheiten.

Personenlexikon und Personenregister

Sachregister

Fettdruck: Erläuterungen im Begriffslexikon S. 170 f.
Kursiv gesetzte Begriffe: Erläuterungen in der Marginalspalte

Bildquellen

Cover vorne VISUM/Alfred Buellesbach, 2009; **Cover hinten** Stiftung Deutsches Historisches Museum, Berlin; **S. 6:** 360° EDITORIAL/INTERTOPICS; **S. 7:** picture alliance/Jerzy Dabrows; **S. 9:** action press/MAGICS; **S. 12:** picture alliance/dieKLEINERT.de; **S. 15:** Fotolia/ArTo; **S. 17:** F1online; **S. 18:** action press/ullstein/Archiv Gerstenberg; **S. 22:** Cornelsen/Dr. Volkhard Binder, Telgte; **S. 25:** Cornelsen/Carlos Borrell, Berlin; **S. 30 M 1:** akg-images; **M 2:** bridgemanimages.com; **S. 31:** bridgemanimages.com; **S. 33 M 1:** F1online; **M 2:** Fotolia/Georgios Kollidas; **S. 35:** bpk; **S. 40:** bpk; **S. 42:** akg-images; **S. 44 beide:** Cornelsen/Dr. Volkhard Binder, Telgte; **S. 47:** bpk; **S. 50:** Deutscher Ostmarkenverein; **S. 53:** Aus: Strajk dzieci wrzesinskich z perspektywy wieku. Poznan-Wrzesnia 2001, S. 214; **S. 58 M 2:** picture-alliance/dpa; **M 3:** INTERFOTO/Sammlung Rauch; **S. 60 M 1:** akg-images; **M 2:** bpk; **S. 61:** akg-images; **S. 63:** akg-images/IAM; **S. 69:** akg-images; **S. 71:** akg-images; **S. 74:** akg-images; **S. 77 beide:** Cornelsen/Carlos Borrell, Berlin; **S. 80 beide:** akg-images; **S. 81:** akg-images; **S. 85:** picture alliance/ZB; **S. 87:** bpk/Bayerische Staatsbibliothek/Archiv Heinrich Hoffmann; **S. 88:** bpk; **S. 89:** Cornelsen/Dr. Volkhard Binder, Telgte; **S. 94:** mauritius images/Prisma; **S. 97:** Cornelsen/Carlos Borrell, Berlin; **S. 98:** Cornelsen/Dr. Volkhard Binder, Telgte; **S. 100:** bridgemanimages.com; **S. 102 M 1:** Corbis; **M 2:** culture-images/fai; **S. 103:** bpk/Staatsbibliothek zu Berlin; **S. 105:** bpk/Bayerische Staatsbibliothek/Archiv Heinrich Hoffmann; **S. 107:** picture alliance/Winfried Roth; **S. 108:** Süddeutsche Zeitung/DIZ; **S. 110:** bpk; **S. 114:** bpk; **S. 117:** bpk/Kunstbibliothek, SMB/Knud Petersen; **S. 119:** bpk /Deutsches Historisches Museum; **S. 120:** bpk; **S. 124:** akg-images; **S. 126 M 1:** bpk/Bayerische Staatsbibliothek/Archiv Heinrich Hoffmann; **M 2:** bpk; **S. 127:** Cornelsen; **S. 129:** akg-images; **S. 131:** mauritius images/United Archives; **S. 132:** picture-alliance/ZB; **S. 134:** Cornelsen/Carlos Borrell, Berlin; **S. 135:** picture-alliance/dpa; **S. 136:** picture-alliance/dpa; **S. 142:** Cornelsen/Dr. Volkhard Binder, Telgte; **S. 148 M 1:** picture-alliance/dpa; **M 2:** bpk; **S. 149:** picture-alliance/dpa; **S. 152:** akg-images; **S. 154 oben:** picture-alliance/United Archives; **S. 154 unten:** bpk; **S. 155:** action press/Hartmut Müller-Stauffenberg; **S. 156 M 1:** picture alliance/ZB; **M 2:** © 2000–2016 Preußische Treuhand GmbH & Co. KG a. A.; **S. 157:** action press; **S. 163:** bpk/Deutsches Historisches Museum/Arne Psille.